· 中共安徽省委党校（安徽行政学院）资助出版 ·

农村妇女组织的社会动员逻辑研究

——基于鲁中地区 G 村乡村振兴实践过程的调研

潜　环◎著

中央党校出版集团
国家行政学院出版社
NATIONAL ACADEMY OF GOVERNANCE PRESS

图书在版编目（CIP）数据

农村妇女组织的社会动员逻辑研究：基于鲁中地区G
村乡村振兴实践过程的调研/潜环著. -- 北京：国家
行政学院出版社, 2024. 12. -- ISBN 978-7-5150-2940
-5

Ⅰ. D442.61

中国国家版本馆CIP数据核字第2024AU5058号

书　　名	农村妇女组织的社会动员逻辑研究
	——基于鲁中地区 G 村乡村振兴实践过程的调研
	NONGCUN FUNÜ ZUZHI DE SHEHUI DONGYUAN LUOJI YANJIU
	——JIYU LUZHONG DIQU G CUN XIANGCUN ZHENXING SHIJIAN
	GUOCHENG DE DIAOYAN
作　　者	潜　环　著
统筹策划	陈　科
责任编辑	曹文娟
责任校对	许海利
责任印制	吴　霞
出版发行	国家行政学院出版社
	（北京市海淀区长春桥路 6 号　　100089）
综 合 办	（010）68928887
发 行 部	（010）68928866
经　　销	新华书店
印　　刷	中煤（北京）印务有限公司
版　　次	2024 年 12 月北京第 1 版
印　　次	2024 年 12 月北京第 1 次印刷
开　　本	170 毫米 ×240 毫米　16 开
印　　张	16
字　　数	243 千字
定　　价	80.00 元

本书如有印装质量问题，可随时调换，联系电话：（010）68929022

　　乡村治理是国家治理的基石，党的十九大提出要"健全自治、法治、德治相结合的乡村治理体系""实施乡村振兴战略"，并将"治理有效"作为乡村振兴的总要求之一。党的二十大进一步强调，全面推进乡村振兴。乡村治理获得社会各界广泛关注。当前，村庄社会正发生着深刻的变革，特别是税费改革后，国家对乡村的治理从"汲取型"向"给予型"转变，村庄作为连接国家与农民的纽带，主要发挥两方面的作用：一方面是了解农民需求，积极为农民争取相应的公共物品；另一方面是对国家下沉到村庄的资源进行合理的分配。然而，现代化对乡村社会带来极大的冲击，使农村秩序处于"解构－重组"的状态。随着人口流动和城镇化的持续推进，村庄社会原有的规则和秩序出现断裂，社会横向联系较弱，村民之间原子化现象日益明显，村干部对村民的整合缺乏传统制度基础。同时，随着资源下乡，基层治理任务和负担加重，需要依靠现代化、规范化、制度化的管理方式，村庄治理逐渐被吸纳进行政管理体制中，导致村庄"行政化"，村干部以行政任务为导向，强调对上负责，导致村委会脱离群众，逐渐消解了村民民主自治，形成"悬浮式"的村庄。悬浮的村集体与分散的个体不仅难以有效承接国家资源，回应群众诉求，而且难以调动农民参与，增加治理成本，降低治理效益。

　　本书所探讨的中心主题是在乡村振兴的大背景下，如何将分散的农民动员起来，参与乡村治理。长期以来，村庄社会动员主要是以国家为主导的行政动员或政治动员，这种动员模式遵循自上而下的动员路径，而村庄动员主要由地方性精英所掌控，调研中发现传统被视为弱势群体的妇女组织在其中发挥重要作用，这一群体可能成为推进乡村建设的"潜在力量"，妇女组织的独特优势使其成为联结村民、促进村庄善治的重要主体。如她们通过运用生活化动员方式，回应村民的公共需求，实现对村民的有效动员。通过自下而上的社会动员了解基层运作，可以从普通群众视角揭示社会动员的运作过程，突破了传统以精英群体为导向的社会动员研究框架。同时，结合乡村振兴的实际构建起妇女组织动员的关键要素，以期能全面而深入地解释社会动员的整个过程。

　　本书的研究希望为读者提供理解农村社会动员的新视角，挖掘村庄中潜在的人力资源要素，同时注重培育各类群众性组织，并引导其积极参与村庄建设，激发出自我管理的基层自治活力，为全面推进乡村振兴提供有益借鉴。

目录

1

第一章 导论

2

第二章 资源–组织–话语：一个理解乡村社会动员的分析框架

3

第三章 村庄动员困境与妇女组织的兴起

8

第八章 妇女组织社会动员的主要特征、内在机制 及延伸思考

导　论

乡村振兴是国家发动的"政治工程"，体现国家现代化建构的逻辑。现代国家的建构是国家与社会有机整合的过程，中国在现代化中面临的一大难题便是将分散的农村社会整合到国家政权体系中。近代以来，社会动员是国家对基层社会整合的重要手段。社会动员能凝聚社会共识，有目的性地引导社会成员有序参与村庄建设。党的十九届四中全会进一步指出，建设"人人有责、人人尽责、人人享有"的社会治理共同体，旨在吸纳最广泛的社会参与，凝聚社会治理合力。可见，即使在当前推进乡村建设的新时期，社会动员依然具有重要的时代价值。

不同于西方自下而上基于理性的自主参与逻辑，中国的社会动员主要依靠自上而下的政权机构推进。无论是革命时期还是建设时期，中国共产党都深入农村进行广泛而持久的社会动员，将分散的农民整合起来并纳入其治理体系中，可以说社会动员是中国共产党进行乡村建设的"重要法宝"。当前，农村社会处于巨大转型中，一方面，流动性社会将农民从传统的乡村社会生活中"解绑"，加剧了农村社会的离散趋势，日益"虚无"的村庄和分散化的个体导致乡村社会治理面临集体行动的困境；另一方面，农村社会治理风险提升，突发性公共事件威胁着基层社会的稳定和安全，也考验着基层治理能力。2020年一场新冠疫情凸显了基层治理的短板，究其原因是当前村庄社会动员能力弱化，群众参与村庄治理热情不高，难以凝聚起公共治理的合力。后总体性社会中，乡村社会结构从"整体性"走向"离散化"，同时面临国家从乡村社会的"退场"，如何组织和动员群众形成一致建设合力成为基层治理的重要时代性课题。为此，本书立足基层治理场域，考察在日益分散化的村庄中，面对国家对村庄整体动员能力减弱的现状，基层社会如何借助内生性力量激发群众自主参与意识，重塑国家在基层的公共权威，强化"国家—村庄—农民"之间的关系纽带。

一　研究缘起与问题意识

（一）乡村振兴与村庄社会动员

党的二十大指出，要坚持以人民为中心的发展思想，其核心内涵是维护人民利益，增进民生福祉，实现发展为了人民、发展依靠人民、发展成果由人民共享。乡村振兴作为新时期国家对于乡村发展的战略部署，其主要目标是推进农业农村现代化，让广大农民共享现代化建设成果。农民是乡村振兴的主体，推进这一战略必须以广大农民为中心，紧紧依靠和为了广大农民。乡村振兴从根本上说是全民建设的过程，其需要在广泛参与的基础上达成一致性行动。弗兰克·梯利指出，一项集体行动需要利益驱动、组织能力以及动员能力等一系列要素的组合，其中关键是动员。社会动员是由国家或社会组织通过转变人们的思想观念和行为方式，实现既定组织目标的过程。作为国家治理的重要方式，在调动社会资源和整合社会力量中发挥重要作用。首先，社会动员是促进群众参与的直接动力。乡村振兴的各项建设事业具有乡土性和群众性的特征，需要动员广大农民的参与，增进村庄内部互动频率，扩展群众利益表达机制，通过内源式发展激发群众参与活力，赋予乡村振兴持久发展动力。其次，社会动员能调动各类资源为村庄提供公共服务。动员本身包含资源的流动与整合，而乡村振兴是国家自上而下推行的战略决策，需要通过组织化的动员或社会力量，聚集各类资源输入乡村建设，如基础设施、产业发展以及人才建设等，为乡村振兴提供必要支撑条件。最后，社会动员塑造乡村文化，是凝聚社会共识的重要手段。社会动员通过对群体的思想改造，在村庄内部可以形成基本共识和一致的行动，对异端的行为和思想形成群体性压力，进而引导村民在达成共同意识的基础上形成集体行动。

（二）村庄社会动员的传统与乡村治理的适应性

在全面推进乡村振兴的过程中，单一的以国家为主体的体制内动员容易忽视乡村具体场景，因此在实践中不可避免地面临适应性难题。

首先，进入后总体性社会中，乡村社会结构从高度整合的整体性结构走向"碎片化"，乡村社会正面临着巨大的社会变迁，村庄社会结构日益松散化，人与人的关系日渐离散化，解构了村庄共同体，导致乡村社会动员的社会基础缺失。随着国家从乡村社会的"退场"，国家行政力量对村庄整体动员能力减弱，政府对基层的社会动员也"力有不逮"。

其次，社会动员，从根本上而言，是对群众的动员，群众性的工作往往具有非制度性特征，难以运用具体的标准和规则衡量，而体制内动员是在标准化、规范化的科层体制内进行动员，因此，体制内动员在农村场域中存在适应性问题，科层体系统一化、制度化难以适应基层社会中的差异性和非程式化。实践中，行政化动员往往带有强大的惯性，基层社会在政府的行政"裹挟"下开展动员工作。各类临时性和常规性的行政任务，通过层层压力传达到基层，使基层处于超负荷运转中，而长期处于行政压力下的基层干部容易陷入"治理疲软"，于是基层社会动员异化成一种形式化动员，行政动员的结果往往是"政府动而农民不动"。

最后，体制内部的组织动员往往呈现"运动式"治理特征，虽然能借助行政体系在短时间内迅速调动组织资源，提高执行效率，但难以形成常态化动员。区别于脱贫攻坚时期依靠体制性"超常规"的动员方式迅速组织调动社会资源，乡村振兴是国家长期战略规划，其复杂性和长期性决定了其需要依靠常态化、内生性的动员机制来凝聚村庄集体行动，因此，乡村振兴背景下需要新的动员方式与之相适应。体制内动员在基层场域中面临诸多掣肘，无疑会增加基层社会动员的成本。从根本上，体制内动员强调依靠自上而下的行政系统力量，这种自上而下的体制性动员模式始终将

"村庄社会"视为被动员的"客体",忽视了乡村内部的自主性,即忽视了群众意见的表达和实际需求,因此难以从根本上调动农民参与的积极性。不可否认,体制内的动员在基层动员中发挥重要作用,但在乡村振兴的新时期仅依靠体制内组织化力量难以实现充分的社会动员。不少学者指出,乡村社会中自上而下的行政动员力量与自下而上的社会动员力量处于非均衡状态,压制了基层自主动员空间。桂华也曾指出基层治理注意到了乡村治理的"国家性"内涵,却忽视了乡村治理的"社会性"成分。因此,基层动员需要立足农村社会实际,在传统行政动员基础上挖掘乡村社会中内部组织力量,通过组建内部互动网络动员村民参与乡村振兴。在乡村振兴的背景下,如何培育乡村内部自主治理空间,将村庄社会内部自我动员和整合与国家体制内动员和整合有机结合是一个值得探究的方向。

(三)乡村调研中的发现与思考

乡村内部结构是社会动员的基础。随着人口流动和城市化的持续推进,村庄社会原有的规则和秩序出现断裂,加之社会横向联系较弱,村民原子化现象日益明显。村庄社会结构的变迁为乡村社会动员提出诸多挑战,加之村庄传统治理权威逐渐消解,村庄缺乏有效动员群众的社会基础,因此社会动员也面临"最后一公里"的困境。2021年笔者在鲁中地区G村的调研中发现,随着城乡流动的加剧和村庄社会结构的变迁,村庄人口异质化、村庄空心化、村庄事务复杂化等现象日益突出,村庄也面临房屋拆迁纠纷、社会风气恶化以及公共服务供给不足等问题,这都制约了乡村建设。在此背景下,G村在村庄内部自主成立各类妇女组织,如锣鼓队、义工队等,将普通妇女组织起来形成一个整体,借助妇女组织建立起农民的横向联系,增强了群众之间的互动,打破了集体行动的困境。区别于传统依靠行政组织网络的动员,村庄利用内生性的群众组织建立地方性互动网络,并依托群众组织动员村民,化"被动式"参与为"主动式"参与,将广大村民纳入村庄建设中。妇女组织的社会动员,增强了农民与农民之间的互动,有利于在农民个体之间构建新的社会团结结构,将分散的村民以新的形式整合到村庄共同体中，以增强村庄内部集体行动的能力。另外，妇女组织的动员一定程度上可以化解国家行政化动员的内部张力，同时降低社会动员成本，激发群众参与的能动性。

乡村振兴是国家对乡村发展的战略部署，这既是国家意志的体现，也是乡村发展的内生需求。乡村振兴的推行本质上是国家动员的一部分，即乡村振兴是以"国家在场"的形式实施的乡村建设活动。那么在"国家在场"的情况下，作为社会力量的妇女组织该如何将个体村民带动起来融入国家整体动员中呢？基于此，本书的研究核心是在乡村振兴背景下，妇女组织如何有效地进行社会动员，将个体村民带动起来融入国家整体动员中。围绕这一核心问题，本书延伸出几个具体的小问题：一是妇女组织的乡村社会动员有何特点，其对乡村社会治理有何影响；二是妇女组织动员受哪些因素影响，其动员运作逻辑是什么；三是妇女组织的社会动员对国家在基层的社会治理有何影响，在此基础上，深入分析基层治理转型中推进基层治理现代化的现实价值和理论意涵。

二 概念界定

（一）社会动员

动员是一种有组织、有目的的资源发动过程。动员理论研究源于西方，"动员"最初应用到战争领域，强调为战争做准备，Shaul Vardi 在研究动员中将目光聚焦到如何对公民进行社会动员，以此发动公民参与战争。[①] 随着社会的发展，动员理论也逐渐从战争领域扩展到社会领域，不同的学者从不同的视角对社会动员进行了阐述。关于社会动员的研究主要集中在社会运动中，反映社会变迁和现代化的发展过程。卡尔·多伊奇（Karl Deutsch）最先将社会动员引入社会学和政治学研究领域中，并指出社会动员嵌入现

---

① Shaul Vardi, *Social Mobilization in the Arab-Israeli War of 1948 on the Israeli Home Front* (London: Routledge, 2013), pp.1–10.

代化和政治发展中，集中反映了人们的行为方式和思想观念转变的过程，社会动员作为一个社会化过程能帮助人们更好适应社会。[①]社会动员往往与国家现代化相伴而生，在《变革社会中的政治秩序》中，亨廷顿将社会动员定义为一种广义的社会影响，即人们在经常、持久的社会因素影响下，其态度、价值观和期望变化发展的过程。他认为社会动员是在广义的社会因素影响下，人们的价值观念与思维逻辑逐渐从传统过渡到现代的转变过程。C.E.布莱克（C.E.Black）则认为社会动员在表现形式上是人口的流动和迁徙，社会动员的关键是人的现代化。从广义上理解，关于社会动员的研究将"动员"视为一种社会变迁的过程；从狭义上理解，社会动员反映了调动资源的过程，其本质是有目的地引导社会成员积极参与重大社会活动的过程。学者将社会动员置于现代化的背景下，从整体和广义的角度理解社会动员过程，集中反映人们思想、行为以及社会整体生活情景和生活方式的变迁过程。可以发现，西方国家对于社会动员的研究往往将其放在"国家–社会"框架下，特别强调社会的自主性，将社会动员视为社会自我发起、自我变迁的过程，因此在研究中集中关注社会视角。

区别于西方国家研究，我国的社会动员研究建立在国家社会同一化的基础上，我国社会在发展转型中由于社会理性发育不充分限制了科层体制的发挥，因此需要依靠以国家为主体的社会动员贯彻国家意志。我国的社会动员一方面突出国家动员的主体地位，另一方面强调社会动员的政治和公共属性，因此最初的动员研究将政治动员视为社会动员。林尚立在政治动员的定义中指出，政治动员是政党或者政府动员社会力量实现特定的政治、经济和社会发展目标的政治运动，其核心是获取一定社会资源以为政治权威服务。徐勇则更加直观地论述了国家动员与国家现代化的关系，认为现代国家政体的运行就是通过行政下乡的形式将国家意志输送到基层社会，并借助国家动员将分散的乡村社会进行整合的过程。他将动员视为现代国家向乡土社会渗透的行政机制，认为动员的政治意义在于建构现代化

---

① Deutsch K, "Social Mobilization and Political Development," *American Political Science Review* 55, No.3 (1961): 493–514.

民族国家，因此国家对乡村社会的动员不仅是国家政权建设的需要，也是实现国家现代化的必要路径。吴忠民认为社会动员是指有目的地引导社会成员积极参与重大社会活动的过程，其更多强调政府或政党对社会的动员。社会动员不仅关注宏观层面的政治发展，也关注微观层面人们的活动。郑永廷则强调社会动员对个人的塑造，认为社会动员是人们在持久的社会因素影响下，个人态度、价值观变化的发展过程。除此之外，社会动员作为一种治理方式，其公共治理价值不断凸显。龙太江认为社会动员是为了特定目标而进行宣传、组织和发动的工作。杜鹏在中国语境下分析社会动员，认为社会动员对象从最初对群众的动员逐渐扩展到对科层体制的动员。为了更好地区分社会动员，学者一般将政治动员视为狭义的社会动员。

综上分析，不同学者对社会动员的定义有所偏重，但也有一定的共识。首先，社会动员基于一定目标对社会资源（包括人的资源）的调动，反映了动员主体能动性的行为。其次，社会动员展现了社会变迁的过程，这种变迁无论是政权的更替，还是社会治理方式的转化，抑或是农民行为或思想的变化，一定程度上都集中在这一过程中。最后，立足中国的治理语境，社会动员的公共治理内涵不断延伸，从这个角度来看，社会动员不仅是一种社会转型的过程，也是一种国家治理手段。不管是作为治理手段还是治理过程的社会动员都带有整体性视角，即将社会动员纳入整个社会变迁的整体中考察，因此以上对社会动员的研究具有系统性和一般性特征。

本书将社会动员的研究集中在乡村社会，从妇女组织的角度出发，关注村庄治理主体对乡村社会资源整合以及对乡村治理效益的影响。社会动员是主体对客体施加影响的活动，其主体包含政党、政府、社会组织以及个体精英等。为了与国家动员相区别，本书对于社会动员的主体进行了限定，将社会动员视为一种自下而上的村庄内部动员，即主要强调以妇女组织为代表的村庄社会主体对村庄实施的动员活动。结合以上的定义，本书认为社会动员是具有特定资源的村庄治理主体运用一定的手段和策略，按照一定规则自下而上引导群众参与，塑造群众价值观，以实现特定治理目标的过程。不仅反映了村庄社会的变迁过程，也是村庄治理的一种手段，具有参与的广泛性、动员的目的性和活动的秩序性等特征。

（二）国家动员

为更好地理解和区分社会动员主体的动员方式、能力和效果，本书以动员主体权力来源的差别为标准将社会动员分为自上而下的国家动员和自下而上的村庄内部动员，此处重点对国家动员的概念作详细阐述。

国家动员是以国家为主体，为贯彻和执行既定的目标而对社会实施的动员行为。具体而言，国家动员是国家运用行政权力和组织权威实施的动员活动，具有较强的政治性和权威性。因此，很多学者将政治动员与国家动员相融合。实际上，在我国，政治动员往往与革命和改革事业相联系，其在农村社会主要以疾风骤雨式的"群众运动"呈现。而随着国家治理转向，政治动员逐渐淡出国家治理范畴，取而代之的是更加常态化的国家治理，即更加强调动员的治理功能。因此，可以将政治动员视为一种狭隘的国家动员。除此之外，在我国，政党与国家一体化，国家动员也可以指政府体制内的行政动员，即借助科层体制自上而下实施的动员。

为了更清楚地阐述国家动员的内涵，本书从四个方面对其进行论述。一是从动员主体看，国家动员既包含以政府为主体的行政动员，也包含以政党为中心的政治动员。在基层治理中，国家动员主要是政府或政党为贯彻国家政策目标整合社会资源开展社会治理，维护基层秩序的过程。需要强调的是，基层社会是国家权力的末梢，在村域范围内，国家动员属于由外而内的村庄外部性动员，其权力来源于村庄外部行政权威，在村庄内部具体表现为以村两委为代表的动员活动。二是从动员模式看，国家动员是借助科层体制或党政体制实施的动员行为，政府和政党代表国家开展动员活动，贯彻动员目标。在具体动员过程中，国家动员模式呈现不同的特征，既包含科层体系运作中的常态化动员，也包含因特殊治理任务和目标而开展的非常态动员，即基于特殊治理需求而产生的运动式动员。其中，运动式动员指国家围绕"中心任务"或者"重大战略"，凭借强有力的资源配置能力，超越体制层层束缚在短时期内整合各类资源以达成动员目标的模式。

三是从动员内容看，随着国家动员研究的拓展，动员内容不再局限于传统意识形态的动员，其内容扩展到公共服务、社会治安等社会治理各个方面。国家动员具体涉及对于人、财、物等资源的调配以及人们思想意识观念的塑造。四是从动员目的看，国家动员是国家有目的地对社会进行管理和引导的过程，作为一种国家治理方式，国家动员集中反映了国家的动员能力。迈克尔·曼（Michael Mann）在研究国家与社会互动关系中，将国家权力分为基础性权力和专断性权力，其中基础性权力是指国家对市民社会的渗透，以及使其有效贯彻国家政治决策的能力；而专断性权力是指国家不需要与社会协商而单独行使的权力，体现为强制性。[1] 国家动员能力属于国家基础性权力，反映国家调动和整合社会资源，维持社会治理秩序，形成多元参与的社会治理格局的能力。周凯认为国家动员能力不是与生俱来，而是在社会实践和政治传统中主动建构和维系的。因此，国家动员成为增强国家基础性权力、提升社会治理效益的有效手段。

综合而言，本书认为国家动员是社会治理中，以国家为代表的组织或个体，为集聚社会资源或解决社会治理问题，借助国家体制性力量对基层社会进行组织和动员，引导群众广泛参与村庄或社区建设的过程和方式。在村域范围内，国家动员是以国家为主体，对村庄社会实施动员过程，强调自上而下的单线视角。

（三）妇女组织

妇女组织是以妇女为主体的组织性团体。根据郑杭生对组织的定义，组织是人们基于共同的利益目标，协调个体性行为并最终联合起来所形成的社会团体。妇女组织是妇女为实现特定的目标而形成的联合性团体。当前对于妇女组织的界定主要从性别视角出发，当然这种"性别"不仅是自然产生的生物意义上的性别，也包含基于后天建构而形成的社会意义上的性别。性别的差异往往是文化上的而非生理上的。社会性别是因社会分工

---

[1] Michael Mann, "The Autonomous Power of the State: Its Origins, Mechanisms and Results," *European Journal of Sociology* 25, No.2(1984): 185–213.

的差异、文化差异等，对于具体的生存环境中的人产生的性别区分。可见妇女身份本身具有双重属性，即生物属性和社会属性。性别属性是区分妇女组织与其他组织的重要标识，因此本书将主要由女性成员组成的团体视为妇女组织，开展各类社会活动。

从妇女组织的性质看可分为三类。一是政治性妇女组织。主要是以妇联为代表的组织，融入党政体系中，其活动主要贯彻党的方针政策，是党联系群众的重要纽带。二是经济性妇女组织。以妇女为主体主办经济合作社，或者以女企业家为主体所形成的女性协会，致力于解决妇女就业创业难题和提供咨询服务。三是社会性妇女组织。这类组织偏向社会服务，以妇女、老人或儿童为主要服务对象，关注社会弱势群体的需求并为其提供相应的社会福利，其中涉及纠纷调解、社会维权、日常照料等。从组织的权力来源看，可分为自发性妇女组织和政党自上而下成立的妇女组织。其中，自发性妇女组织具有民间性，是妇女基于一定兴趣或共同目的，而自发形成的各类组织。妇女组织为妇女的互动与参与提供组织载体。

妇女组织作为一种社会组织，具有社会组织的一般特性，也具有其本身的特殊性。首先是性别差异性。妇女组织是以女性为主体的组织，妇女占据组织中的全部或绝大多数。这一性别身份的差异是妇女组织区别于其他社会组织的显著特征。其次是双重联结性。妇女组织背后是独立妇女的集合体，而在传统的男女分工中，女性对家庭的功能具有不可忽视的作用，其能团结组织家庭成员，维护家庭和谐，是家庭联结的重要纽带。因此，妇女组织可将分散的家庭联结起来形成集体性行动。同时妇女组织从根本上而言是党领导下的群团性组织，需要在政党和政府的引领下开展社会活动，从这一角度来看，妇女组织联结着政府与政党。因此，妇女组织一方面连着家庭，另一方面连着国家，妇女组织的双重联结性成为家庭与国家之间的重要桥梁。最后是组织目标特殊性。妇女组织以妇女为主要服务对象，其组织目标具有针对性，在引导妇女参政、维护她们的合法权益、促进男女平等和社会公平等方面发挥重要作用。

提起妇女组织，不得不提到妇联组织，村级妇联组织作为党的群团组织，其组织运行具有正式的身份，属于国家建构的组织体系。其核心是借助组织优势带动妇女，贯彻执行党的方针和政策。妇联组织既具有政治性，同时也具有群众性。鲁中地区 G 村妇女组织的形成与发展离不开妇联的引领和支持。需要指出的是，本书对于妇联组织的讨论更突出其群众性，即将妇联作为一个联系妇女、服务村民的群众组织。因此，本书研究的妇女组织主要聚焦在农村场域中，具体是指村庄范围内妇女基于特定的爱好或共同的目标，旨在满足妇女、老人等群体的公共需求而自主成立的群众性组织。

三　文献综述

本部分主要是对农村动员理论研究进行回顾与分析，从社会动员的机制出发，理解社会动员作用和演变过程，再聚焦中国本土乡村动员的研究，分析当前乡村社会动员不同主体的动员方式以及当前村庄动员的困境和路径；在此基础上，结合妇女组织社会动员的相关研究，探索妇女组织的动员方式与机制；为研究的问题阐述和理论探索打下基础。

（一）社会动员的机制研究

社会动员的研究理论和流派十分丰富，本书对社会动员主流研究思想进行梳理，并在此基础上分析社会动员的核心机制。

1.组织－结构动员论

此观点认为，国家对乡村社会的动员建立在组织体系的基础上。动员主体将被动员者吸纳到组织中，并建立起对组织的依附关系，由此借助组织权威进行动员。我国社会动员中的组织体系主要包括政党组织体系和政府组织体系。在乡村社会动员中，将基层组织视为组织体系的末梢，强调国家力量通过自上而下的组织力量对乡村进行动员，而乡村社会作为被动员的主体，缺乏自主性。渠敬东等认为中国通过单位制构建了以中央为核心的纵向动员体制，国家正是借助这种体制结构进行广泛的社会动员，这一过程中国家处于一种总体性的支配地位。随着国家对社会的日益渗透，国家通过设置网格将各个微小单位纳入组织体系中，通过网格化管理，将街道、社区、网格等区域范围变成"行政细胞"的基本单位，基层干部在压力型体制中扮演着"国家代理人"的角色，国家以"动员–命令"模式解决经济增长和社会稳定的问题。组织–结构动员论实际上是以国家动员为主导，将村集体视为"体制内"的下属单位，在科层组织的系统内通过下达指令的形式实现对群众的广泛动员，群众则基于组织权威而广泛参与。

2.资源–利益动员论

这种观点认识到高度统一的组织化动员存在的局限，仅仅依靠组织化动员就限制了乡村内部发展活力。因此，从"理性人"的假设研究出发，指出群众的参与是基于自我对资源的满足程度，即群众在此过程中的利益实现程度。资源–利益动员论将研究视角从国家视角转换到农民视角，主张从自下而上的视角研究乡村动员。曼瑟尔·奥尔森在《集体行动的逻辑》一书中指出，越是能够获得明确的收益，越能达成一致的集体行动，清晰地阐述了利益与群众参与边界的关系。邓大才在研究村民自治的过程中指出，群众参与治理的基本动力是利益相关性。在我国农村动员的历史实际上，徐勇曾指出土改过程中不少贫雇农获得重要的生产资料——土地，土地的占有唤起了他们极大的革命热情。集体化时期的乡村治理属于一种"集权式乡村动员体制"，这种体制下强势国家通过集体经济组织而实现对农民个人利益的全面剥夺，这也是人民公社体制走向衰落的重要原因。随着改革开放的深入推进，国家对社会的控制放松，开始推行以"放权"为核心的"去组织化"施政，国家对农村的政治动员逐渐转化成资源动员，即通过项目资源的输入激活村庄治理。陈家建从国家内部动员研究指出，项目制绕过科层体制直接对基层政府进行动员，减少了层级动员导致的资源耗损，提高了动员效率。项目制自下而上的"反向发包"特征，不仅释放了基层社区的活力，还促成了基层社会治理重心下移。同时，随着组织化动员的弱化，动员者开始运用市场化的方式对被动员者进行物质刺激，以构建动员者与被动员者的利益共同体，即经营式动员。随着市场经济的发展，不可否认经济利益动员在乡村社会的突出作用，贺雪峰也曾指出，针对当前农村社会中农民个体化和分散化需要充分发挥好集体经济组织对群众的联结功能。

3. 文化 – 情感动员论

文化 – 情感动员论在乡村动员中也具有一定的影响力。费孝通认为乡土社会是以血缘和地缘为基础的熟人社会网络，正是这种特殊关系塑造了差别化的关系文化，即"差序格局"。这种观点认为，乡村社会以血缘关系为基础，人们在乡村社会活动中会基于一定人情、关系和面子等共同的认知和情感要素。区别于资源动员论中的理性选择，文化 – 情感论认为人们之所以被动员是一种感性的决策，受特定地域、文化和情景的影响。周延东提出了关系式动员，认为中国家国同构的文化中个体成员之间的"亲缘性"相较于西方社会中的"公民性"更加突出，因此难以产生一个相对独立的民间社会。"社会动员是否成功"常常不在于资源的有无和多少，而在于"关系"的密切程度和互嵌程度。林耀华在《义序的宗族研究》中指出，宗族文化在乡村治理和村庄内部动员方面发挥作用，认为"宗族不仅是乡村自治的团体，也是政治的单位"，宗族一定程度上以"国家"形式对乡村进行动员。翟学伟分析认为，中国人的传统关系网络是基于血缘、姻缘、地缘的自生型关系网络，呈现情感性与工具性混合的特征，并逐渐从"被动自生型关系"转化为"主动构建型关系"。除了内在的关系动员，情感动员论还从心理学和社会传播学的视角出发，研究人在群体活动中，情感的传染和行为的选择。赵鼎新认为在威权社会中，社会运动的发展更有可能受情感的主导，当社会成员行动的基础是情感而不是理性时，做出的行动常常是自己最熟悉的方式。埃米尔·涂尔干也认识到情感的道德来自共同意识，正是这些信仰和情感维系着社会成员的生活体系。李里峰对土改过程中农民的诉苦行为进行具象的分析，指出通过集体诉苦激发农民对地主的愤怒、仇恨之情，在苦难情绪的渲染下使群众超越了内心的道德束缚进而积极参与革命行动。情感动员能通过情感唤起—情感渲染—情感传播，在社会成员中形成共意。

（二）农村社会动员路径研究

1.国家与乡村动员研究

国家对乡村的动员大致经历了国家政权建设下的社会动员、政治运动下的社会动员和村民自治下的政党调适性动员三个阶段，呈现出以国家为主导的政治动员、行政动员向调适性动员方向发展的趋势，国家更加尊重社会自主性，并在适应社会资源结构基础上进行有效社会动员。社会动员往往与国家现代化相伴而生，从我国政治发展历程看，国家动员模式大致可分为三个阶段。

首先，国家改造社会与策略性动员。共产党作为一个革命性政党，在其建立之初便具有打破旧世界，变革旧的生产关系，也即"改造社会"的历史使命。传统中国本质上是一种裂变式社会，这种裂变不仅是城乡之间的差别，而且在乡村的内部也是一个离散的农民社会，而乡村社会的分散性与国家现代化中政治共同体的目标存在内在张力，因此在国家政权建设中需要通过国家力量实现对乡村社会的改造与整合。中国共产党在动员群众过程中，通过各种策略性手段，如精英领导、情感动员等掀起一场又一场群众运动，建立起对乡村社会政治的整合。李里峰将土改中的"诉苦"作为一种重要的动员技术和策略，集中探讨了在"三座大山"的压迫下，共产党是如何将党的意志与农民内在情感相结合，通过舆论宣传、组织引导和典型示范打消农民思想顾虑，同时以场景布置和算苦难账的形式调动农民愤怒情感，进而将推翻旧政权建立新政权的政治目标深入群众心中。在土改过程中，通过身份的划定、土地的划分将各类社会关系纳入意识形态架构中，重新建构一种国家控制型的新型秩序。中国共产党政治动员的策略性不仅是对动员对象的精准把握，认识到以工农为代表的广大群众是革命动员的对象，而且还集中在如何将国家意志与群众需求相结合。张孝芳在《革命与动员：建构"共意"的视角》一书中，从陕甘宁边区民众政治动员结合民众社会文化结构和社会心理方面的诉求，形成某种程度上的"共意"，建构政治认同和心理认同，进而将政党意志与群众思想衔接。张宏卿在《农民性格与中共乡村动员模式——以中央苏区为中心的考察》一书中突出了革命中农民的主体地位，通过对农民的性格、利益诉求以及参战动机的考察，深入考察中国共产党如何策略性地通过党组织建设、民主下乡、阶级再造等措施"迎合"农民需求而实现对其动员。从动员的结果看，李德满则认为土地改革的动员打破了传统的分散的组织网络和文化网络，通过对群众思想改造以及组织重构，建立起具有统一意识形态的新的乡村政权，而统一集中的政权将分散的社会权力整合起来，形成强大的资源动员力。

其次，行政支配社会与强制性动员。如果将新中国成立前后共产党对乡村社会的动员视为"政党改造社会"的过程，那么新中国成立后的社会主义运动便是国家行政直接支配下的社会动员，通过国家强制力将农民纳入政权体系中，其中一个重要表现是建立起"政社合一"的人民公社体制。公社体制是全新的政权组织方式，它的重要功能是使农民社会前所未有的国家化了，因此这一时期的村庄动员具有明显的行政性和强制性色彩。而在动员手段的运用上，中国共产党通过培植社会力量，依靠村庄中的积极分子实现对群众的动员，由此在政党与群众之间形成"缓冲带"。在国家全面主宰和控制性主导下，农民的身份逐渐国家化，通过设立互助组、初级社、高级社以及人民公社，将分散的农民整合进国家设定的正式网络中。国家通过一系列"运动式治理"的动员方式，在短时间内迅速将分散的乡村社会整合到国家体系中，实现向现代化国家的过渡。但同时也应该看到，全能性国家主导乡村社会，国家与乡村社会关系演变为控制与被控制、挤压与被挤压的极端不对等关系。实际上，国家强有力的政权建设主要依靠接连不断的群众运动，这种非常规的运动形式以国家自上而下的"指令"为导向进行治理，一定程度上脱离群众。另外，李里峰也指出这种运动式治理的方式不具有持续性，当运动过后会出现治理"疲软"。张静认为在传统以士绅为代表的权威消散后，国家与基层社会缺乏新的结构性关联，在强政权背景下，基层干部对上负责，制约了群众社会利益的满足。作为新的基层权威代表的干部难以与群众社会利益对接，便难以在基层获得真正的合法性，甚至会产生新的"赢利型经纪人"，进一步导致基层政权与群众的疏离。这种非均衡的关系制约了乡村发展的自主性，影响乡村治理活力，"铁板一块"的乡村结构内部缺乏有效制衡机制，同时增加了国家各类政策的风险性程度。另外，随着国家政权向下延伸产生了异化的"经纪"体制，政权出现"内卷化"倾向，进而削弱国家的权威性。

最后，国家适应社会与多元性动员。"国家适应社会"是在"总体支配"下对行政动员的反思中探索适应现代社会治理需求的一种治理理念和模式。孙立平指出，中国社会动员正由"组织化动员"向"准组织化动员"转变，在动员方式上前者更强调国家组织化动员，而后者更注重社会化动员方式。在乡村动员中，政党运用了更加多元的方式进行动员。基层社会进行动员从集体化时期以行政命令的形式逐渐转变为以项目为主的激励形式，动员体制从依靠科层体系层层推进到直接以资源下乡方式对基层进行动员。还有学者指出当前随着公民社会的发育，国家通过培育相关组织和治理精英，利用组织或精英对群众进行间接性动员。狄忠蒲认为，中国共产党为提升自身适应社会的能力，通过培植和吸纳社会精英进入党组织，以扩大党的执政基础和社会影响力。[1]尊重社会的自主性是政党适应社会的重要内容，这一过程中政党采取策略性手段对社会力量进行组织与引导，推动基层社会治理的整合式发展。可以发现，社会动员不再是以国家为单一主体的动员模式，而是在政党的领导下，鼓励多元主体各自发挥动员组织优势，共同实现对群众的动员。

当前国家对乡村动员路径更加强调二者的融合发展。乡村动员是国家动员的重要组成部分，乡村动员路径直接关系国家治理体系现代化。乡村动员离不开国家，从国家与社会的关系去研究乡村动员是国家治理的需要，也是村庄发展的需求。贾玉娇从中国社会动员语境出发，指出区别于西方语境中自下而上内生力量的社会动员，中国的社会动员是国家外部建构与社会内生力量双向互动的产物。贾玉娇还在此基础上总结了中国基层社会

---

[1] Bruce Dickson, *Red Capitalists in China: Party, Private Entrepreneurs and Prospects for Political Change* (Cambridge: Cambridge University Press, 2003), pp. 116–140.

动员的三种模式，即内生精英辐射式、行政主导层级式、多元共治纵横式。作者将社会动员视为国家与社会的互动机制，强调在国家目标导向下，引导社会力量有序参与，进而实现国家建构与社会发展同步互促。党的十九大报告提出建设"共建共治共享"的基层治理体系，这一愿景依赖国家力量与社会力量有机配合，共同激发基层治理活力。对于乡村社会动员的研究更加注重国家与社会动员融合机制与路径。笔者梳理二者的融合方式主要有以下几个方面。一是政党引领方式。政党具有强大的组织动员和协调能力，可以依靠体制内权威引导和规范社会动员，串联国家与群众。彭勃和杜力提出以组织嵌入的方式获得强大动员力，发挥整合协调利益关系的政治功能，政党的政治优势能将碎片化、封闭化的基层治理整合起来，形成一种"超行政治理"模式。在中国语境下，政党动员成为国家与社会融合的重要机制。何慧丽和许珍珍指出以党建引导基层社会，通过党建实现对基层社会的"嵌入式动员"，其核心是将党建视为撬动国家与社会有机互动的载体，以激活基层组织建设带动社会动员。在基层治理实际中，政党将动员目标柔性"嵌入"社会组织，寻求与基层社会联结机制，以获取社会组织的认可。侯利文指出通过鼓励社会组织开展党建工作，在党建中实现社会组织发展进阶与党建耦合，提升社会组织治理效能。二是资源或服务吸纳。从国家与社会关系看，国家资源或服务的嵌入建立在"国家吸纳社会"或"政府吸纳服务"的理论之上。唐文玉指出国家吸纳服务的核心是国家支持与社会配合，两者在互动中实现融合。国家通过资源或者服务供给，引导社会动员主体，谋求双方的协同治理。项目动员是国家资源输入的一个重要手段，项目制以"反科层"的层级动员方式，向"多线动员"转化，以项目为中心整合政府和社会力量。王清指出项目动员整合个体需求，进而将分散个体纳入新的组织体系中，实现政府与基层社会网络的衔接，推进行政体系与社会力量协同动员。周延东和范冠中立足基层社会治安，认为国家通过资源输入可以激活社会，以此提升基层社会动员效能。三是制度性赋权。赋权是国家以法律或制度的形式赋予社会动员主体一定权力，以增强其在社会动员中的合法性和能动性。赵欣提出了"授权式动员"，认为基层政府可以通过授权提升居民主体性，动员居民参与公共治理，这种授权以国家隐形在场的形式出现。在基层社会动员中，最典型的基层赋权方式是设立居委会或村委会，国家对基层的渗透是通过居委会、村委会等组织体系来实现的，国家通过形塑责任连带的动员链条形成一种压力型动员。赋权动员方式的关键价值是激发居民主体性，形成一种有利于提升动员效果的"社会规范"。四是技术性治理。技术性治理是当前国家治理创新的新方向，通过组织再造和流程再造的形式，优化国家与社会的联结，提升社会治理效率。网格化治理打破传统行政体系中职能和部门分工模式，提供一种整合式公共服务体系，以网格化模式构建一种"纵向到底，横向到边"的"无缝隙政府"。在基层治理中，国家权力以网格化的形式实现嵌入，同时网格化整合多元主体，实现"行政控制－社会动员"双重逻辑。康雯嘉在其博士论文中论述了在应急管理中，"三长"（网格长、楼栋长、单元长）联动的机制通过组织网络重构，既实现国家权力的下沉，又发挥民间社会力量的承接作用，这一网格化的嵌入实质上构建了一种"新的公共性"，塑造基层新的组织联结形式，弥补了非常态下公共服务的不足。刘佳进一步指出，在疫情中，以互联网为载体的信息技术释放网络动员潜力，基层网格化管理通过对资源和人员的整合打通基层治理与居民的"最后一公里"，"网络化＋网格化"双网协同实现了虚拟社区与现实社区共建，成为有效动员基层群众的重要手段。

2.精英与乡村动员

柏拉图最早在政治研究中提出"哲人治理"，这个哲人便是最初精英的代表，哲人治理意为精英治理。最初对于精英的研究往往强调政治精英，帕累托对精英进行定义，认为在社会中具有统治地位的少数群体便称为"精英"。帕累托的精英理论建立在社会异质性基础上，社会中个人因权力资源占有差别导致人与人之间的差别，将权力资源的占有视为精英与普通民众的根本区别。

随着精英理论的不断丰富和发展，精英的内涵也逐渐从政治领域精英延伸到社会领域精英。李智超根据乡村精英的正式程度，把精英分为体制内精英和体制外精英，体制内精英作为政府与村民的中介，具有一定的政治身份和权力。体制外精英则属于非正式精英，他们一般具有较强的责任意识，能凭借自身的社会资本在村庄中发挥一定的影响力。

张芳山等在传统政治文化研究中指出中国传统制度文化形塑了"臣民"文化，这种文化导致民众对政治的低敏感度，这与国外的民主政治文化中塑造的"公民"文化有明显区别。正是这种臣民的性格滋生了精英治理的体制，加之农民之间的分散性、制度化社会程度低，精英所形成的非制度性权力网络显得十分重要。詹姆斯·R.汤森和布兰特利·沃马克在《中国政治》中明确提出中国正式权威的结构是精英主导的，精英与普通民众之间具有明显的区别。从乡村调研的实践看，中国基层治理传统中便存在"精英治理"的痕迹，费孝通所指出的"双轨制"治理模式在村庄社会具体表现为一种以精英为主体的治理形态。而在政治学的领域中，最初对乡村动员的研究主要集中在政治动员，而具有特殊政治和权力资源的乡村精英便成为政治动员的重要主体。仝志辉和贺雪峰研究村庄农民选举过程中的精英动员，认为精英利用与普通村民的社会关联动员群众参与选举和投票，通过家族文化和家族利益为动员资源组织群众参与选举活动。

精英动员弥补了政府治理中的不足，为社区居民提供多元化的公共服务，一定程度上满足了人们的生活需求。罗小峰将研究视角放在村庄内部，从村庄社会资本的存量角度指出精英动员与村庄公共产品供给的关系，认为即使在集体经济薄弱的村庄，精英也可以借助密集的社会资本引导群众自主提供公共物品，因此村庄社会资本是精英有效动员的一个重要变量。精英动员在基层治理中发挥重要功能，与此同时也面临一些困境，徐勇指出随着经济社会的变迁，村民的权利意识不断提升并积极追求自身权益，而乡村社会流动加剧乡村精英合法性权威逐渐流失，人们对能人权威的认可逐渐转化成对民主法制的权威认可，精英动员出现制度性衰落。另外，精英在对群众的动员实践中，作为动员媒介的积极分子悬浮化，社区动员脱离于基层社会，陷入动员的内卷化困境。此外，仅依靠个人资源进行动员的模式缺乏制度性保障，这使社会动员面临稳定性和持续性的挑战。

3.社会组织与乡村动员

国家对农村的社会动员往往需要借助一定的动员媒介，国家对农民的动员除了以精英为媒介的动员方式，社会组织也发挥重要的中介作用。赵鼎新在关于社会动员的论述中从结构视角突出了组织网络的功能，强调个体与组织的联结纽带在社会动员中的影响。社会组织动员功能的发挥首先在于组织合法性的获得。这种合法性不仅源于政府的官方授权，也来自村民网络中的信任关系建立，这一自上而下的授权和自下而上的信任关系是社会组织成功动员的基础。

农村动员的核心是带动群众参与。托克维尔认为社会组织对政治民主具有重要的影响，他在《论美国的民主》一书中指出美国社会中存在各类社会组织，这些社会组织正是他们实现民主权利的重要载体。他们在遇到公共问题时，往往自己组织起来进行集体行动，解决公共问题，以此实现自己的民主权利。社会组织成员在互动中实现政治社会化，同时塑造公民的政治意识。佩特曼（Pateman. C）在《参与和民主理论》一书中强调社会组织有助于将个体分散的力量整合起来，形成比个体参与大得多的影响和推动力，进而提高公民参与的效能感。吴结兵和沈台凤从我国基层政治实际出发，指出社会组织的参与促进群众主动投票行为，在社会互动之后转而增强群众的政治意识，促进政治社会化。

社会组织具有广泛的社会联结，可借助不同组织网络将不同类型的人联结起来，进而在一定场域组织和动员群众。从村庄外部组织动员研究看，余富强和徐敏从组织社会学的角度研究了宗教慈善组织的社会动员，分析外部性慈善机构如何借助文化仪式塑造组织认同，同时以社会苦难记忆唤起共同情感、引起感情共鸣，进而引导公众参与慈善事业。李燕通过对民间的公益支教组织动员的分析，指出在动员中通过情感策略和理性策略交织建立一种"共意"基础上的认同，以此增强社会参与。在社会转型期，社区内部组织乏力，社区居民面临参与不足和多元动员主体割裂的治理困境，需要借助外部性的社会组织激活社区参与活力，社会工作利用专业化的社会服务重塑社会信任，搭建社会互动平台，建立社会互惠规范，进而促进社区多元主体合作参与行为。社会组织在动员中发挥作用，但同时也应看到在基层实践中，社会组织悬浮化现象影响其在基层社会中动员功能的发挥。比如社区组织在孵化本地自组织过程中，因自组织辐射人群有限，对社区居民的动员最后转化成对精英的动员，而精英动员又悬浮于群众之上，因此社区动员出现了精英替代的现象。

村庄外部组织的局限性，让不少学者将视角聚焦在乡村社会内部自组织动员上，有学者关注在城镇化背景下，由留守老人成立的老年协会在乡村治理中的功能。陈勋认为在依然保持乡土记忆的村庄中，老年协会借助传统资源建立起独立而稳定的组织体系，这一组织具有强大的资源汲取能力和组织嵌入能力，进而能实现对村庄社会的强有力动员。老年组织借助乡土社会关系网络和协会中的精英魅力，吸纳各类服务性资源，为村庄老年群体制造福利。王永道以浙江农村的一个老年组织为个案，系统分析老年协会在提升老年福利和改善村庄治理中的作用，由此建立起一种新的权威认同。老年组织作为一个具有独立性的组织，在乡村中的动员也会因过度动员而导致治理异化状况。在缺乏强有力的引导或管控的情况下，老年组织的动员容易异化成群体性事件，干扰村庄正常治理秩序。因此，有学者提出需要根据老年组织的社会关联程度和社会抗争程度，对其进行赋权和削权。可见当村庄内部组织的动员目标与国家治理目标存在偏差时，社会组织的动员便容易偏离国家治理的轨道，影响基层治理秩序。因此，不同社会组织在动员中具有不同的功能，其对村庄治理具有不同的影响，考察社会组织的动员还需要具体结合社会组织的性质和特征，才能准确把握其与国家动员的内在关系。

（三）妇女组织社会动员研究

通过上述分析可知，随着社会动员内容和形式日益多元，各类社会主体不断成长，成为除国家动员之外的重要补充性力量。本部分将聚焦妇女组织这一动员主体，关注妇女组织动员机制以及路径，把握妇女组织社会动员研究现状和前沿性问题，以此为基础找到本研究的切入点。

1. 妇女组织的动员路径研究

妇女组织的社会动员是妇女群体基于一定目标引导其他群体参与社会事务的过程，反映了妇女组织的主体性和能动性。但我国历史上传统性别观念对女性思想和行为的束缚限制了妇女组织的社会行为，因此自中国共产党成立以来，妇女组织致力于妇女的解放运动，妇女组织动员正是建立在妇女解放运动基础之上的。

从妇女组织动员看，受历史社会等限制，以妇女为主体的社会动员研究主要集中在中国共产党领导妇女解放运动。早期妇女组织整体力量弱，妇女组织动员是以妇联组织为主体，借助政党资源开展社会动员。杨翠萍从国家建构视角指出农村妇女组织产生是"政权下乡"和"政党下乡"的产物，因此早期农村妇女组织社会动员活动体现了国家意志，动员活动并非妇女组织的自主行为，而是为适应国家政治需求。张雪英指出中国共产党组织下主要是在工会、共青团、贫农团等群众团体中设立妇女组织，妇女组织成为政府机构的一部分，并在党的领导下宣传贯彻党的方针政策。妇女组织与国家内在关系决定这一时期的妇女组织动员具有明显的政治性，早期的妇女组织动员主要与国家关于妇女解放政策具有密切联系。杨兴梅指出革命时期，中国共产党与妇女组织相互配合共同推进"反缠足运动"，妇女组织的动员成为群众动员的重要组成部分。霍帅妹聚焦陕甘宁边区妇联的社会动员，具体分析妇联社会动员的背景、内容、方式与成效，认为妇女的社会动员在支援抗战和妇女解放中发挥重要作用。何平在妇联组织动员研究中指出，妇联组织在妇女的婚姻家庭、政治参与、生产劳动等方面发挥关键作用，这一具有妇女解放性质的社会动员活动让妇女走出家庭，参与公共生产和生活，将妇女整合到国家体系中。而在新中国成立后，妇联的政治性和社会性双重属性使其动员产生内部张力，限制其作用发挥。岳谦厚和王斐指出在抗日根据地建设中，作为妇女群众组织的妇救会深入群众，运用各种方法宣传新婚姻观、培育妇女干部，调解家庭纠纷，将妇女从旧式婚姻关系中解放出来。可以发现，早期妇女组织动员活动的主要对象是妇女，即为妇女争取社会权益，提升妇女意识，将妇女解放事业与党的革命事业相结合，且这种妇女组织动员往往以"群众运动"的形式呈现。

在具体的社会动员中，妇联最初的社会动员主要存在以下几种方式。其一，宣传感召式动员。以会议宣传的形式展开，叶青和黄秋霜在抗美援朝动员中指出，各级妇联通过开展讲座、座谈会以及政策宣讲的形式，宣传抗美援朝的重要意义。在抗日战争中，妇联通过宣传教育、典型示范、情感调动等方式，动员妇女参与抗战。其二，情感化动员。在众多动员形式中，情感动员是妇女组织最擅长的方式，因妇女组织动员对象主要是妇女群体，而女性心思细腻，感性思维更明显，"女性重关系、亲密，轻分离、独立，重视人与人之间的联系与沟通，对他人的需求敏感，愿与他人结成亲密关系"。妇女的内在特质决定了情感动员在妇女工作中的重要地位。在西方的妇女运动中，动员主体通过游行示威以及各种文化仪式活动，传达愤怒、憎恶、同情等情感，[①] 这种共同的情感成为人们一致行动的基础。情感作为一种动员手段在塑造集体认同和凝聚一致性行动中具有重要作用。新中国成立后，妇联利用翻身后妇女产生的对党和国家感激之情，强化妇女对国家建设事业的支持，从心理和情感上达成国家与妇女的共识。其三，资源动员。有学者关注到资源在妇女组织动员中的重要作用，区别于妇联组织，民间组织因政治和组织资源匮乏，缺乏严密组织和政治资源输入，甚至难以获得合法性，因此民间妇女组织动员空间和影响力受限。张洪英指出妇女组织利用组织中社会资源和个人社会资源进行资源动员，在两种资源共同动员下促进"热心大嫂"服务中心形成和发展。妇联作为一种枢纽型社会组织，依赖垂直的组织网络关系进行动员，其对体制内资源具有高度依赖性，正是这种"路径依赖"限制了其资源动员，且这一具有行政色彩的妇女组织难以与其他社会组织产生常态化的合作交流。其四，情景动员。社会动员处于特定文化和时空背景中，在动员过程中，妇女组织动员内容与村庄的适配性影响了动员的效果。毛泽东指出动员应将政治动员

---

① Ferree, M.M., P. Y. Martin, *Feminist Organizations*：*Harvest of the New Women's Movement*(Philadelphia: Temple University Press, 2009), pp.223–233.

的意义与老百姓的实际情况相结合，即社会动员的内容不能脱离群众的生活背景和传统文化基础。王微在妇救会的动员中指出其在动员中因违背乡村习惯与现实，在解决婚姻家庭问题中，试图用较为激进的方式打破父权主导乡村伦理秩序和道德体系，最终不仅影响家庭稳定，也影响群众对妇救会的信任。

改革开放后，党的工作重心发生转移，妇联的功能从发动妇女运动到培育各类妇女组织，另外随着社会转型以及妇女权利意识觉醒，各类非政府组织逐渐兴起，其作为群团组织在社会动员中成为政府力量的重要补充。各类民间妇女组织的动员不再以传统"群众运动"的形式进行社会动员，而是以更加"日常化"的形式开展社会治理和公共服务。张翠娥等指出妇女非政府组织在农村社区环境、人力资源开发和资源整合等方面的重要功能。张嘉凌和董江爱在研究山西妇女参与乡村治理时，以德孝文化建设为载体，通过生活化和内生性的文化资源将村民个人与村庄相联结，构建起"三治"融合乡村治理体系。戚晓明认为妇女对于环境的天然敏感性，促使她们在环境治理和保护中发挥积极功能。另外，在垃圾分类、乡风文明建设中，妇女组织能将生活经验与天然情感融入其中，引导群众积极行动。

因不同认知或地区差异，不同地区妇女组织的制度环境以及认识存在一定差异，所以学者在研究中突出地区性这一特殊要素，关注不同地区妇女组织社会动员能力与效果的差异。有学者认为，相比农村社区，城镇社区的"陌生人社会"加剧了妇女组织合作的难度，但城镇妇女知识水平和社会认知使她们对生活关注度更高，上海"绿主妇"发展正是从居民对于环境公共需求出发，构建社区自治网络，组织动员群众参与社区生态环保建设，可以发现城市妇女组织在动员中表现出更强的自主性和能动性。在城镇化背景下，城镇社区妇女组织呈现多样化的组织模式，如以"共同育儿"为基础的组织体系，打破传统以家庭为单元的育儿模式，实现互助育儿，拓展了妇女参与的方式和领域。城镇妇女组织成长借助"基层妇女议事会"提升动员能力，她们在"情"与"理"之间寻求动态平衡，以拓展她们参与社区活动的领域。

2.农村妇女组织动员的方式与路径

随着妇女解放运动的开展，妇女思想和行为发生巨大变化，因城乡差异以及地域性差异，农村妇女组织发育相对迟缓，其社会动员方式呈现自身独有的特征。

一是依靠国家资源进行动员。相比城市妇女组织，农村地区特别是广大中西部地区，留守妇女成为一种重要形态。改革开放推动了人口流动，而留守妇女成为男性流出后村庄的重要主体，她们承担重要的公共治理责任，但部分留守妇女认知有限以及生活空间闭塞限制其主体性发挥。妇女组织因资源占有的局限，往往需要国家组织性力量推进其社会动员。刘筱红指出因所占有的组织以及社会资源有限，妇女在政治参与中处于弱势地位，所以需要依靠妇代会的适度动员使得政治资源得以合理配置，即通过妇代会的动员促进政治资源的合理配置，为妇女参政提供政治机会。二是发挥妇联的组织优势。在妇联组织改革背景下，妇联的社会性和群众性日益凸显，在妇联领导下的妇女组织成为当前乡村治理的显著特征。群团组织的社会性回归为治理增添了活力和生机，妇联正是利用自身政治和社会的双重合法性嵌入国家和社会中，建立起"政府–群团组织–社会组织"协同治理的模式，克服当前治理的碎片化问题。除妇联外，其他妇女组织在社会治理中的功能也逐渐显现。石鑫认为公益性民间妇女组织能借助自身本土资源和组织优势整合力量推进环境治理，提升政府对社会自治的信心，促进国家与社会良性互动。妇女组织动员更多的是以"中介组织"的形式出现，并通过建立国家与社会关联来推行乡村治理。杜春林和程莉祺结合皖北地区村嫂理事会的运作实践，认为村嫂理事会是联结科层内外的特殊社会组织，一方面贯彻乡村振兴相关政策，另一方面让妇女需求和利益以组织化表达。但民间妇女组织在发展中面临诸多难题，现代化的农业生产方式让妇女从公共生产回归到家庭经营中，以家庭为单位的生产劳动限制了妇女"组织合作文化"的成长，进而限制了其动员能力。

就地区而言，本书重点关注山东地区妇女组织社会动员研究，通过文献梳理，发现山东妇女以及妇女组织的研究内容较为丰富，而关于妇女组织动员的内容却较少涉及，在此本书仅结合其内容对山东妇女的相关研究进行梳理，以期为研究打下理论背景基础。山东作为儒家文化的发源地，性别意识和观念深受传统儒家文化的影响，长期的文化观念以及习惯使妇女对家庭和男性依附性强，缺乏自主发展能力。新中国成立后，相比其他地区，山东妇女解放事业显得更加艰巨。山东省委制定了《关于进一步加强和改进妇女工作的意见》。省政府先后于1995年和2001年两次颁布实施《山东妇女发展纲要》。袁博在其博士论文中系统论述了新中国成立后国家如何参与山东妇女身份的重构，将妇女从"家庭人"转变成公共领域的"社会人"或"国家人"，正是在传统观念影响下，山东农村妇女解放运动相比其他地方显得更为突出。朱爱岚在《中国北方村落的社会性别与权力》一书中对山东三个村调查研究发现，虽然妇女能从家庭解放出来，但在政治舞台和经济领域依然处于弱势地位，社会性别与权力关系在婚姻家庭、社会网络及私人社会生活等领域呈现不同形态。李霞的《娘家与婆家》通过对山东张村亲属关系的调查，指出以妇女为中心的亲属关系在实践中构建出一种亲属关系网络，妇女正以此为基础扩大自己的生活空间和权利。儒家文化在束缚女性思想观念的同时，也塑造了山东妇女勤劳、勇敢、正直、无私奉献等传统美德，成为建设和谐社会的重要因子。

综上可以发现，妇女组织的动员主要是以党领导下的妇联组织为主体，动员内容集中在妇女参政、劳动生产、权益维护、文化教育等方面，其核心是宣传贯彻党的方针政策。妇女组织的动员对象主要是妇女群体，即对妇女思想意识和社会行为的影响，这在一定程度上限制了妇女组织动员的领域和范围。如果将妇女组织置于中国整体治理中，妇女组织动员构成了国家治理的一部分，早期的妇女组织动员缺乏自主性，主要是在党和政府政策执行中产生的动员。但这不能否认妇女组织动员的功能，特别是随着妇联改革，妇联在动员引导群众上具有其他团体不可替代的优势，成为国家力量的重要补充。当然随着妇女组织的发展，其组织类型日益多元化，组织的自觉性和能动性日益提升，她们的动员范围和领域逐渐拓展到环境治理、公共服务、社会治理等方面，妇女组织动员作为社会治理的一部分不容小觑。

（四）文献评述

已有的研究从社会动员内涵、功能，以及国家与社会下基层动员展开丰富的理论研究，可以发现，关于基层社会动员研究既有微观的行动理论，也有宏观的社会视野；既有个案细致剖析，又有宏观的理论解释。但既有的研究也存在研究视角单一、研究内容碎片化等不足，这为本书的研究提供了探讨的空间。

首先，从动员路径来看，自上而下的体制内动员仍然占据乡村社会动员研究的主流。无论是在理论层面还是实践层面，以国家和政党为主导的体制内动员研究皆积累了丰富的研究理论。在妇女组织动员中，主要强调具有政治属性的妇联组织的社会动员。可以发现，基层动员研究将视角过多地集中在以国家为代表的动员主体上，而对乡村的动员研究始终将乡村社会视为被动员的客体。加之，在西方国家与社会二分对立影响下，国家对社会力量的动员处于一种警惕状态，因此不少研究者指出社会力量动员存在潜在风险，不仅侵蚀农民利益，而且影响国家正常治理秩序。在妇女组织动员研究中，学者主要关注占据丰富政治资源的妇联组织动员，其本质上也是一种自上而下的体制内动员，实际上妇联动员是妇女组织动员的组成部分，村庄中依然有众多民间妇女组织动员功能尚待挖掘。总体而言，研究者较少从"自下而上"的视角关注村庄社会动员，对于乡村自主性研究显得不足，特别是对于村庄中内生的群众组织的动员关注度较低。

其次，从已有研究视角来看，当前对妇女组织社会动员行为的研究远多于对动员过程的研究。现有的研究关注到妇女组织动员的特征，但对于妇女组织具体如何动员，其内在结构特征以及运作机制的研究相对缺乏。因而，大多数研究集中在某一政策或者公共服务上，展现妇女组织动员特征与优势。这类研究未能从整体视角关注妇女组织动员，因此这也成为本书关注的核心，即从整体视角出发，分析妇女组织动员的内在特征以及运作机制。

再次，从已有分析框架来看，农村社会动员的研究显得单一和零散化。有学者关注到制度环境对动员的影响，但缺乏动态视角。制度背景的分析视角虽然关注到了制度对妇女组织动员行为的影响，但在一定程度上忽视了妇女组织的能动性。从微观情感视角分析妇女组织动员行为可以生动展现妇女组织的动员图景，但缺乏对资源结构和制度背景的关照，无法系统解读妇女组织动员过程。实际上，在乡村动员中，妇女组织作为群团性质的组织，是连接村民与村庄或国家的桥梁，其动员行为受多重因素影响。正如狄金华和钟涨宝所强调的，社会动员是富有生命力的运行规则，这也决定了社会动员研究需要置于实证研究的范畴下才能更好地挖掘其内涵和生命力。因而需要将理论研究与动员实践相结合，运用综合性、系统性的分析框架，解读妇女组织动员的内在机制。

最后，从研究领域和进度来看，当前面对基层治理内容的多样化及治理主体的多元化，基层社会的动员方式研究日益丰富。基层动员研究领域呈现如下特点。一是妇女组织动员多集中于城市基层动员研究，城市社区占据相对优势的人口资源和社会资源，加之城市社区高流动与异质化水平成为妇女组织动员的重点领域，相比而言，农村社会动员研究关注度偏低；二是无论是个案的分析研究还是整体性社会动员解释，在多元化的动员领域中，缺乏不同类型村庄的妇女组织动员的个案研究，而这些研究既能聚焦现实的动员问题，也能丰富基层社会动员的理论；三是社会动员的背景离不开特定的社会环境，而现有妇女组织社会动员研究集中在革命建设时期，对于农村社会转型期社会动员内容及新的结构要素把握不够，因此对现实农村动员问题的回应性有待进一步提升。

综合以上分析，本书将结合已有研究，聚焦村庄内部自发形成的妇女组织的动员实态，在长时间的实地调研基础上，结合村庄的制度环境和组织结构，分析转型期乡村社会动员的困境，并将妇女组织的制度环境、组织条件以及情感视角的分析纳入妇女组织动员逻辑的整体框架中，构建起"资源-组织-话语"的分析框架，以此阐释自发性妇女组织动员的内在机制。

四 研究视角与研究思路

（一）研究视角

基层社会的复杂性决定了其研究难以用单一的理论视角和方法获得全面的认识。国家与社会互动分析虽然能从动态层面把握动员的基本方向，了解社会力量与国家的互动策略和方法，但难以从微观层面分析社会组织的内部动态以及他们如何影响农民的参与行为。因此，还需要将宏观结构与微观行动相结合，在宏观结构变化中分析妇女组织动员行为。有效的社会动员既需要动员主体的积极参与，也离不开外部的制度、组织及文化等结构性条件。本书尝试依据吉登斯的结构化理论，将妇女组织动员宏观结构性条件与村民个体行动要素相结合，综合分析妇女组织有效动员的实践逻辑。吉登斯的结构化理论指出，结构是社会在生产过程中反复涉及的规则与资源，而行动则强调行动者对实践事件施加影响的过程，结构既是行动的中介也是行动的结果。结构影响人们的参与行动，能调节和塑造个体行动，反过来个体行动不断地建构结构。而结构中的规则或资源，是行动者在行动中所依靠的正式制度或非正式制度，行动者处于一定结构中，同时其行动受所处规则资源的限制。结构理论超越了主观与客观、宏观与微观的二元对立思维，将社会行为研究整合到特定的结构体系中。吉登斯指出，社会秩序研究的核心是考察行动者何以借助社会关系跨越时空和个体在场的局限性，进而将微观行为与宏观结构整合进一定社会系统中。动员是一个联结结构和行动之间的关键概念，需要从一个新的视角，即结构与行动互构、微观与宏观连接的视角来分析其影响因素。动员联结着村庄社会的结构和群众的行动，是联结宏观与微观的纽带，如果说结构是从宏观视角关注村庄动员的发生机制，那么行动是聚焦微观视角从利益、情感、关系等要素理解群众的参与行动，二者统一于具体的社会情景中。

吉登斯的结构化理论寻求一种动态平衡，呈现社会结构制约性与个人行动自主性两条主线，结构与行动在相互建构中相互依存，并以"实践"这一中介来完成。一方面，从结构层面上，将国家与社会关系结构作为宏观结构分析核心，在国家与社会总体框架中分析经由权力体系、资源配置及文化系统建构中所形成动员的结构性条件，以及在此基础上形成的制度规范。另一方面，从社会宏观结构性条件上，在村庄组织网络体系、利益回应机制及情感共识塑造中把握行动者的参与逻辑。

综合而言，社会结构影响动员权力和资源配置体系，以及基于价值和伦理上的文化认知。具体而言，一是国家与社会关系为社会动员设定一定权力网络和权力边界，即国家为社会动员提供政策和制度支撑，这些资源是社会动员的基础性条件，也规范社会动员方向。建立在宏观结构之上的动员决定了资源分配机制，在社会动员中，国家对于社会动员的资源供给如动员中公共空间建构、资金保障及动员制度规范等，成为社会动员的重要条件和保障，资源供给多寡制约动员效益的发挥。二是村庄内部关系网络从中观层面解释社会动员的网络结构，通过创造社会资本的方式促进集体行动的达成，社会关系网络的紧密度决定了个体行动的参与度。三是国家与社会的结构关系在情感层面上往往是以文化的形式展现的，这一文化体系包含人们对于国家与村庄社会关系的基本认知、态度及情感。情感融合与加强可通过微观话语和符号的形式实现，其通过强化人们的思想观念，凝聚共识来达成一致性行动。宏观结构构成社会动员的发生机制，但宏观社会结构关系不能直接转化成具体的行动，从结构到群众行动的转化需要社会动员实践这一催化机制，乡村社会动员在塑造社会结构关系中推进群众的参与。在微观行动层面，妇女组织通过动员组织网络的建构、利益回应机制及共识的塑造整合基层社会结构，形成了村庄共同体意识，进而影响群众的参与行为。在村庄社会动员中，村庄社会结构形塑社会权力结构，影响资源配置方式。而其中组织网络、利益激励及话语建设塑造共同的情感，成为村民集体行动的触发机制，反映了村庄动员中村民参与的微观过程。

理解妇女组织村庄动员的实践过程，既需要从妇女组织动员的权力形成、资源支撑、文化体系等结构层面理解动员基础性条件，也需要深入妇女组织动员实际过程考察嵌入各种结构中个体的行为选择。结构行动理论有助于在国家与社会互动结构中把握妇女组织如何通过动员构建起宏观结构与微观参与的联结，深入村庄实践理解妇女组织通过组织各类型活动回应群众日常需求，在动员中增加社会信任，塑造价值共识，引导群众有序参与村庄建设。

（二）研究思路

农村社会在推进中国现代化的过程中发挥了"稳定器"和"蓄水池"的作用，农村的发展关乎现代化的实现。在全面推进乡村振兴的背景下，对乡村社会动员进行深入分析，是激发乡村内生动力、推进基层社会治理的有效路径。

从宏观视角来看，国家与社会的关系决定村庄动员的路径和方式。基层社会动员方式与路径的变迁受国家与社会关系的影响，不同时期的国家与社会关系决定基层不同的动员策略。在乡村振兴背景下，国家与社会处于一种"强国家、强社会"的模式下，国家通过资源、技术、规则等下乡的方式实现基层治理，扩展自身在基层的影响力，同时提升基层的动员能力。在此背景下，乡村社会面临的治理任务和治理情景发生深刻的变化，社会动员的内容和方式也发生转变。为此，理解乡村有效动员的逻辑还需结合制度性背景，把握社会动员面临的结构性约束条件。只有厘清该问题，才能更深入地把握乡村有效动员的运作逻辑。

已有研究发现，乡村社会动员不仅受宏观层面国家与社会关系的影响，也受组织关系的制约。乡村处于国家动员的末端，也是动员群众的主要阵地，乡村既受到国家组织控制，同时也受到乡村内部网络关系的制约，在动员中不可避免地面临上级行政权威与村庄社会自主性的张力。而对于村庄动员的结构性分析为本书的研究奠定了理论基础，也引导笔者将村庄社会动员置于体制结构中。在当前基层动员研究中，学者更多地从国家视角出发关注自上而下的行政动员。乡村社会处于一种被动员的状态，与之相对应的是进一步压缩基层自主性空间，且在乡村振兴背景下，国家权力介入不断加深，如何在此过程中，消解国家与乡村社会的内在张力，构建二者有效融合的机制成为本书探讨的重要方向。

虽然国家权力的介入一定程度上压缩了基层的自主性，但这并不意味着基层自主性的消逝。在基层动员中，基层社会可以借助自下而上的动员对上级政府施加压力，以实现村庄内部的利益。从这个角度来看，村庄并非被动的适应者，其在动员过程中具有主动性和能动性。微观的视角能动态地揭示妇女组织的动员行为，突破静态的制度环境和结构分析视角。当然妇女组织的动员也具有明显目的性，如压力传递、牟利性等。这些丰富的行为策略说明基层社会在面临国家行政动员的压力下，会自主调节国家权威与村庄需求之间的张力，平衡国家利益与村庄利益。因此，在关注国家行为的同时，也应关注基层社会的自主性。

本书结合已有的研究，从妇女组织的动员实际出发，结合乡村社会具体情景，将社会动员资源、组织及话语等要素融入妇女组织动员的分析框架中，从"结构-行为"的研究视角，理解妇女组织有效动员的内在逻辑。本书基于实证调研基础，立足于鲁中地区G村妇女组织动员的资源条件，分析妇女组织如何通过塑造村庄组织结构以及建构话语来实现有效的社会动员，展现妇女组织在基层动员中的主动性、灵活性与适应性。本书的基本研究思路是动员背景—动员过程—动员结果。基于此，本书试图回答以下问题。

第一，乡村振兴背景下基层动员面临何种新的治理情景，这种情景如何塑造基层结构关系，村庄治理背景与妇女组织发展有何内在关联？

第二，面对基层治理中新的结构性要素，村庄内生的妇女组织采取何种策略动员村民，这种动员有何特征，其运作逻辑是什么？

第三，妇女组织的社会动员给乡村治理带来何种影响，如何理解妇女组织动员的绩效与限度？

五 个案介绍与研究方法

（一）个案介绍

乡村治理学者桂华指出，在现代化转型过程中，乡村社会正经历着巨变，乡村治理不能仅关注国家体制、政策及资源投入，还应了解乡村治理基础条件的变化。聚焦村庄自身特点与演变过程是深入研究乡村问题的重要基础。因此，笔者先对个案村庄的基本情况和发展背景进行简要阐述。

济南市L区，地处山东省腹地，泰山东麓，三面环山，中部为平原，历史上归齐国管辖，深受儒家文化的影响。G村位于L区南部，占地3.6平方千米，村庄靠近城区，交通便利，三面环水，因独特的地理环境，成为古代军事重地。史书记载，明朝洪武二年（1369年），江苏沭阳董氏最先迁居此地，并在本地扎根，繁衍后嗣，距今已经600多年的历史。村庄下辖5个村民小组，现有居民760户2400余人。

1.村庄区位特征

所谓"一方水土养一方人"，不同的自然环境孕育出不同的社会形态。G村属于暖温带半湿润季风气候，四季分明，冬季寒冷，无霜期较长。村庄地处两大河流交汇处，地势平坦，土壤肥沃，水源充足，为农业生产提供良好的自然条件，可耕地800余亩。新中国成立前，村庄主要以农业生产为主，种植高粱、谷子，但因生产技术落后，产量较低。村庄虽然位于两河附近，但因灌溉设施落后，粮食作物经常因干旱而减产。改革开放前后，G村迎来了农业发展的"黄金期"，国家通过大量农业基础设施的建设改善了农业生产灌溉条件，提升了农业机械化水平。实行家庭联产承包责任制以后，村民在村干部带领下推行科学种田，改良种子品种，使粮食产量大幅提升，极大地改善了农民的生活水平。

2.区位优势与经济发展

G村属于城乡接合部，交通便利，其中205国道穿村而过，为发展经济提供了便利条件。村庄距离市区不足1000米，且村口设有公交站点，村民出行便捷。因距离城镇近，村民经营意识较强，工商业发展较早。

20世纪80年代，G村陆续兴办了沙厂、砖瓦厂、建材商店、面粉厂、油坊厂及饭店等。1983年，为解决农闲时节村里的闲散劳动力，村干部带领村民发展副业生产，村委成员商议后决定组建40多人的建筑队和木工队，经多方努力，被市建委批准成立建筑行业四级企业。当时，村庄内部厂房每年上交村集体的提留款近2000元。改革开放以来，部分有远见的人率先开展个体经济，他们从事农业养殖、服装生产、日常维修等。此外，村民利用205国道的天然交通优势，发展餐饮业和服务业。这些村民依靠自己的智慧和商业头脑成为G村最先致富的一批人。因农业种植的低效益，众多村民选择进城务工，到2006年底，村庄土地统一转包给外村种粮大户，村民按人口每年领取390元的口粮钱。村民脱离了农业生产，青壮年劳动力均在附近的工厂上班。

随着经济发展，外迁人口增多，而传统以农业为主导的生产经营模式，面临农业产业单一、人均可耕地面积少的困境，难以产生明显的经济效益。加之村庄选举中利益争斗不断，村庄管理混乱，到2005年左右，村庄总负债达300多万元。2006年村庄重新换届选举，在新一届村委班子的领导下，决定走依托城市发展经济的路子，重新规划发展沿河经济，通过实行旧村改造整体搬迁，大力发展商贸和服务业，实现农民市民化。村内设有物业公司、房地产企业，共有职工100多人，固定资产总值4000万元。村集体每年收入200余万元，主要源于土地和厂房租赁。

3. 人口结构与人地变化

G村具有本村户籍的总人数在1700人左右，女性约880人（包括老人和小孩）。G村是一个拥有600多年历史的文化村庄，自董氏迁居到此，后张姓、吕姓、尚姓陆续迁居到这里，再到后来亓、孙、丁、李、邹、杨等姓氏也来此定居，最多时形成了28个姓氏族群。受儒家文化熏陶，G村民风淳朴，以忠厚孝义为重，村中各姓氏之间不分众寡和强弱，在长期互动中形成了和睦相处、互帮互助的民风。

自新中国成立以来，G村一直是人多地少，人地矛盾突出。村中老干部介绍，1985年分田到户时，G村人口1250余人，耕地1300多亩，人均耕地少。因距离城镇较近，经济基础发展好，20世纪90年代末不少外来人口迁入，进一步挤占了村庄的资源。随着人口大幅增长，原有耕地和住房难以满足人们需要，村委多次向上级政府申请宅基地审批，用于安置新增人口住房。新任村委班子上台后，利用靠近城区的优势，2012年出卖集体土地100余亩用于商业建房，获得3000多万元集体经济收入，这为村庄的发展奠定了物质基础。随后，借助国家旧村改造的政策，开始对村庄进行整体规划，在村东部建立起一栋栋楼房，用于安置搬迁户和对外出售。村庄良好的区位优势和人文环境，吸引了部分离乡的村民和外来户到此买房。G村人口变动情况，如表1-1所示。

表 1-1　G 村人口变动情况

年份	户数/户	人数（包含外来人数）/人
1985	372	1250
2002	460	1342
2010	548	1820
2020	572	3051

备注：数据来源于村庄历史档案记录。

4. 文化与社会保障

G村受儒家文化影响，自古就重视文化教育。据史料记载，在民国以前，G村以习武见长，曾出过许多武秀才。民国十八年（1929年），村庄中的先进人士接受了新的教育思想，并在村庄中开办新学堂。1978年恢复高考制度后，村庄更是人才辈出，至今已有40余人分别考入各级各类高校。为了传承文化教育，在村庄中营造积极向上的氛围，村庄现每年对考取大学的本科生和研究生公开表扬，并给予一定奖金。2022年8月村庄举办了优秀大学生表彰仪式，共有7名大学生考取大学和研究生，按照标准，每位大学生奖励600元，每位研究生奖励1000元。

除文化教育外，传统文化也是村庄建设的重点。在历史上，村庄便有

"长勺鼓乐"文化。作为一种古老的民间艺术，鼓文化在村庄有较长远的历史，鼓由军用战鼓演变为民间鼓乐已历经上千年。"鼓乐文化"以自娱自乐、祭祀、庙会、庆典、社火为主，G村在发扬"长勺鼓乐"传统的基础上，专门成立农民鼓乐队进行传承演奏，进行创造性转化，形成独具特色的文化产业。

山东是儒家文化的发源地，历史记载儒家圣人孔子一生中曾两次来到L区，使孝道文化在此代代传承。但是随着现代城市化思想的冲击，G村曾经一度人心涣散、上访成风，村庄的优秀传统文化更是遭到摒弃。为了整顿村庄风气，村委决定以文化为抓手，通过文化发展带动乡村发展。2013年建立了"莱芜市弘德传统文化推广中心"，内设可容纳300人的"孝德大讲堂"，以传播优秀传统文化为核心开设公益道德讲堂，宣传"孝德"文化，引导群众讲公德、讲奉献。近年来，G村在春节、端午节等重要时间节点，开展感恩父母、传统礼仪学习、国学培训等各类感恩教育活动。在长期文化教育熏陶下，优秀传统文化逐渐以新形式融入人们的生活之中。优秀传统文化教育不能仅仅停留在思想层面，更需要落实在行动上。除了开展文化教育，村庄还积极践行尊老爱幼的"孝善"文化活动。自1993年起，每年重阳节和春节都会给村中60岁以上的老人发放各类生活用品。2013年，村庄依托"为民办的十件实事"政府项目资金，完善农村养老服务体系建设，建起村庄托老所。托老所分南、北两院，建筑面积约3200平方米，投资约800万元，建成可容纳200余人的托老所。托老所设立道德讲堂，定期进行知识讲座，向老年人传授营养饮食、健康养生等内容，让老年人老有所养、老有所乐、老有所学。2015年，被全国智能化养老科技信息研究中心确定为"全国孝爱文化养老示范基地"。

（二）研究方法

1.个案研究法

不同的历史时期社会动员的方式有所差异。新中国成立前后，为了建立和巩固新生政权，国家通过强有力的政治动员，发动一场又一场群众运动对农民进行动员。借助对农村的社会动员，国家权力得以深入农村社会。改革开放后，随着国家在农村的权力收缩，单一依靠政治动员难以实现对农村的有效动员，以国家为主导的单一政治动员模式逐渐转化为多元化动员模式。随着动员实践的丰富和动员理论的发展，目前农村社会动员延伸出了精英动员、草根动员、政府动员等模式，产生了资源动员论、文化动员论、结构动员论等理论。当前农村社会处于深刻转型期，各类动员要素复杂多变，也为农村社会动员提供了广阔的研究空间。中国乡村社会千差万别，贺雪峰在长期大范围的田野调研中认识到不同地区的乡村结构差异与社会治理关系，将全国村庄大致分为团结性村庄、分裂性村庄和分散性村庄，认为村庄内部结构是研究村庄治理的社会基础。袁小平和汪冰逸关注到当前农村社区本身性质与社区动员的关系，农村社区建设中存在三种典型的社区模式，即城乡接合部农村社区、集镇型农村社区和传统型农村社区，农村社区动员应结合不同社区特征有针对性地实施动员策略。中国地域广阔，各地区资源分布、发展模式和发展程度有很大区别，有时难以用单一的理论去概括整体特征。在农村实践中，不同的动员模式所产生的社会动员效果也各有千秋，因此需要将社会动员放入具体的实践过程中去分析，以动态的视角研究社会动员如何在农村得以实现。本书将研究聚焦在一个城郊村，围绕鲁中地区的G村展开深度的个案研究。之所以选择G村作为个案研究，是因为G村既保有传统村庄的特征同时也处于快速城镇化过程中，这一过渡形态在基层研究中具有典型性，这类村庄在乡村振兴的社会动员中既能突出国家性，也能依托内在的治理资源展现一定自主性，能更加生动地展现国家动员与村庄内部动员的相互关系。本书将从社会动员的理论出发，结合村庄内部治理情景，分析妇女组织产生的条件以及其社会动员运作过程，并从国家与社会关系视角分析妇女组织动员与国家动员的相互关系。

关于以村庄为单位的研究法，学术界存在较大的争议。费孝通在《江村经济》一书中指出以村庄为单位的田野调研具有科学性，村庄这一单元既避免了因单元过大导致观察不细致，也能规避因单元过小影响社会生活研究整体性。对于个案研究总有超越性的诉求，即如何从特殊到一般、从微观到宏观。王富伟认为个案的异质性难以超越整体性的认知，因此提出关系个案研究，试图超出个案研究对事实现象的局限性。卢晖临和李雪认为要跳出个案研究，应建立微观与宏观的联系，从微观反观宏观进而弥合个案的特殊性与理论的一般性的矛盾。徐勇认为个案研究方法具有一定合理性，个案研究将眼光向下，从社会本身角度看待社会现象，但也存在只见社会未见国家的弊端，提出政治学研究还应在"发现社会"的基础上回归国家，建立起微观事实与宏观理论的现实勾连。本书虽然是以G村作为研究个案，但也会关注宏观社会结构与国家政策对村庄社会动员的影响，同时研究妇女组织在乡村社会的动员中如何重塑个人与集体、个人与国家的关系，从乡村个案研究中回应宏观结构问题。因此，本书大体遵循从宏观到微观，再从微观到宏观的研究路径。

2.田野调查法

田野调查法最初是作为社会学和人类学研究的常用方式。庄孔韶认为田野调研对人类学研究具有重要意义，其在《银翅》一书中指出田野调研能通过古今关联的"反观法"寻找文化传承的线索，而这是单独的文献研究所难以实现的。田野调研作为一种客观认识事物的方式，如今已经不仅应用在社会学和人类学领域，也逐渐成为政治学研究的重要方式。为了全景式且深入地展现村庄中妇女组织的形成以及社会动员的过程，本书进行了扎根田野的社会调研，深入村庄进行细致的观察，并收集大量的第一手资料，在此基础上配合文献资料对村庄社会治理变迁进行了科学阐述。

在参与式观察中研究农民行为选择过程以及妇女组织开展各类村庄活动的全过程，近距离感知在市场经济日益发展的今天，村庄社会内部充满活力的治理形态。笔者的问题意识源于田野调研。2021年底笔者第一次进入G村开始驻村调研，初步形成了对村庄治理的基本印象，从宏观上把握了妇女组织形成的国家政策背景以及村庄治理背景，侧重了解妇女在村庄治理中的特殊功能。这一阶段的访谈重点集中在村庄治理精英和妇女组织中的积极分子，把握这些关键人物对群众动员基本面向。2022年暑假笔者第二次下村，在第一次田野调研的基础上，开始将目光聚焦于妇女组织，从微观层面深入研究妇女组织参与村庄动员的过程。为了更加全面地了解妇女在村庄社会的行动逻辑和认知变化，解读社会动员对妇女个人的塑造，本书将调研对象聚焦在村庄的普通妇女，分年龄段分别对青年妇女、中年妇女以及老年妇女进行差别化访谈，同时对普通群众进行访谈，了解他们在村庄动员中行为和认知的差别。受访者的身份信息如表1-2所示。之后又对村干部及村庄治理精英进行电话回访，以补充前期调研的疏漏。前后共收集和整理了十余万字的调研资料，为后期的写作奠定了基础。

表 1-2 受访者身份信息

姓名	性别	身份	编码
ZK	男	村党支部书记	20220810ZK
LQ	女	市妇联主席	20220825LQ
LQX	男	副书记	20211223LQX
TYL	女	妇联主席	20220822TYL
ZXF	男	村干部	20220808ZXF
QRR	男	退休干部	20220825QRR
LYC	女	普通妇女	20220812LYC
SXS	男	退休老书记	20220814SXS
SDN	女	老年义工	20220811SDN
ZSY	女	村文书	20220823ZSY
SCH	女	义工	20211222SCH
LGM	女	义工+老年妇女	20211222LGM
ZCY	女	义工+老年妇女	20220811ZCY
LQY	女	义工+老年妇女	20220818LQY
QRM	男	老教师	20220809QRM
QDY	男	敬老院老人	20220810QDY
ZT	男	村庄热心人士	20220826ZT
LYZ	男	义工	20220822LYZ
DSM	女	普通妇女	20220819DSM
QX	女	妇女骨干	20220826QX

续表

姓名	性别	身份	编码
LXQ	女	义工＋女党员	20220825LXQ
WDS	女	外来户	20220816WDS
SDS	女	普通村民	20220808SDS
SXC	女	锣鼓队队长	20220817SXC
MHH	女	义工	20220808MHH
ZY	男	企业老板	20211225ZY
DXJ	女	义工＋妇女骨干	20220827DXJ
LGL	女	老年妇女骨干	20220810LGL
DXT	男	普通村民	20220823DXT
LZ	男	普通村民	20220813LZ

注：20220811为实际访谈日期，ZK为受访者姓名首字母简写。

此处列出的成员是文中引用口述史的部分成员。

资源－组织－话语：一个理解
乡村社会动员的分析框架

乡村振兴是长期性、系统性的建设工程，区别于脱贫攻坚期主要依靠国家外部资源输入，乡村振兴更加注重"内源式发展"。《中共中央　国务院关于做好2023年全面推进乡村振兴重点工作的意见》强调要发挥农民在乡村振兴中的主体作用，调动农民的积极性、主动性、创造性。内源式发展关键要探索有效动员农民的路径，激发群众的参与活力。因此，本章以"内源式发展"为切入点，结合乡村振兴的内在要求和理论内涵，分析乡村振兴中农村社会动员构成要素，并从主流社会动员理论和框架中提炼"资源－组织－话语"的分析框架，为妇女组织乡村动员的实践构建合理的解释框架。

一　乡村振兴中村庄动员实践的关键要素

2022年中央一号文件提出要广泛动员引导社会力量参与乡村振兴，凝聚乡村建设合力。乡村振兴作为党和国家乡村发展战略，需要进行广泛的社会动员。从动员场域来看，动员包含党政动员、政府动员以及乡村社会动员。本书关注的乡村振兴动员主要考量如何对农民进行动员，即将社会动员研究集中在对乡村社会的场域中，具体探讨乡村振兴中村庄社会动员的关键要素。

乡村振兴是国家实施改造乡村的战略性活动，其目的是激发村庄社会活力，满足人们对于美好生活的需求，促进乡村的可持续发展。乡村振兴的发展目标指明了乡村发展的整体方向，全方位发展不仅需要依靠国家力量，更应注重发挥村庄内在力量。实际上从整体治理视角来看，如果说脱贫攻坚更加强调国家力量对村庄发展的支撑，那么乡村振兴便更加注重村庄内生力量的自我发展。在这一背景下，乡村治理面临从外源式发展向内源式发展的转型。内源式发展是转变过去新农村建设中由单一行政力量推动的发展模式，依靠乡村内部力量推动乡村持续发展。实际上，在乡村动员中，国家在动员中将权力向下延伸，基于行政权力的强大惯性，基层治理容易陷入对行政力量的全盘依赖，以政治动员替代村民实际参与，出现"行政遮蔽政治"的情况。内源式发展在乡村振兴中日益发挥重要作用。从基本内涵来看，内源式发展理论是由日本学者鹤见和子所提出的"内发型发展"模式，具体指"不同地区的人们，适应本地区固有的自然生态环境，立足于传统的文化遗产，结合外来的知识、技能、制度等，自律地创造出来的"。其被视为一种进步的发展模式，强调发展选择、发展过程，以及发展利益由本地决定、控制和保留。[①]从乡村内源式发展的内容来看，Lowe等认为内源式发展包含地方参与、培育地方认同以及利用乡村资源。[②]吴理财和吴侗从组织视角指出，乡村振兴是以乡村为主体的发展，其核心是如何将原子化的村民组织起来，即通过组织力量来激发村庄的内生发展动力。随着内源式理论的发展，内生式发展理论也得到发展，不再局限于内部的研究，而是拓展到研究内部力量与外部力量的关系互动。特别是在乡村发展中，依靠村庄内生力量达成一种"纯粹"的内生发展只是一种理想的存在。[③]

由此可见，以"内源式发展"激活乡村是乡村振兴的必由之路，而从

---

① Barke M, Newton M, "The EU Leader Initiative and Endogenous Rural Development: the Application of the Program in Two Rural Areas of Andalusia, Southern Spain,"*Journal of Rural Studies* 13, No.3 (1997): 319–341.

② Lowe P, Murdoch J, Marsden T, "Regulating the New Rural Space: The Uneven Development of Land," *Jourmnal of Rural Studies* 9, No.3(1993): 205–222.

③ Ray C, "Culture, Intellectual Property and Territorial Rural Development," *Sociological Ruralis* 38, No.1(1998): 3–20.

"内源式发展"理解乡村振兴的社会动员，需要聚焦村庄的内外情景。内源式乡村发展理论强调乡村振兴发展动力源于内部，而乡村振兴的推动力来自外部，通过外部资源撬动内部发展，进而实现内外联动，是推进乡村振兴内源式发展的内在机制。因此，从"内源式发展"考察乡村振兴中社会动员需要立足乡村社会情景，从内外部关系中把握社会动员的影响要素。

从外部情景来看，国家政策及资源构成了乡村振兴动员的外部环境。税费改革改变了国家与村庄社会的关系，而面对乡村社会的衰败和发展的不均衡性，国家对乡村治理从"汲取性"向"输入性"转变。且在现代化的冲击下，乡村社会治理资源日益短缺，内生式供给模式难以满足乡村的内在需求，因此国家自上而下的资源输入日益成为乡村发展的重要依托。在乡村振兴背景下，国家加大对"三农"的支持力度。大量的资源输入，包括各类资金、项目、人员、技术及制度体系建设（如经济建设、环境治理及精神文明建设）等，为乡村动员注入了活力。刘守英和熊雪峰指出制度供给滞后性是推动乡村振兴的最大制约要素，因而政府应不断加强制度供给能力。另外，国家通过项目动员整合需求，能够将分散的个体纳入组织体系中，特别是经济项目可以直接通过物质激励实现对村民的动员。因此，国家外部资源成为乡村动员的重要支撑。

从内部环境来看，村庄是实施乡村振兴的基本场域，农民也是最终的受益者，因此对于农民的动员还需考虑村庄的内部社会情景。马荟等认为内源式发展动员机制需要充分考察村庄具体场景，这一情景便是乡村熟人社会基础，而熟人社会生产的关系、人情、面子成为村庄动员的重要因素。费孝通将村庄社会描述为"熟人社会"，生活在乡土社会中的个体行为受特定的社会关系网络及文化观念的影响。熟人社会反映了村庄社会结构形态，而处于社会关系中的个体受特定文化规范的影响。张玉强和张雷指出，基于共同文化基础的身份认同是实现乡村内源式发展的保障。文化通过唤醒村民本土意识，以共同情感和记忆来实现对村民的动员与整合，这恰好成为村庄内部动员的关键要素。因此，从乡村内部考察村庄动员需要充分关注村庄内部社会的组织结构和文化结构。

就组织结构而言，不同于城市社会，乡村社会处于相对封闭的地域空间，农民的生产生活形成了丰富而复杂的组织体系和网络关系，这些关系构成了影响人们的行为选择。童志锋从中西方对于社会运动研究的差异中指出，人际关系网络在西方社会动员结构中处于相对弱势的地位，而在中国乡土社会的集体行动中具有重要意义。王海霞和董慧娜在研究宗族性村庄社会动员中提到，社会动员与村庄性质具有紧密关系，宗族性村庄则因高度团结性而产生的宗族权威成为村庄动员的主要影响因素。因此，村庄组织网络结构反映了个人与个体或群体之间的联结形态，这一组织结构影响人们参与乡村振兴的行为。

就文化结构而言，文化是乡村社会的灵魂，村民在长期生产生活中形成的文化习惯深植于脑海，并影响着自己的行为选择。但在乡村振兴的实际动员中，不少国家项目资源在乡村实施中遇阻，甚至遭到村民的激烈反对，究其原因是与村庄的社会习惯和风俗相背离。因此，乡村振兴的动员还需要从文化层面对农民进行思想"破冰"，以在思想和情感上形成共识，进而实现对村民的动员。在社会动员中，思想是行为的先导，任何动员活动都是建立在认同基础上的，这便需要在动员中凝聚社会共识。乡村振兴是国家对于乡村发展的重要战略规划，全面描绘了乡村未来的发展蓝图，回应了农民对于美好生活的需求。微观层面，乡村振兴动员是将群众对于乡村建设的美好期待与国家建设的整体目标相结合，在各类乡村行动中通过构建一种话语和框架形成一定的"政治认同"，进而引导群众参与。话语建构赋予动员以价值意义，从心理和情感层面建立起动员者与被动员者的联系，以便对动员活动形成共识。因此，从文化层面审视乡村振兴的社会动员最终还需回到话语框架建构层面，即通过话语框架建构一种思想共识，进而带动群众参与。

综合以上分析，从乡村振兴的社会背景中剖析乡村社会动员的因素，本书认为影响乡村振兴社会动员的关键性要素至少包含三个：一是资源要素，二是组织要素，三是话语要素。

（一）资源与资源结构

乡村振兴动员的本质是以国家或社会为代表的动员者利用自身资源优势带动社会各类群体参与村庄建设，为实现乡村振兴的目标而达成一致性行动的过程。按照资源动员理论的观点，资源占有和供给能力影响乡村的动员能力，资源占有越丰富，其动员能力相对越强。这一理论是建立在理性选择基础上的，就被动员者而言，其行动是基于资源达成目标以及实现自身利益程度的理性权衡，资源实现自身利益的程度越高，其参与动力越强。

在乡村动员中，资源既包含有形的资源（如资金、人员和场地等）；也包含无形的资源（如合法性支持、制度规范等）。梯利在资源与动员内在关系分析中指出，资源占有决定了动员的能力，其中包含两个关键要素：一是资源占有的多寡，即资源总量；二是动员者的资源转化能力，即动员者能在多大程度上将资源转化成参与者的利益。[①]在乡村振兴中，有效的乡村动员需要人员、资金、制度及文化等资源支撑，资源要素在乡村场域中的分布形成不同的组合形式。总体而言，在资源要素丰富的村庄，其村庄动员能力更强、动员效率更高。究其原因是资源丰富的地区拥有丰富的人力、资本和政策资源，村民之间更容易形成类型多样的网络连接关系，同时在资源强大的利益和情感的驱动下，村民更容易达成一致性行动。相反，若在资源贫乏的村庄，资源要素总量少，加之农村劳动力流出，村庄发展可利用的资源十分有限，村民与村庄及村民之间的关系联结较弱，即使政策性资源输入，也缺乏一定的动员效果，因此乡村动员难以持续。

需要指出的是，本书强调的资源主要是以国家为主体提供的外部性资源。在乡村动员中，动员主体需要筹集动员资源，争取国家外部性支持，并通过各种策略进行资源配置以完成既定的动员目标。乡村振兴过程建立在乡村全面建设的基础上，需要一定的资源支撑，如国家项目、政策及人

---

① Tilly, Charles, *From Mobilization to Revolution* (New York: Random House, 1978), pp.57–59.

员等方面的投入，以助力乡村振兴，激活乡村内生动力。一定程度上讲，国家资源投入也是乡村动员的重要方式和手段。国家资源投入既包含为乡村动员提供人、财、物等实体资源支撑，也包含制度、权力、合法性等非实体的资源。从乡村振兴的实际资源动员实践来看，资源要素主要包含制度性资源和政策性资源。

制度性资源以制度建设为核心资源，是维持乡村正常秩序的普遍规范体系，约束和影响人们的行为选择。诺斯指出，制度是一个社会的博弈规则，或者更规范地说，一些人为设计的、形塑人们互动关系的约束，包括正式制度和非正式制度。制度资源划定了人们的行为范围，规范了人们的社会行为。在社会动员中，制度性资源既包含非正式制度的资源也包含正式制度资源。比如在传统时期，村庄内部社会治理主要依靠非正式制度性资源，人们将人情道德伦理内化成一种道德准则来影响人们的行为。正如秦晖所言："国权不下县，县下唯宗族，宗族皆自治，自治靠伦理，伦理造乡绅。"血缘宗族所构建的非正式的制度性资源建立在传统"礼治"社会基础上。而随着改革开放发展，传统的乡村伦理遭受现代化的冲击，人情道德伦理产生的制度性权威缺乏生存土壤。现代化建设中，国家以法律法规建设构建起"法治"体系，并通过技术治理等手段重构乡村治理体系，建立起现代化的乡村治理制度。不可否认现代化对于乡村传统制度资源的冲击，但乡村振兴中国家以新的形式重构传统资源，同时创新运用新的制度性资源以适应乡村治理的新需求。如果制度性资源较弱，那么资源的管理和利用会处于一种低效状态，一方面难以发挥资源动员的应有效益，另一方面会消耗大量资源，导致动员成本的增加。在实际的乡村动员中，资源要素的有效管理和合理应用能激活与丰富资源的形式和类型，提升村庄的社会资本，反过来扩展资源的总量。比如国家通过协商民主的议程设定明确了资源分配形式，在国家与村民之间设定了双层议事平台，以规则建构和创新保障农民的有序表达和协商，建立起需求导向性的分配原则，进而将分散的村民动员到基层民主建设中。制度规则以国家公权力保障其合法性，并以稳定的形式促进村庄动员的持续运行。这种资源管理不仅丰富了村庄动员的资源要素，还化解了由群众之间因利益分配而导致的疏离，增强了自我权利意识和参与意识，强化了村民与国家的政治联系。因此一定程度上，制度性资源决定了动员能否长期稳定的进行。

除制度性资源外，乡村振兴中还包含诸多政策性资源，如政府以项目的形式参与乡村动员。政策性资源的核心是激励和引导，通过提供特定的政策对乡村输入一定资金、人员等，保障乡村振兴的顺利实施。国家通过派驻村干部的形式开展乡村振兴，以"国家在场"的形式嵌入乡村治理体系，激发和培育农民主体性。在乡村振兴中，政策性资源主要以公共服务的形式呈现，通过特定的项目吸纳村庄及社会力量为一定的动员目的而达成一致性行为。政策性资源的投入旨在改善基础设施、改善人们生活环境及丰富人们的精神生活等，为村庄动员奠定了社会基础。

因此，乡村振兴的动员既需要政策性资源发挥基础性支撑作用，又需要制度性资源发挥规范引领作用，两种资源的相互配合形成资源结构。在乡村动员中，资源结构强调资源要素配置与乡村社会的适应度，即资源是否符合群众和村庄的实际需求，资源的落地是否具有可操作性，以及资源的运行规则是否被广大群众所认可。概括而言，资源匹配度、可操作性及合法性共同决定了资源动员的能力，也直接关乎动员的效益。从资源的结构总量来看，不同资源组合状况也会影响村庄动员效益。在乡村振兴中，政策性资源主要是以国家为主体的资源输入，大部分以公共服务形式呈现，突出了国家的公共责任。但如果政策性资源过多，则会陷入"资源陷阱"，特别是当制度性资源不足时，缺乏对于资源管理的运用规则和方式，那么资源便难以激发群众参与的热情，同时还会滋生群众"等靠要"的心理，消解村民公共责任。而当制度性资源过强但政策性资源不足时，村庄动员便会陷入无力状况，导致制度作为一种技术性工具容易出现"空转"，悬浮于村庄治理。因此，在实际的乡村动员中，资源要素需要合理配置，既需要政策性资源激活村庄动员，也需要制度性资源保障动员的持续规范运行。

（二）组织与组织结构

乡村振兴的推进依赖一定的组织基础。组织能最大限度地建立起凝聚力，形成一种关系和情感的集聚，进而达成一致性的行动。组织动员理论学者赵鼎新指出，社会网络与社会动员及凝聚力具有相关性。康豪瑟（Kornhauser）指出良性的社会应包含"政治精英－中间组织－民众"，即强调中间组织在社会动员中的中介作用，他认为中介组织能建立起精英与民众的沟通渠道，进而成为重要的动员主体。从中观层面来看，宏观社会结构作用于微观的集体行动需要考察个体所处的组织和网络体系，这一组织体系正是社会动员在中观层面发生机制的体现。在推进乡村振兴中，国家对于乡村的动员并非直接作用于村民，而是借助一定的组织体系动员村民。村中组织的发展及组织网络的联结关系构成了社会动员的组织基础，这些网络联结关系在村庄内部形成广泛的利益联结网络。帕特南强调，在一个共同体中，公民参与网络越密，其公民就越有可能进行为了共同利益的合作。将社会网络联系的关系密度以社会资本的形式表现，解释了在社会资本丰富的地方，人们更容易达成集体行动。因此，组织网络成为村庄社会动员的主要元素。

从组织结构来看，组织包含个人与个人、个人与集体、个人与国家之间的相互联结，这种联结以组织关系的形式呈现。处于组织网络中任何个体都无法脱离组织而独立生存，其行为也受到组织行为的影响。而个体受组织行为影响程度的大小取决于个体与组织联系的紧密度，个体与组织的联系越紧密，组织对于个体行为影响越大。对于紧密度的界定，还需要从个体与组织联结的本质来看。个体进入组织的因素包含利益、情感、价值、制度等，不同因素形成不同的组织结构关系。涂尔干将社会联结分为机械团结和有机团结，其中机械团结是建立在分工不发达时同质个体的社会联结，而有机团结是建立在高度分工中个体对于组织需求和依赖增强的社会基础上。随着人类社会的不断发展，社会关系日益多元化，不同的社会关系呈现不同的团结形式。社会联结程度影响人们之间的集体行动水平，在一定程度上反映了社会的整合程度。

从组织的类型来看，村庄组织既包含正式的组织，如党组织、村委会等；也包含非正式组织，如各类娱乐性组织、老年组织、志愿组织等。这些组织共同形成了村庄的组织网络体系，成为动员群众的中介载体。而随着乡村传统共同体的消解，新的社会联结亟待重建。在乡村振兴的过程中，国家一方面发挥党组织的吸纳作用，建立起个人与国家的社会关联；另一方面通过积极培育和发展各类组织团体吸纳分散的村民，并发挥各类组织的中介作用，借助组织的力量实现对村民的动员。

（三）话语与话语结构

资源和组织分别从宏观和中观层面解释了社会动员的过程，而组织和资源需要借助一定的媒介传递给被动员者，使被动员者感知并行动，这一传播的过程需要借助话语。有研究者指出，宏观社会结构借助传播媒介塑造人们的社会认知，进而影响人们的社会行为，而社会认知成为连接宏观社会结构与微观个体行为的重要中介。

话语从微观层面解释动员活动如何被激发。李怀印认为，村社的维系不仅因为它自有一套调节其成员之间相互权利与义务的惯例或村规，还有一个维持村规日常运作的村社"话语"。话语作为一种无形的力量约束人们的行为。在村庄社会动员中，动员主体为实现特定的动员目标而建构了策略性框架和话语体系，并对动员活动赋予了一定的价值和意义，从而在凝聚一定的社会认同基础上促成一致性的行动。李里峰在土改过程"诉苦"话语研究中指出，中国共产党将"诉苦"纳入阶级话语体系，激发农民对于共产党的爱与国民党的恨，诉苦的过程将群众对于日常苦难的话语融入国家意识形态框架中，进而激发群众的参与热情。动员话语的形成过程实质上是对动员进行意义性建构。对疫情标语的研究发现，疫情期间"硬核标语"通过心理震慑、亲情感化、家国教化等话语策略塑造了集体意识，增强群众对于防疫工作的认同。集体行动反映了动员的"话语实践"过程，其通过建构与动员相适应的话语和符号进行动员。在动员实践中，动员主体如何建构动员话语，创造一定的话语符号，激活动员客体的身份与意识，实现意义性建构成为动员的重要因素。

在乡村振兴中，国家将主流意识形态中的政策话语通过媒体进行宣传，深入群众生活中，构建起群众熟悉的话语体系。在话语建构中，不同的动员主体具有不同的话语表达体系。日常生活中有草根话语、国家话语等，其修辞和表达技巧各有特色，而话语只有让被动员者接受并认可才能产生动员效益。在新媒体动员中，网络行动者通过话语表达形成临时性的动员群体，并将碎片化的话语表达上升为集体性话语，进而将一些非直接利益相关者纳入动员网络中，引起网民之间的情绪共振和情感共鸣。因此在乡村动员中，动员者需要建立起不同群体之间的话语联结，回应不同群体的情感需求，用群众熟悉或认可的话语和修辞建构话语体系，形成一种情感或文化上的共识，以此有效实现对群众的动员。

二 "资源－组织－话语"分析框架的构建

分析框架对系统分析问题具有重要作用，框架中变量呈现的一般性特征有助于研究者进行诊断和规范化研究。从上文的分析可以看出，村庄社会动员受多重要素影响，需要从一个整体性视角进行系统分析。本书基于对社会动员的相关理论和分析框架进行梳理，在吸收学者对于社会动员的普遍分析框架基础上，同时结合乡村动员的核心问题展开论证，提出"资源－组织－话语"的分析框架。

（一）既有社会动员分析框架的局限

1.西方社会动员理论分析框架

西方对社会动员的研究主要以社会运动的形式展开，积累了丰富的社会运动理论和分析框架，其中包含资源动员论、政治过程论、结构动员论、框架动员论等。

资源动员论是建立在理性视角基础上，认为行动者的参与是基于资源的回报。资源动员将资源作为核心分析要素，关注资源变动对社会运动方向的影响。政治过程论强调政治机会、组织、意识形态和话语在社会运动产生和发展中的作用。麦克亚当在解释政治过程理论中认为宏大社会经济过程引起政治机会扩张和内在组织强度，二者推进人们认知解放，进而推进社会运动。他指出社会动员必须经过认知解放的过程，而认知解放又基于政治机会扩张与组织力量增强。梯利在此基础上建立动员模型，将利益驱动、组织能力、动员能力、社会运动的阻碍和推进力量、政治机会或威胁作为影响集体行动的要素。结构动员论强调组织结构或组织关系在社会运动中的作用。结构动员关注中间组织的社会功能，认为其在联结精英与民众中发挥重要的桥梁作用，中间组织能促进社会交流，提升认同感。康豪瑟将对中间组织的研究延伸到对公民社会的关注，将公民社会视为包含各类中间组织的政治实体，认为发达的中间组织能阻止或促进社会运动的发生。马克思认为社会经济结构影响社会运动和社会革命，其核心是生产力与生产关系的矛盾影响社会发展，当社会关系难以适应社会生产力发展时，便会引起社会运动。框架动员论从微观世界解释话语性因素对社会运动的影响，所谓的框架即帮助人们认知、理解和标记周围所发生事物的解读范式。框架理论关注人们情感、价值观等意识形态对大众心理层面的影响，进而反映到社会行动中。该理论特别关注文化要素，社会动员的框架构建需要结合特定的文化，从文化中确定话语策略性表达，因此框架建立的过程实质上反映了动员主体的策略性过程。

赵鼎新在总结西方社会运动理论过程中，提出变迁、结构和话语三要素论，分别从宏观、中观和微观三个视角解释了动员的影响因素，其中社会变迁构成社会动员的宏观背景，结构要素的变迁影响中观层面组织结构的变迁，进而影响动员主体的话语建构和动员框架的形成。

2.本土社会动员分析框架与启示

在西方主流分析框架的基础上，不少中国学者结合我国实际建立起符合中国情景的社会动员分析框架，用本土化视角系统阐述社会动员的形成机制。贾玉娇从国家与社会关系框架出发，指出社会动员的发生是国家推进与社会自发双向互动的产物，这是因为中国社会缺乏发达的公民社会，难以通过自下而上的力量推进国家建构，因此基层社会动员需要借助外力推进，并在国家与社会的双向互动中推进社会变迁。袁小平和潘明东系统阐述了社区动员的机制，基于参与理论和治理理论，结合社区动员的构成要素建立起动员的动力机制、运行机制和保障机制。其将动员主体及动员手段作为动员的动力机制，而将动员方式运用及作用客体的过程视为动员运行过程。动员保障机制即动员过程中资源和制度性支撑，而这正是动员持续稳定运行的基础。袁小平和汪冰逸从社会动员的资源学派、文化学派和结构学派三大理论范式主流研究理论出发，从"资源－文化－结构"三个维度透视农村社区建设中社会动员的研究，以回应动员中资源供给、意义建构、结构变迁等关键问题。范斌和赵欣认为社区动员是建立在社会改良而非革命基础上，作为一种改良性的社会运动。其提炼出"结构－组织－话语"的三维分析框架，分别从宏观结构、中观组织及微观话语三个层面系统阐述社区动员的影响因素，其中结构要素包含制度和文化基础，组织强调动员中组织建设及资源配置，话语反映了动员中的情感和话语表达技巧。他们对于社会动员的框架将资源、组织、结构、情感与话语等要素融入其中，更全面而系统地考量了社会动员的要素，既立足本土关注我国社会动员宏观结构要素，又结合组织关系和情感要素分析动员的主体行为。虽然他们的研究停留在"应然"层面，未能在实践层面进行实证检验，但这一综合性的分析视角也为本书研究带来启发。社会动员分析框架是为本土社会动员分析提供价值性的解释工具，体现中国社会动员的特殊性，因此在中国语境下理解社会动员还需立足本土动员的背景。

3.社会动员理论在本土研究中的局限性

社会运动理论研究从西方诞生和发展，主要结合西方社会的历史文化背景及社会运动的具体实践，西方语境下的社会运动建立在国家与社会的二元对立框架基础上，社会运动形式往往聚焦在社会变革领域，因此社会运动多呈现在革命、群体性事件等非常态的生活实践中。而中国语境下的社会动员研究主要聚焦在改良型的社会运动中，是在国家支持下开展的集体行动，反映了国家与社会之间一种正向联系和互动关系。更多时候，社会动员被视为一种治理方式，是凝聚社会资源，推进社会治理的重要手段。因此，在研究我国的社会动员时，还需要克服西方研究理论与中国乡村情景可能存在的"水土不服"问题。

结合社会动员的相关理论研究，可以发现，这些框架从不同视角和维度阐述了社会动员的发生与运行，为社会动员的话语体系和理论工具作出一定贡献，但也不同程度上存在理论解释的缺陷。资源动员理论将资源视为影响群众参与的唯一要素，过分强调资源的重要性，而忽视情感对个体行动选择的影响。结构动员理论将动员置于特定的框架中，特别是宏观性的结构框架，因此难以从行动者角度把握其行为选择的机制，并且难以真实呈现社会动员的全过程。此外，结构动员理论旨在从影响社会运动的结构要素中找出固定的逻辑联系，存在用机械的模型解释不断变化的社会动员的思维困境。政治过程理论从宏观层面解释社会变迁对人们思想行为的影响，但重大社会变迁的发生往往是缓慢的，是长时间酝酿的结果，而社会运动的发生并不仅仅发生在国家重大变迁中，因此该理论对于日常化的社会动员缺乏一定的解释力度。框架理论虽然从微观视角解释了人们的行为逻辑，但忽略了个体行为背后的资源和社会结构，也限制了其理论解释范围。

因此，任何单一的理论框架都难以系统解释本土化的社会动员，在全面深入考察本土化的社会动员情景时，还需要构建一个较系统化的分析框架。需要指出的是，尽管主流社会动员理论研究视角存在差异，但这些分析框架仍然具有较强的解释性，为本书分析框架提供有益的启示。

（二）"资源－组织－话语"分析框架的合理性

综合以上分析，学者从不同角度建构社会动员的分析框架，以提升社会动员解释力。一个明显趋势是，研究者在回应主流社会动员理论时，更加关注本土社会动员的实际，比如关注到国家力量特别是国家与社会关系在动员中的作用，以不断探索适合本土的社会动员理论和分析框架，进而提升理论解释力。为此，笔者立足本土社会动员情景，尝试在整合和提炼的共性基础上构建"资源-组织-话语"的分析框架。

首先，资源是社会动员的必要条件，社会动员需要借助一定的资源开展行动。在本土化的社会动员中，对于资源的利用始终离不开国家的身影。从宏观视角来看，结构理论将国家与社会关系结构成为动员的基础性背景，这一特定条件下所产生的资源是在国家与社会互动中产生的，国家给基层社会动员创造资源和条件，并在这一过程中激活社会动员。就国家如何具体开展动员，陈玉生指出，国家动员无法仅依靠强制性的行政动员，而更应该强调制度和道德建设。很明显，在本土社会动员研究中，研究者更加关注国家在动员中的作用，特别是国家为基层动员提供哪些资源、创造哪些有利条件，而非单纯从国家宏观结构把握动员要素。不可否认，国家是基层社会动员的重要考量要素，在基层社会动员中，国家的资源要素是激活村庄动员的基础性条件，也为基层社会动员指明了方向。因此，把握资源要素对理解乡村动员宏观政策及动员情景具有重要意义。

其次，组织反映了动员系统中各要素之间的结构性关联，这一结构性要素通过建构社会关系影响参与者的行为选择。社会动员是在特定的社会系统中进行，而动员系统是由不同的参与者构成的，权力资源分布在不同动员主体中，因此社会动员存在动员结构性问题。社会动员结构反映了各主体在动员系统中的关系，分析社会动员需要了解各个主体在系统中的角色。结构动员理论强调组织网络和空间环境对社会动员的影响，认为人们在特定的空间或者组织系统中互动产生认同和信任关系影响人们参与。从根本上来讲，结构关系的核心是各要素的组织形态，社会动员结构分析将个人置于特定组织系统中，并结合个人与组织之间的关系考察其动员行为。范斌和赵欣在中观维度社区动员分析中，特别强调组织建设及在组织基础上的资源配置对集体行动的影响，个体是处于特定组织中的个体，而个人行为受组织的影响，因此组织网络关系成为考察群众参与行为的重要维度。当然组织可分为正式组织和非正式组织，其具体形式及资源配置存在差异，也是从组织维度考察社会动员的重要范畴。

最后，话语作为一种价值符号通过影响人们的思想进而带动人们的参与。社会动员是影响人们社会观念和行为的活动，这便需要动员主体对动员进行意义性建构，以获得被动员者的认可。任何动员行动的发生都必定建立在被动员者认同的基础上，而这一认同的形成最终落实到具体动员行动中。无论是资源动员中的利益要素，还是文化动员理论中的道德情感要素，抑或是基于行政动员中的权威或权力要素，其传递都需要借助一定的媒介，也就是说，运用何种方式传递给被动员者并让其感知，这一感知过程体现了动员者的策略。从主流的社会动员理论和分析框架中可以发现，框架理论对动员中影响人们思想价值的因素或条件进行深入研究，其从价值观和意识形态层面阐述社会动员的发生过程，并进一步指出动员者通过对被动员者的思想观念、情感与价值的整合寻求一种思想意识层面的共识，进而影响人们的行为选择。这一框架整合最终是通过话语建构来实现的，该理论强调动员中话语建构反映了动员主体策略性行为。从这个角度来看，话语是社会动员价值传递的重要媒介。话语在特定的文化背景下产生，将动员目标与参与者的情感和利益需求相联结，并策略性地运用特定文本和符号传输，以达成动员者与被动员者之间的价值共识和思想共鸣，进而引导群众在动员中积极行动。

综合以上分析，资源、组织与话语三个核心要素成为主流动员分析中难以绕开的因素，这三个因素分别代表不同研究领域，但又具有整合趋势。虽然随着社会动员理论的不断发展，相关研究的理论、方法及视野得以延伸和拓展，但仍未能完全脱离这三个关键要素。因此，把握乡村社会动员也可以借助这三个维度解释其具体运作过程。本书认为社会动员是一个连接资源、组织和话语的活动，因此需要结合社会动员实际构建一个整体性的分析框架，分析宏观社会结构如何影响社会资源分配，在动员实际中，动员主体如何借助资源激活组织要素，重建组织网络关系，并以此为基础运用策略性的话语手段塑造人们的价值，培育共同情感，进而推进集体行动。

（三）"资源-组织-话语"分析框架的内在关系

上文分别对社会动员的三个关键要素进行了简单分析。在社会动员研究中，将社会动员的基础条件置于国家与社会关系背景中，并将动员资源支撑作为关键要素；动员组织关系反映了动员系统中不同主体的联结和互动关系；动员话语被视为动员主体建构动员意义的策略性行为。在整个社会动员系统中，资源、组织与话语之间存在紧密的关系。接下来，重点阐述三者之间的内在关系。

首先，动员资源的变化使组织结构受政策、体制及文化等因素的影响而随之发生变化，资源影响组织网络的形成及组织间的互动关系。资源为村庄组织发展创造条件，比如，制度性资源明确了组织的相互关系和互动方式，进一步塑造了村庄动员的组织结构。同时动员资源规定了动员的方向和思路，因为资源投入的目的性和导向性明确了动员的目标，进而影响了动员话语的建构。动员资源投入的变化通过对被动员者需求的回应影响参与者对于动员活动的共识，并最终反映在具体参与行动中。资源投入与群众需求或认知匹配度越高，在动员中越容易形成一致性的价值共识，相反，资源投入出现偏差或与基层适配性低，便难以形成价值认同，甚至容易导致资源利用低效。

其次，组织要素反映了动员过程中各要素之间的结构关系。这一结构决定了参与者以何种形式参与到动员活动中，而动员活动是否借助恰当的组织载体和网络会影响资源配置的差异。在不同的组织网络和社会结构中，资源投入方向和方式也会存在明显差异。比如在家族网络联系密切的宗族村庄，政府会重点利用当地人情关系与利益网络进行动员而非传统权力资源，呈现"人情式政策动员"的特征。同时，动员的组织体系反映了一种关系联结形式，而在动员系统中成员之间的关系紧密程度通过情感工具影响话语建构。动员组织体系反映了成员之间的联结关系，建立在制度、血缘或趣缘等基础上的组织网络在长期互动中形成的联结形式也在不断强化情感归属，形成一种成员身份认同，这一组织关系随之影响话语的建构及共识的形成。

最后，动员话语赋予了动员价值内涵。话语塑造是建立在一定的文化基础上，即话语的形成展现了一种文化符号，反映了人们对于特定事物的认知与情感。在脱贫攻坚工作中，反贫困话语体系在政府体制和社会的嵌入中形成的组织动员和社会动员效应是中国贫困公共治理成功的重要原因之一。话语结构通过思想和情感层面的动员建构一种组织认同，进而塑造动员组织结构。当然随着社会传媒方式的发展，网络成为话语传播的重要媒介，网络话语动员也成为国家资源动员的途径。网络话语也可以通过话语动员激发共识，进而构建虚拟的组织联结关系，引导群体行为，同时影响国家资源投入方向。动员话语建立在特定文化基础上，其本身包含一种价值导向，受特定文化的牵制，并在与文化的互动中调整自身话语结构和表达方式，以适应动员目标的需求。文化资源影响话语建构，反过来，话语建构也会重塑文化，丰富文化的内涵。

准确地说，资源、组织、话语三个要素以动员系统为中心存在内在联系。如果说动员资源为动员系统提供基础支撑，构建起动员的行动条件，那么"组织"反映了特定背景下动员系统中各主体之间的联结关系，而话语是在特定资源和结构基础上，动员主体为实现特定动员目标而采取的策略性行动。这种话语运用的有效性最终反映在具体的动员活动中，而动员话语的形成又塑造了动员资源的新格局。综合而言，动员资源、动员组织及动员话语三者存在彼此紧密互动的内在联系。

三　本研究中"资源－组织－话语"分析框架的呈现

本研究基于已有的社会动员理论分析，将社会动员中资源、组织与话语要素整合起来，以乡村振兴中妇女组织的社会动员为例，从整体视角解释这一分析框架与村庄社会动员及妇女组织社会动员的适用性。

（一）"资源－组织－话语"分析框架在村庄动员研究中的适用性

对村庄社会动员的分析，是理解基层治理逻辑及推进国家治理方式与治理能力现代化的重要途径，这一定位与乡村振兴的特殊背景有紧密联系。社会动员作为村庄治理的重要方式和途径，其核心是整合各类资源和力量，调和不同利益需求，引导群众有序参与到村庄治理活动中，是提升基层治理水平的重要途径。社会动员的研究回应了基层治理需求，关注社会动员由谁发起（主体是谁），动员主体与村民或者村庄的关系如何，社会动员需要借助哪些资源，动员主体如何运用各类资源开展社会动员，哪些要素影响社会动员的有效实现等问题。面对乡村社会动员系统中复杂的要素，我们需要找准乡村动员研究的切入点，并立足具体的维度进行深入分析。对于乡村振兴背景下的乡村社会动员，资源、组织和话语是分析社会动员的有效维度。

首先，就资源要素而言，在乡村振兴背景下，国家在基础设施、公共服务及制度建设等方面为乡村注入大量资源，为村庄动员创造有利的外部条件。无论是政策性资源抑或是制度性资源，均是国家有计划、有目的的资源输入方式，旨在激发乡村社会活力。国家通过自上而下的资源输入为基层社会动员创造有利条件。无论是新中国成立前后的政治动员还是社会主义建设时期的社会动员，虽然动员主体发生了一定变化，但资源的占有始终是动员的基本要件，脱离资源的动员犹如"无本之木"难以推行。对资源要素的分析要能把握乡村社会动员的方向和重点，同时理解不同国家资源在社会动员中的功能。

其次，区别于城市社区，农村社区在相对封闭的熟人社会网络中，村庄内部的社会联结关系依然是人们行为选择的重要因素。虽然当前社会转型中，传统的村落共同体日益瓦解，村庄社会结构关系逐渐被解构，村民呈现个体化和分散化的趋势。但在国家推进基层治理体系和治理能力现代化过程中，治理主体日益多元化，各类民间组织逐渐成长，村庄中的正式组织和非正式组织正重塑着村庄的社会结构，它们之间的合作互动关系组织和引导着群众，成为村庄社会动员的重要组织载体。面对乡村社会结构变化，在新的社会背景下考察村庄内部组织要素具有现实意义，也是从结构要素深入理解乡村社会动员的关键。

最后，从话语要素来看，村庄动员的最终目的是让村民自主参与到村庄活动中，也就是从所谓的"自在阶级"向"自为阶级"转变，这一转变需要在文化意义上找到动员目标与村民的契合点。当前随着城镇化的发展，村民思想观念和文化意识发生重大转变，只有准确把握动员话语，找到与村民日常生活和价值认知相适应的"文本"，才能保障社会动员有效运行。在乡村振兴中，村庄动员话语具有国家性和政治性，需要借助一定的传播媒介宣传并获得广大群众的认可，这就需要考察不同话语的表达形式和表达策略，让乡村振兴的政策及理念在农村得以广泛传播，并将话语转化成群众的普遍共识，以此获得行动共识。从这个角度来看，对于话语要素的把握能从心理和情感两个层面展现村民参与的微观过程。

当前乡村社会结构裂变与利益格局重建并存，基层复杂利益矛盾交织，各类利益博弈让乡村治理陷入集体行动的困境。在此情景下，乡村社会治理既需要调和各主体利益诉求，又需要调动村民的积极性和主动性，增强村庄自主发展能力，促进乡村振兴的各项政策目标在乡村平稳落地。社会动员的研究恰好回应了当前乡村发展的理论和现实问题。可以发现，资源、组织和话语的三种维度有助于更好地把握乡村社会动员的过程和动员中的关键变量，明晰社会动员的运行机制。从这个角度来看，这一分析框架能回应当前社会转型中乡村治理的理论和现实难题，为推进乡村振兴作好注脚。

对乡村社会动员要素的分析能深入把握动员机制。资源、组织和话语作为社会动员的关键性变量，它们对于社会动员的影响并非一成不变，实际上处于不同情景中的社会动员对于各类要素的需求存在明显差异。但无论三者对于社会动员影响程度如何，都可以发现三者核心连接的机制反映了国家与社会的关系。特别是对于宏大的国家治理，国家与社会的关系影响社会动员的走向，也影响各要素在动员中的强弱。无论是资源、组织还是话语，均反映了一定时期国家与社会的关系，因此对于社会动员的分析，不能脱离国家与社会关系这一宏观结构性要素。乡村振兴是在国家动员下引导乡村变革的过程，但这并不意味着乡村动员仅仅是国家对乡村的单向动员。随着社会动员方式的转变，有学者提出，乡村动员已经由传统的"对社会动员"转变成"由社会动员"的过程。因此，在乡村振兴背景下，乡村动员既需要发挥国家动员作用，也需要发挥社会动员的功能，将自上而下的国家动员与自下而上的社会动员有机衔接，在激活村庄社会活力的同时，维护国家在乡村治理中的权威。

综上所述，"资源－组织－话语"的分析框架不仅能从理论层面观察国家与社会的互动关系及各自功能定位，而且从动员实践层面展示了社会动员的资源特征、组织结构关系及文化话语构成，为全面理解乡村振兴中的社会动员提供新思路和新路径。在国家与社会互动关系中，村庄民间组织的兴起也成为村庄社会动员的重要主体，其作为内生性的力量与国家自上而下的乡村社会动员相互配合，共同推进乡村社会动员。

（二）妇女组织动员与本书分析维度的契合性

上文阐述了"资源－组织－话语"的分析框架对于解释乡村动员的合理性。为了更具体地阐述乡村动员过程，本书以妇女组织的乡村动员为例，结合妇女组织动员实际，解释社会动员与分析维度的契合性。

首先，妇女组织作为基层治理的重要主体，既是乡村振兴的受益者也是推动者。而受传统性别文化的影响，在传统的治理观念中，妇女组织一直处于一种相对弱势的地位，缺乏与男性同等的权力、权威、文化及制度等资源，因此妇女组织在社会发展中往往缺乏一定的主动性。在乡村振兴的背景下，国家通过群团组织改革，转变妇联职能，为妇女组织发展提供良好的社会条件和时代机遇。在社会动员中，妇女组织与国家具有紧密联系，其在资源占有上的先天弱势决定了其动员活动更需要依靠国家资源，而国家通过政策和制度等资源投入为妇女组织动员创造了外部条件。对资源要素的分析，要能把握不同的资源在动员中发挥作用的差异性，具体分析国家不同类型的资源投入如何影响妇女组织动员。综合而言，对于妇女组织社会动员的研究，能帮助我们更好地把握乡村振兴社会动员的新特点，同时帮助我们分析国家资源投入如何影响妇女组织的动员。

其次，妇女组织本质上属于一种群团类社会组织，是联结群众与国家的重要纽带。村庄妇女组织的发展不仅改变并丰富了社会治理主体，而且改变了村庄社会的组织结构。妇女组织将分散的村民个体整合起来，并建立起个体与个体、个体与组织的联结关系，同时借助妇联力量将个体整合到国家体制中，形成农民与国家的联系。麦克亚当指出动员结构是"正式或非正式的集体工具，通过它人们被动员起来并参加集体行动"①，可见，动员结构是将个体组织起来参与集体行动的重要机制。组织联结将不同个体与组织聚合在一起，各类组织在互动中促进公共需求的生产和公共利益的表达。妇女组织通过利用各类资源满足群众的公共需求，这成为妇女组织社会动员有效落地的核心动力。因此，对于组织结构要素的分析能帮助我们把握妇女组织动员的内在动力。

最后，社会动员需要借助策略性动员工具，其本质是将动员目标转化为村民集体行动。而在微观视角上，动员主体往往通过制造与动员目标相适应的"文本话语"来塑造一种共识，"话语"或"文本"的选择便成为动员的关键环节。妇女具有先天的情感优势和沟通优势，在村庄治理活动中，妇女组织与村民在频繁的互动中往往能准确把握群众心理，进而根据村民的实际需求找到利益共识和情感共鸣。此外，妇女组织扎根于群众中，能结合群众的日常生活和熟悉的事物来建构"话语"，将动员价值目标转化成群众可感、可知且具有可操作性的实践文本。总之，合理的动员话语选择是有效动员的重要策略，而通过对妇女组织动员的话语产生及建构策略的分析，可以更细致地把握村庄动员的运行模式。

---

① McAdam, McCarthy, Zald, *Comparative Perspectives on Social Movements* (Cambridge: Cambridge University Press, 1996), p.3.

村庄动员困境与妇女组织的兴起

　　社会科学研究需要基本的历史联系，问题的考察需要明确其发展的阶段性，并从发展的历史过程中考察事物现有的状态，列宁的社会研究方法学揭示了从历史发展中深入研究事物的产生和演变机理。改革开放后，治理内容和情景发生了重大变化，这意味着村庄动员的研究不能仅局限于原有的情景条件，更应关注乡村社会新的结构要素。那么G村社会动员面临哪些新情景，其与妇女组织发展有何内在关联？本章从以下三个方面展开阐述：一是阐释G村社会治理嬗变加剧了村庄社会分化程度，这构成村庄治理的社会背景；二是聚焦村庄动员实践，分析离散化的社会中村庄面临何种动员困境；三是阐明妇女组织产生的社会条件以及治理优势。

一　城镇化背景下G村社会治理的嬗变

　　亨廷顿认为，现代性孕育稳定，现代化过程却滋生着动荡。现代化给乡村社会带来了极大的冲击，使农村秩序处于"解构–重组"状态，相应地，G村的现代化发展过程也面临巨大的观念和秩序冲突。进入21世纪，城镇化发展加快了村庄社会的转型步伐。随着传统熟人社会的逐渐解体，以血缘、亲缘、地缘关系为基础自我整合的传统农村社会逐渐被打破，村民日益个体化，乡村社会结构日益松散化。随着城乡流动，乡土伦理受到冲击，并且由于市场经济发展进一步激发了农民的权力意识和利益观念，村庄治理在各种利益争夺中陷入一种内耗，因此，乡村治理面临新的转型。

（一）移民村庄与多姓氏并存的宗族底色

G村是一个移民型村庄，传统时期村庄几大姓氏宗族在此繁衍生息。借助优势的地理位置和交通条件，新中国成立前，G村吸引了不少山里村民搬迁到此处生活居住。随着人口的迁入，村庄在血缘关系基础上逐渐形成了多宗族并存的治理秩序。因深受儒家文化的影响，各宗族在"伦理道德"的信念中塑造了和谐的人际关系。

1.移民村的形成与发展

G村是一个多姓氏聚集的村庄，这根源于G村是一个移民型村庄。自明朝起，村庄陆续有各姓氏的人迁居于此，逐渐形成了多宗族共存的村庄形态。据史料记载，明洪武二年（1369年），江苏沭阳董氏最先迁居此地，并在本地扎根。目前村庄常驻的有董、张、尚、亓、吕5大姓氏和丁、李、孟、孙、杨、邹6小姓氏。从历史上看，G村的人口迁入主要集中在两个时期：一个出现在明清时期，另一个是改革开放后。

明清时期齐鲁腹中地带战争频发，人口迁徙频繁。位于该地带的G村地势平坦，靠近河流，农业生产条件优越，历史上迁居此地的人口较多。自董氏迁居，后来张姓、吕姓、尚姓也陆续迁居到这里，再到后来亓、孙、丁、李等姓氏也到此定居，最多时形成了28个姓氏族群。据G村的李姓村民介绍："李姓家族在清朝年间搬到该地。李姓祖先家境贫寒，曾是清朝官宦人家的管家，李氏祖先勤劳踏实，为人忠厚。官员生前便请风水先生确定祖坟安置点，风水先生一眼看中G村的地理位置，认为这里背靠大山，有山有水，是块风水宝地。官员去世后，李氏祖先便作为守墓人在G村扎根，并在此地繁衍后代。李氏虽然较早地迁居于此，并延续了数代，但是每一世都是一代单传。因此，李氏家族未能在村庄开枝散叶，一直是村中的小户。"（20220813LZ）第二次大的人口迁移发生在改革开放后。G村靠近城区，且国道从村庄中穿过。20世纪80年代随着改革开放的到来，乡镇企业得以迅速发展。G村作为城郊村，距离县城中心不足3000米，市场经济得以迅猛发展。90年代不少外村人到城里务工或做生意，并在此处安家。

村庄中的老人介绍，搬迁到此处的大部分都是山上的人，山区农业种植条件落后，经济发展缓慢，最先出来谋生的人在G村站稳脚跟后，便将自己的亲属和家族中人一起搬迁到此地。除此之外，部分外地商人看准G村优越的交通地理位置，开始在此处建厂，带动村庄经济发展。"LGM，私企老板，63岁，老家在临沂市，改革开放后便开设加油站，20世纪90年代由莱芜地区讨债到此处，觉得这里地理位置较好，便决定在此建厂，1996年全家迁出临沂，定居在此处。2019年，村庄发生较大变化，LGM在村庄买了商品房，并将亲家母一家都搬迁到此处。"（20211222LGM）改革开放后，随着人口激增，G村迎来了新发展，同时也面临不少挑战。

2.村庄内部交往与互动关系

最初的人口迁移并未完全打破村庄血缘、地缘的格局。在G村，从村庄居住格局看，新中国成立前村民主要是按照姓氏聚居。在人口迁移的过程中，大部分家庭选择与宗族相邻而居，村庄中基本形成大姓氏为主的集中居住与小姓氏分散居住的基本格局。直到改革开放前，村庄大姓氏张氏主要集中在一队，吕氏主要集中在二队，董氏和尚氏分别居住在三、四队。村庄的居住格局直接反映了日常的互动格局，无论在日常交往还是生产互助中基本上都是以家族为单位进行的。

G村虽然是多姓聚集村落，但具有较强的家族观念。红白喜事的聚集场所是宗族认同意识的表达场所，是否是一家人在这种场景中最能得到验证。当家族成员遇到特殊情况时，家族会集聚力量去帮助，特别体现在红白公事上。以白公事为例，整个家族中每个家庭必须派一个代表参与帮忙。"每个家庭都有老人，谁都要面临生老病死。家族有白公事时，各个家庭都会派人去，至少得去一个，有的家庭兄弟多，则可以商量轮流去帮忙。一般女性负责后勤，在厨房做饭，准备茶水，男性就负责抬丧、迎宾等。来帮忙的人不需要任何报酬，甚至都不在主家吃饭。我们吕氏家族在村庄比较大，白公事帮忙的人很多。"（20220822LYZ）红白公事中，由各个家族选取一名有威望的成员作为"总理"，负责安排各类事务。家族成员的互助既增加了家族之间的联系，也强化了家族意识。

在G村，红白公事中具有明显的家族观念，但各个家族之间并不是完全割裂的。实际上，随着经济社会发展，家族之间在交往中呈现出融合趋势。其中，最为典型的就是家族间通婚。村庄内部大姓氏之间的通婚十分普遍。村民介绍，因G村经济相对发达，生活相对富裕，父母不愿自己女儿嫁到外村受苦，村庄内部通婚不仅能照顾好娘家人，更能增进彼此家族之间的互助。比如，村中吕家与董家、尚家与张家、董家与张家的联姻。"我是20世纪70年代初出生的，生在一个好时代，有机会上了学，我在上学的时候认识我的老公，之后属于自由恋爱直到结婚。我父母挺中意我对象，他们觉得张家毕竟也是村庄的大家族，嫁过去也不会受欺负。当时村庄内部通婚的较多，所以在村里大部分人都能攀得上一点亲戚。"（20220827DXJ）村庄内部的通婚促进了家族之间的融合，宗族之间的边界日益模糊。

3.村庄文化与治理秩序

位于齐鲁之地的G村，深受儒家文化影响，村庄民风淳朴，以忠厚孝义为重。新中国成立前村中形成的各家族之间虽然存在人口和经济实力的差异，但村中族姓之间不分强弱，形成了和睦共处、互帮互助的民风。"我们这边从外面搬迁进咱们村的都是些经济条件相对比较好的年轻人，因为我们这隔城近，很多年轻人方便在城里找工作。他们虽然是外来人口，但我们村的人自祖先开始从不排外，大家都是正常相处。"（20220811ZCY）人们在血缘性小宗族基础上形成了村庄内部规范。

村庄历来都有尊老爱老的传统，无论是在家族内部还是在村庄内都形成一致认同。家庭中若出现不孝敬父母的子女，不仅会受到家庭内部成员呵责，严重时还会请村庄中有威望的人劝诫。在村庄内部，每年到农历九月九日重阳节，村庄便会举办公共的敬老活动，自20世纪90年代起，村庄每年都给老人发放生活用品，以弘扬爱老敬老的文化传统。

总体而言，G村在发展的初期各宗族集聚一起，在儒家文化"忠厚孝义"的影响下，各家族共同生产生活。随着村庄交往日益频繁，村中的宗族意识日益淡化，而相对优越的生产和生活条件也弱化了村民之间的矛盾，村庄各主体整体上处于合作共生状态。

（二）公共活动的退场与集体记忆的弱化

村庄的公共活动承载着村庄的集体记忆，这类活动不仅是村庄文化的一部分，也是村民日常生活的生动映射。集体记忆具有双重性质——既是一种物质客体、物质现实，比如一尊塑像、一座纪念碑、空间中的一个地点，又是一种象征符号，或某种具有精神含义的东西、某种附着于并被强加在这种物质现实之上的为群体共享的东西。在传统熟人社会中，公共活动和文化规范在人们口口相传中形成完整而统一的行为规范，集体记忆则深植于群众心中，塑造着个人行为，维持村庄内部团结。随着社会的变迁，G村以家族或者村庄为单位的公共活动不断减少，集体记忆在代际传承中出现"断裂"，与此相伴的是，以家族伦理性权威为主导的传统逐渐瓦解。

1. 公共空间的压缩与家族权威衰落

乡村公共空间是人际交往的空间载体。乡村社会的有机体中存在类型各异的社会关联和人际交往的结构形式，这一具有公共性的关联和结构在特定的空间形态中进行，便是公共空间的雏形。公共空间与村庄认同、社会秩序具有紧密关系，其在维护村庄秩序和社会整合中发挥重要功能。在G村历史上，产生了各种类型的公共空间，其中庙宇是村庄中常见的景观。20世纪上半叶，村中士绅带头修建关帝庙，并请村中文人题字作匾。关帝庙的修建成为村中人们共同的信仰，每逢重要日子，村中人便会到庙中祭祀。庙宇祭祀不管男女老少均可来，祭祀的目的是祈祷家庭平安、子孙繁荣。庙宇祭祀文化反映了村中人们的共同信仰，共同的祭祀活动作为村民集体记忆的一部分，是全体村民共同的精神和情感寄托。

此外，G村在村中也设有家庙堂，主要是以村中大姓为代表。家庙是一个家族的物理空间，主要由家族中具有威望的人组织修建与日常管理。在传统节日，家庙中承载着家族内部的活动，比如每年的清明节或者农历七月十五，家族中的成年男性到庙堂中集会，开展祭祖活动。家庙作为村庄公共空间，在村庄中象征一个家族的荣誉，庙堂在每个族人心中是神圣之地。"小孩子一般不能随便进庙堂，家中的成年男性才能进庙堂祭祖，进了家庙就要守规矩，不能说脏话，跪拜要有诚意，否则是对祖先的大不敬。"（20220819LYZ）家庙的神圣在于它是家族权力的象征，反映家族权威。

徐勇指出，一个"有机团结"的宗族血缘共同体在乡村衍生出盘根错节的利益关系，涉及村庄治理的各个方面，也直接关乎现代国家治理能力建设。庙宇是村庄文化公共空间的具象，祭祀过程中将崇尚祖先、长幼有序、亲疏有别等宗族伦理观念植入村民脑海，并以此规范村民的言行。而在"文化大革命"时期，家庙等以家族和祭祀性为目的的公共空间彻底被捣毁，村庄共同信仰体系瓦解，家族的祭祀活动逐渐改为以家庭为单位的祭祀，村庄社会内的互动和社会交往减少，村民失去了村庄集体的精神依托。"我们这儿的村民以前信关帝，'破四旧'的时候拆了，之后村民又要求村里修一个庙，这样祭祀的时候也方便。虽然国家比较反对搞这些，但在老一辈的心中还是比较信这些，现在的年轻人早就没这意识了，也不知道咋祭拜。"（20211222SCH）随着国家现代化建设的推进，家族权力也在政权建设中被现代化政党权威所替代，家庙的衰败也是传统以族长为核心的伦理性权威的衰退。

2.集体活动的淡出

新中国成立前，G村主要以农业种植为主，村民生活水平较低。艰苦的农村生活让农民少有闲暇时间。但因为农村地域的封闭性，村民在日复一日的劳作中精神生活极度匮乏。为了丰富自己的生活，村民开始探索娱乐方式，鼓乐文化便开始在村民中流传。其实，G村在历史上便有打鼓的传统，古代长勺之战在距离村庄不远处进行，长勺战鼓文化由此在村庄传承。村庄中的村民介绍，村庄早年具有制作鼓的手艺，村民便是土生土长的乐手，他们将鼓乐作为自己的业余爱好逐渐培养起一批打鼓艺人，并对一些鼓乐文化进行记载。在一代代的传承和创新中，鼓乐文化在村庄中广为流传。打鼓一般需要几个人组成一个团队，分为指挥人、领鼓人和其他成员。这种民间艺术因缺乏正规的训练，打鼓的技艺只能通过口口相传，而后村庄中形成了几十人规模的打鼓乐队。

打鼓分为几种场合：一种具有业余性质，村民中几个鼓乐爱好者聚在一起，作为个人的消遣娱乐方式；另一种具有正式表演性质，在每年喜庆节日、宗族祭祀时打鼓成为一项重要的活动议程。每次打鼓活动村庄内的村民都会集体参与其中，附近村庄的村民也会赶过来看热闹。鼓乐表演既增强了村庄内部互动，密切了村民之间的交往，也彰显了村庄的个性。"以前每到过年过节的时候村庄都会有人打鼓，用不着动员，打鼓的人便会提前准备好器材。开场之前，村民都会自发参与其中，有的帮忙搬道具，有的给打鼓的人准备茶水，有的维持现场秩序，村里老人和小孩都会提前到现场等着。打鼓是开场活动，会放在最前面，现场的观众会跟着鼓声情绪逐渐高涨，十分热闹。我们这儿是一鼓作气精神的发源地，因此鼓文化也激励村民奋进。"（20220817SXC）可见，鼓乐表演以强大的感染力成为村庄中的主流文化，在这一公共文化活动中形成的文化共识，增强了村庄内部的团结。

集体化时期，G村文化生活达到空前的繁荣。这一时期村民文化生活具有较多的意识形态色彩。在公社统一组织和安排下，G村成立了民间文艺宣传队，村庄公共文化活动如雨后春笋般逐渐兴起。农闲的时候，村民搬出自己的小马扎在院落前聊天或者看电影，而最受群众欢迎的活动便是由村民自编自演的文化节目。村庄中一位80多岁的大娘讲述："集体化的时候，我是我们村的文艺宣传员，那时我有一副好嗓子，能唱歌，村里有文化活动的时候，我总会给大家唱几句，唱的都是老百姓日常生活相关的歌，农民也爱听。那时候生活过得怪充实。"（20220818LQY）

改革开放后，集体化公共活动逐渐淡出公众视野。一方面，现代化传播技术的运用，使人们公共文化娱乐方式更加多元化，村庄集体化公共活动缺乏生存空间。另一方面，随着人口流动加剧，村庄难以组织起公共活动，因此以家族或者村庄为单位的集体化公共活动逐渐减少。建立在公共活动基础上的集体记忆也成为老一辈的回忆，鼓乐文化的衰退动摇了村民对于村庄的感情基础，而年轻一代的村民缺乏集体活动的体验，以及共同的文化记忆，因此，村庄集体记忆在传承中出现了"断层"。

3.家族观念的弱化

家族观念是在长时间交往互动中形成的，共同的家族观念集中反映了村庄的认同，人们在家族性的活动中互动交流，强化家族意识。新中国成立前，村庄中家族文化是村庄文化的主流，村民日常生活生产中的行为表现是以家族为基础的伦理文化。正如费孝通所言，中国的乡土社会是一个"礼俗型社会"，这区别于西方的法理型社会。其中，"礼"源于"俗"，礼俗是农耕文明下的产物，是以家庭为单位、以宗族为支柱的一套伦理体系，属于一种"宗教性道德"。家族文化通过仪式性的活动得以强化，如宗族祭祀或者兴修祠堂等，通过象征性的家族符号建立起家族的归属感。

实际上，自改革开放以来，G村家族观念日益淡化。除家族性公共空间的衰落外，村中没有修族谱，也缺乏家族性活动。冯小双认为，仪式上的表达承载了农民的价值和意义，能激发人们的共同记忆和集体情感，仪式性活动的丧失加速了家族社区记忆的消弭。

除了大家族意识的淡化，小家族观念也逐渐淡出。"以前每年清明祭祀的时候，三代以内的家庭都会到长子家中聚会，共同祭拜逝去的亲人，每个小家庭会准备一下食物送到长子家中，共同过节。农民把清明这个节日看得重，这一天大家不再干农活，大家族要聚在一起，男人聊天、准备一些祭祀物品，家中的女人要忙活一整天负责做饭。分家后长子要提前邀请父母到家中过节，即使父母离世，兄弟间也要聚在一起吃饭，共同祭祖。改革开放后，这些都没有严格规定了，有的小家庭比较忙，过节的时候也不用聚在一起，各自在各家祭拜，另外，有的弟兄之间关系不好，更不愿聚在一起。"（20220810LYL）传统节日中家族性的集体活动逐渐被个体家庭所取代，农民家族观念日益淡化。

随着家庭观念的日益淡化，村庄中也逐渐出现家族伦理危机。如兄弟不和、不赡养老人等。"我们这儿历来对老人比较孝顺，不行孝的人在村里都抬不起头来，大家都会对他指指点点的，再说父母养你一场，老了也应该养他们。现在有的人观念变了，跟父母吵架，不管父母生活的人也有，村里一个儿子跟父母吵架，家中五个弟兄也不和，大家都不赡养自己的父母，但那是人家的私事，外人也管不着。"（20220811SDN）可见，在村庄变迁中，家族观念日益被削弱，传统以家族伦理为核心的道德规范日益松散，传统村庄中的社会舆论逐渐丧失其约束效应。

（三）宗族内部分化与家户至上

20世纪90年代末，随着经济发展，G村人口迎来快速增长期。贺雪峰在区域村庄研究中指出，鲁中地区地势平坦，土地易开发，因此外来人口能快速繁衍形成密集人口。这一独特的生态条件使人地关系经常陷入紧张的困境。村中老干部介绍，1985年分田到户时，G村人口1250余人，耕地1300多亩，人均耕地少。到21世纪初，G村人口翻了一番，人口的增长进一步挤占了村庄的土地资源，村庄社会内部面临严重的人地矛盾。一方面，人口涌入挤占了耕地资源，人均耕地面积下降，农业生产面临极大的困难；另一方面，随着人口繁衍和人口迁入，村庄也面临严重的住房难题。村委多次向上级政府申请宅基地审批，用于安置新增人口住房。面对日益激烈的人地矛盾，村民开始寻找生存路径。

首先，分家析产与以家户为单位的资源之争。在传统家族研究中，人口增长导致资源紧张是必然趋势，由此出现大家庭的分裂。G村在人地矛盾的压力下，大家庭逐渐分散，家中大儿子成家后，便开始谋划家产分割。分家在某种程度上给予小家庭经营者充分发挥潜能的机会，分家以二次创业的方式一定程度上缓解资源紧张所造成的压力。随着家族的分裂，村庄逐渐形成了以"家户"为核心的村庄结构，小家户各自为自家生存争取资源。"我们家在20世纪七八十年代就分家了，家中三兄弟，父母都是种地的，就那两亩地、两间房养活一家人，我丈夫是家里老大，我嫁过来不久，家里就揭不开锅了，一年粮食收成六七百斤，这还得看天吃饭，如果遇到天灾，那还得减产，有时还得靠外借。我第一个孩子出生后没多久就分家了，因为我丈夫是家里的老大，他还能在外面跑生意挣钱，家里值钱的东西大部分留给其他两个兄弟了，我们家就分了一口锅和半间屋子。分家后就各过各的生活，因为家里穷，过年的时候除了给父母送点吃的，兄弟三人一般都不聚在一起。"（20220814LYL）从大家庭分离后，每个小家庭以自家为中心开始独立谋生，虽然分得土地资源较少，但在村民精耕细作下，大部分家庭也能维持基本生计。

其次，资源短缺下村民被迫外出谋生。在人口和资源紧张关系中，部分农户从土地生产中脱离，开始另谋出路。费孝通在《乡土中国》中指出，常态下的农业生产是定居式的，具有稳定性，但人口增长的无限性与土地资源有限性的矛盾，意味着人口达到饱和状况后便会"外泄"，即外出开辟新出路。G村不少村民纷纷脱离农业生产，借助靠近城区的区位优势，开始从事工商业，如开办面粉厂、小餐馆、旅店等，也有从事建筑行业的。G村的工商业大部分是以家户为单位的个体经营形式，村庄中的亓大爷是典型的例子。"我是改革开放的受益人，20世纪六七十年代的时候饭都吃不饱，那时候刚成家不久，分家得了几分地，不够一家人生活。我看到别人在外面搞生意，不种地也能把日子过好，我寻思也得学点技术外出做生意，80年代的时候我就学了开拖拉机，之后便在外面到处跑生意。最初是在附近的几个村庄帮别人拉货，之后为了谋生还去了其他县市，那时候年轻胆子也大，只要有钱赚，哪里都敢跑。最后证明了做生意确实比种田收益高，凭我一个人在外挣钱，不仅盖了房子，还全款买了一台拖拉机。"（20220810QDY）生存压力，迫使人们转变观念，寻找新的发展门路。部分村民从农业生产中脱离出来，逐渐融入市场经济中，村庄中逐渐形成个体工商业的生产经营模式。从农业到工业的转变，不仅形成了新的生产方式，也转变了农民的思想观念。

最后，生存环境压力下部分农户迁居。城镇化中面临居住条件和生存条件日益恶化，部分家庭选择迁出村庄，脱离原有村庄共同体。日本学者山田贤认为，人口压力通过外延的不断膨胀、扩大的方式，即通过持续不断的人口迁徙得以缓解。在巨大的资源压力面前，G村从以前的人口流入地变成人口流出地，村庄中部分人通过外出经商或者读书逃离农村，进入城市并在城市定居。村中一名亓姓村民读书时成绩优异，高中毕业后，便成为一名老师，1977—1982年曾在镇联中教书，因村庄中居住条件差，农业收成不稳定，生活十分艰苦，于是发愤读书，期望有朝一日带着一家人走出农村。为了获得城市户口，亓老师认真工作，后从镇里转到高中教书，几年之后获评市区特级优秀教师，20世纪80年代末举家搬迁到城市居住。用他的话说："当时是费了好大力才拿到城市户口，终于走出农村，这不仅对于自己，对于整个家族都是一种骄傲。"（20220809QRM）

历史上鲁中地区一直是灾难多发地带，其生态结构决定了该地的环境条件脆弱，村民生存又缺乏自然的缓冲地带，因此人地关系带来的治理难题也层出不穷。G村的人口与资源压力增加了村庄内部的矛盾冲突。村民的行为逻辑追求"家户至上"，村民逐渐脱离宗族束缚，冲击了原有的乡村治理秩序。

其一，家户本位下的矛盾纠纷。小家庭从大家庭分离出来后，各自具有独立生存能力，无论是在生产还是生活中，都逐渐减少对大家庭的依赖，同时农民的行为遵循"家户至上"的原则，所谓养家糊口，首先要保障"小家"成员的基本生存。在农业生产中独立出来的小家户，开始精耕细作，守护自己的"一亩三分地"。因土地资源的稀缺，小家庭成员具有明显权力意识，对于自家的田地锱铢必较，"哪块是自己的地儿，大家心里都清楚得很"（20220810LGL）。有限的资源激发了村民的产权意识，明晰了权力的边界，一定程度上保护了村民的生存空间。农村社会中割裂了家族之间联系，原本以宗族为核心的内部调解机制逐渐衰弱，村庄经常出现土地纠纷矛盾，甚至因此导致兄弟反目。除了土地纠纷，外来人口迁入也面临严峻的住房问题。以建房为例，村民为尽可能多地占用土地资源，不断扩展住房面积，导致村庄房屋错乱不堪，房屋与房屋之间的间隙一再被压缩，不仅影响村民日常出行，也影响村庄整体风貌。村庄默许外村人到本村落户，激发本村人与外村人的矛盾，也加剧了干群紧张关系，村民因人地矛盾上访不断。

其二，市场经济下的利益至上。农业生产上的有限产出迫使部分人口外出谋生，人们纷纷摆脱土地生产的束缚，开始从事工商业。区别于农业生产，工商业经营一般不受空间生产的限制，周期短、流动性强、风险大、个体独立性强，村民的经营始终追求经济利益的最大化。而在农村社会中，个人利益至上也加剧了家族关系的紧张。"20世纪80年代我在建筑队里给别人开铲车，我的弟弟也在建筑队，专门给别人搞安装。当时村里有工程建设，我就想在村里包点活干，但受到村里吕家一个工程队的阻挠，甚至发生了肢体冲突，在那次冲突中我的手落下了残疾。而当时我的亲弟弟就在现场看着，因担心与吕家发生冲突影响日后工程建设，竟没站出来说一句公道话。我想着之前刚分家时对他们百般照顾，现在亲兄弟遇到麻烦，都不愿出来帮忙，彻底伤了心，自那以后，两家再没有来往过。"（20220810QDY）市场经济中，在经济利益刺激下，家族之间的感情进一步弱化，村民在经营中逐渐脱离原有的以宗族为核心的血缘关系，转而寻求新的庇护关系。

其三，村庄内部约束松绑下的村庄道德危机。人口流动的过程不仅是农民与土地的分离，也面临个人与村庄的分离。一方面，部分人口迁出，在生产和生活中完全脱离了原有的乡村共同体；另一方面，随着人们经营范围的拓展，农民的日常交往不再局限于村庄内部，而是将关系延伸到更广阔的市场空间中。随着现代城市文明的传播，农村社会从封闭走向开放，原本以血缘和地缘为核心的宗族体系逐渐解体，宗族内部的伦常与规范逐渐丧失有效的约束力，部分村民冲破道德的防线，威胁村庄内部治理秩序。20世纪90年代末，村庄内部家庭矛盾和邻里纠纷不断，村庄打架斗殴事件更是常态。村党支部书记表示："一提到我们村大家都不敢往这里走，生怕沾染麻烦，我刚上任的时候，一年时间我们村就有十几个人犯罪。"（20220810ZK）村民道德败坏，人们不禁感叹世风日下。

整体而言，多姓氏并存的G村社会结构较为松散，虽然在传统时期依靠宗族伦理维系着村民团结和社会秩序，但随着公共活动的减少、村庄集体记忆的淡化，村民共同文化信仰体系日益瓦解，以宗族为核心的社会联结网络式微。特别是随着改革开放，村庄从封闭走向开放，社会流动加剧了个体离散程度，村民行为也从集体理性向个体理性转化，村庄社会日益个体化，村庄缺乏动员村民的组织基础。

二 治理悬浮与村庄社会动员困境

在乡村振兴的背景下，基层面临更为严峻的动员任务。随着国家自上而下的行政化动员不断增强，基层动员压力与基层资源结构存在明显的不匹配性，即村庄动员能力难以适应行政化动员扩大的情景，同时，国家政策资源输入难以有效激发村民参与，因而在村庄中出现动员压力与动员能力之间的突出矛盾。此外，村庄治理悬浮于村民之上，脱离群众的动员活动降低了基层合法性，也让村庄治理陷入动员危机。

（一）精英退出与基层动员结构变迁

在传统的动员结构中，乡村精英发挥着重要的中介作用，他们依靠自身在村庄的经济资源、社会声望影响带动群众。以"乡绅"为代表的精英在村庄社会中发挥重要治理功能，也维持着基层社会秩序。而自改革开放以来，G村男性精英的流出影响村庄动员内部结构。

20世纪90年代是中国城镇化的飞速发展期。有研究显示，自改革开放到90年代末，中国从农村向城镇的人口迁移占城镇人口增长总量的75%，[①]山东作为人口资源大省，也迎来了人口流动高峰期。为了顺应人口流动的需求，山东大力推进新农村建设，完善城乡一体化基础设施结构。G村靠近城镇，交通便利，区位优势明显，是较早受到城镇化影响的村庄。90年代末，G村大部分人口脱离农业生产，人口大规模地流向城市，农业生产结构实现大幅度调整。城镇化在为乡村社会带来巨大发展机遇的同时也带来一定风险和挑战。

G村人口选择外出务工的主要原因首先是传统农业生产的低效性，此

---

① Kevin Honglin Zhang, Shunfeng Song, "Rural-Urban Migration and Urbanization in China: Evidence from Time-Series and Cross-Section Analyses," *China Economic Review* 14 (2003): 386-400.

外农业生产受自然条件和技术设施条件影响大，特别是在人地矛盾下，小规模的农业生产只能勉强维持生存。农业生产的风险性和低效性让理性小农开始探索其他生存出路。村里流传着顺口溜："郭家沟，沟连沟，出门爬崖头，地多收成少，荒场不长毛，大姑娘向外跑，光棍子心烦恼。"这一情景是村庄衰败的生动写照。其次，城镇化过程对乡村产生巨大的虹吸效应。城镇发展创造了更多的创业和就业机会，吸纳了农村过剩的劳动力，另外在城乡一体化建设中，村庄基础设施得以改善。2006年，在村庄的整体规划下，村民土地统一承包给种粮大户，村民按人头从集体领取口粮钱。最后，农村社会内部存在面子文化。改革开放后，一批有商业头脑的村民开始发展个体经济并实现家庭经济水平的提升，这在村庄里产生了较大的示范效应。在乡村社会，村民在共同生活中形成一种隐形的面子竞争。市场经济的发展，使人们的财富观念有了新变化，经济地位决定了个人和家庭在村庄的社会地位，"有钱才有面儿"成为人们心中的共识。"最初我们看别人出去打工收入挺高，回村里也怪风光，我就想自家也不懒，别人能做好，我们家也能干好。总说'树活一张皮，人活一口气'，我们那时就想也要学门技术出去打工挣钱。"（20211225ZY）到21世纪时，外出务工已成为村民生计的主流，村庄出现大面积的荒地，仅有留守的老人还从事农业生产。至此，村民完全从农业生产中解放出来，而在农业生产中所形成的生产关系也随之解体。

在城镇化的浪潮中，人口的流动是大趋势，但因独特的历史背景和文化传统，G村的人口流动有其独特性。王洪娜在研究城镇化背景下山东人口流动特征中指出，21世纪初山东的人口流动主要以省内流动为主，即大部分村民选择在省内务工。G村虽然经历了城市文明的冲击，但仍然保持了传统农耕文化的思想——"男主外女主内"，即男性在外务工或者独立从事个体经营，女性则在家照顾小孩，赡养老人。因此，G村还不完全是传统意义上的"留守村庄"。以DXJ家为例，"我丈夫是一个个体小老板，经营门窗生意，他平时在外面跑项目，我就在家照顾一家老小，偶尔也帮我丈夫打理下店里生意。自打没有了土地，我就一直在家，没有出门工作，我们这儿只要干个体户，收入基本还行，一个人挣钱能养家"（20220827DXJ）。在村庄中，像DXJ这种家庭经营模式不在少数。因此总体上看，村庄主要流出人口为青壮年男性。流出的男性或在附近创业，或在城里务工，但他们的生活基本还在村庄范围内，只是社会交往范围得以拓展。

社会学家帕森斯认为，一个社会行为系统需要具备行动主体、行动目的、行动处境和行动规范等要素，系统中的要素共同影响人们行为，其中社会行动者互动是秩序运作的必要前提。而随着人口的流出，不少村民经常处于一种"不在场"的状态，作为行动主体的村民之间缺乏必要的互动，基层社会难以组织动员参与村庄各类事务，村庄社会处于被"悬置"状态。男性外出务工改变了村庄常住人口的结构，在传统农村社会分工中，男性是公共场域的活跃分子，特别是具有丰富社会资本的村庄精英，其中包含经济精英、政治精英及文化精英。他们参与村庄公共事务，维持着村庄内部秩序，村庄社会动员正是依靠对男性精英的动员引导村民有序的参与。在具体动员实践中，基层政府或村两委通过吸纳男性精英，借助他们在村中的资源优势实现对村民的广泛动员。而男性的流出导致村庄治理精英的流失，政府的行政化动员缺乏有效中介载体。在G村，青壮年男性外出工作无暇顾及村庄事务，长时间脱离村庄社会，对村庄整体发展关注度较低。另外，随着经济发展，人们思想观念发生巨大变化，传统的治理精英的影响力逐渐下降，村中的老干部无法像之前一样在群众中发挥号召力，加之不少老干部"明哲保身"的处世观念，认为在村级治理中"多一事不如少一事"。因此，无论是普通村民还是村庄精英，均缺乏参与村级建设的动力和意愿，致使村庄陷入"无主体"的状态，村级治理经常成为村干部的"独角戏"。

同时，人口流动扩展了村民的日常交际范围，不少村民将生产关系和生活关系延伸到村庄外部，进一步削弱了村庄内部网络联结。人口的流动将更多社会资本拓展到村庄社会之外，"能人和精英的缺失直接导致治理机制的运转失衡，产生连接村务和村民的'结构洞'"[1]。乡村人口特别是乡村精英的流失不仅加剧社会资本流失，而且使村庄内部社会联结日益松散化。村庄人口结构和社会结构的变化使得行政动员缺乏有效的社会根基，而村庄动员的无力也让村庄社会治理陷入"空转"，加剧村庄社会的凋敝。

（二）政策资源输入偏差与农民参与动力不足

理性主义者认为，人们的行为选择基于对自身利益的考量。在村庄社会动员中，不少学者将利益诱导作为群众参与的重要机制，比如邓大才在研究村民自治的过程中指出，群众参与治理的基本动力是利益相关性。传统资源动员理论正是建立在理性选择的基础上，认为群众参与是基于资源的自我满足程度，即在此过程中村民利益的实现程度。后税费时期以来，国家通过大量政策和资源投入来改善人们的生活水平，提升村庄公共服务质量，并借助公共物品供给来实现对基层的组织动员。然而在基层动员实践中，资源动员目标与村民需求存在偏差，缺乏对村民需求的回应性，因而不能很好地契合村民的现实利益，导致村民消极地认同和参与，降低了社会动员效益。

G村在改革开放中逐渐从农业生产模式过渡到工业生产模式，村民的生活水平有较大的提升。随着打工经济的发展，G村村民收入水平有很大提升，2004年村庄人均可支配收入达到1000元，而整个区人均收入不足800元。马克思主义认为，生产方式决定了人们的生活方式，G村的村民在城镇化过程中失去了土地，实现了身份的非农化，生活观念和生活方式也逐渐发生转变。王雅林认为，在生产力不发达的社会中，人们为解决生存问题而进行"物"的生产，属于"生产型社会"，而解决生存问题后开始进入"真正的生产"，即生活的生产，属于"生活型社会"，生活型是建立在生存基础上形成更高层次的追求，强调个人的发展和生活品质的提升。正如马斯洛需求层面理论中讲述的，当人的生理和安全需求得到满足后，人

---

① Granovetter M, "The Strength of Weak Ties," *American Journal of Sociology* 78, No.6 (1973): 1360–1380.

们的需求便会上升一个台阶，开始追逐对社交和自我实现的需求。随着 G 村农民生活水平的提高，人们对公共文化服务提出了更高的要求。村干部也表示："我们这儿搬来的人口太多，房屋私搭乱建的多，村里没啥规划，管理也不行，连一条像样的公路都没有，老百姓的住房就是一个老大难问题，哪还有多余的空间建广场？"（20220808ZXF）和大部分村庄一样，在城镇化的过程中 G 村也面临公共环境恶化、公共建设不足等困境。虽然村民个体经济收入实现了大幅度增长，物质文明建设也有很大的提高，但是农村的文化以及精神文明仍十分匮乏，村民生活日益空虚化。

特别是随着人口流动，妇女、老人和儿童成为村庄常住人口，这类人群成为村庄治理的潜在群体，因此对于这类人群的利益和需求满足成为动员的直接动力。长期以来，男性在公共领域占据主导地位，他们能充分表达公共需求，具有较强的自我意识，而处于农村弱势地位的妇女的公共需求往往容易被忽视。李霞曾在城市建设中指出，传统的社区规划是以男性视角为基本前提的，关注男性的生活方式和体验，容易忽略女性的独特体验。无论是在城市建设还是村庄治理中，公共需求都存在明显的性别差异。以 G 村为例，在城镇化推进中，区别于男性对于村庄公共议事、权力和社会地位等公共层面的需求，妇女和老人更加关注家庭层面的需求，如孩子的教育、养老服务以及自身社会价值的实现。而基层政府的资源供给集中在村庄维稳、房屋拆迁与改造上，这些公共性建设虽然与群众利益具有一定相关性，但村庄动员的主要目的是引导村民参与协商议事，签字盖章等程序性活动，群众实际参与性不强。村民介绍："那些都是村干部商量好的，说让我们开会，那都是走形式，实际上只是通知我们一下，我们参与就是来凑个人数，也没多大作用。"（20220825QRR）可以发现，这一民主参与的形式被群众视为"形式化"参与。

这一矛盾的根源在于基层治理理念超越了群众的生活系统，即政治性的活动脱离了生活程序，偏离了村庄主体的公共需求，因此无法与妇女群体的现实需求直接挂钩，导致村民对于村庄事务认可度较低，缺乏参与动力。政策资源的偏差也从反面说明了行政动员中的政策资源输入忽视了对村民公共服务需求的回应，呈现"单向度"的特征，弱化了基层治理主体对于村庄治理的公共责任。而治理责任的缺乏使行政化的村级组织往往不能建立起与村民的有效关联，乡村组织治理权力和治理责任缺失，逐渐悬置于村庄之上，陷入"行政空转"的困境中，同时消解基层治理权威和治理资源，降低村庄动员效益。

（三）基层党组织功能弱化与群众的逆动员

基层党组织是国家权力在基层的延伸，基层党委作为政治权威是村级治理和动员的核心力量。党组织的力量发挥主要体现在村干部的素质和能力上，在村庄中，村干部以国家政权代理人身份对村民进行动员。而对村干部身份的分析能更好地把握其动员的资源与动机。随着国家政权建设的深入，现代国家权力建构下的村干部取代了传统以血缘家族为单位的家族性权威。因基层政权的特殊性，村干部也具有双重身份：一是作为村庄的"当家人"，维护村庄秩序和保障村民基本福利；二是作为国家的"代理人"，贯彻执行党的政策。本质上村干部的权威源于自下而上的村民赋权和自上而下的国家认同，双重赋权强化了村干部在村庄社会中的领导权威。在乡村社会动员中，村干部一方面利用自身能力、权威等资源，构建"合法性"的基础，在村庄范围内塑造共同的价值认同，建构乡村话语，引领农民认知，进而形成集体行动的思想基础；另一方面借助对村庄资源的权威分配，形成对村民利益的支配关系，进而引导村民积极行动。改革开放后，G村村干部的角色不断发生转移，在村庄中的社会动员效益逐渐降低。

1."自利人"消解村庄治理权威

村干部作为乡村的治理精英，占据更多信息和资源优势，借助一定的社会关系网和权力资源，他们往往能比普通人更易获得利益。现代西方经济学认为，村干部作为一个理性的个人，其行为会追求自身利益的最大化。

杜赞奇曾在华北村庄研究中指出村干部成为"赢利型经纪人"，与国家政权合作盘剥村民，最终实现个人利益。税费改革之前，村干部可以从赋税征收中提取扣留，这为村干部提供了谋利的空间。基层政府为了调动村干部的积极性，给村干部设定了各类指标考核体系，以经济为导向考核标准让村干部不择手段，充分展现谋利性特征。一是以摊派名义收取各类税费。G村村干部通过各类名目向村民集资、摊派，这一举措激发了村民与村干部之间的矛盾冲突。村民表示："每年这费那费的上交，至少一年要集资三四次，每次都是硬着头皮交，主要是村里道路多少年了也没修，老百姓不是瞎子，碍于面子大家都没明说，实际上心里怨气重得很，每年收那么多钱干啥去了，大家心里都有数。"（20220814SXS）村干部在收取赋税和各类集资活动中未能从根本上改善农村居住环境，"晴天一身灰，雨天一身泥"是村庄基本写照。村干部在税费收取中未能承担起公共责任，这不仅拉开了干群差距，而且破坏了国家治理权威。二是借助资源分配权为外村人谋利。前面提到G村是个人口流入村，在20世纪90年代大量外来人口搬迁至此，而在村庄长久居住，需要获得村庄土地资源，这便需要经过村干部的许可。为了获得村庄居住权，不少移民纷纷贿赂村干部，村干部正是通过这种隐性的权力资源交易实现利益的交换关系。"最初搬到我们村来的人只有跟村干部搞好关系，村干部才会给你签字盖章，说白了就是送礼，这些都是大家心知肚明的事。"（20220825QRR）外来人口进入挤占了本村的资源，加剧了村民间的矛盾。三是以家族为核心的局部受益。G村是一个多姓氏的村庄，村委班子由几大姓氏的人组成。虽然市场经济发展一定程度上冲淡了家族关系，但在村庄社会内部，以家族为单位的组织形态仍然存在，基本上呈现贺雪峰所描述的以小亲族为核心的具有竞争性的分裂型村庄。在村庄内部，同姓氏的家庭在日常交往基础上形成一定认同单元和行动单元，比如在村庄选举中，同姓氏的人会为同姓竞选人投票。村干部在日常治理中，会优先考虑同姓氏的村民，特别是家族中具有影响力的乡村精英，比如在村庄建设中涉及项目工程，村干部会通过私人关系优先让同姓氏的村民来承包建设。同姓氏人当村干部在一定程度上会为该姓氏的村民带来额外福利；反过来，村干部开展工作往往会赢得同姓氏村民的支持。可见村干部虽然具有公共性的身份，但在村庄中也有个人特殊利益，作为一个理性个体，也有趋利的一面。

自利性村干部导致村庄公共责任的缺失，特别是城镇化的推进逐渐释放资源红利，村干部将主要精力集中在选举上，竞选人以贿赂关键村民和提高村民福利的方式为"诱饵"获取选票，如承诺当选后免除村民的水费、电费、燃气费等。"村里那几年斗争很厉害，为了搞到选票啥办法都想，给老百姓免除各类费用，那几年我们都不用交水费和电费，到冬天的时候取暖费都不用村民出，老百姓就想反正是公家出钱，不用白不用，村里用水用电都是放开地用，浪费很多。村集体也没钱，无奈只能找村民借钱，拆东墙补西墙。"（20211223LQX）恶性竞选不仅助长了村民铺张浪费的习惯，而且让村庄负债累累。竞选人承诺的"福利"最终仍由村集体买单，几年间，村干部从个人手中借债高达300多万元，让原本收入有限的村集体不堪重负。在村庄建设中缺乏可供村民分配的利益资本，面对村庄居住环境恶化、公共设施落后，村干部无力满足村民现实需求。权力斗争进一步弱化了党组织动员能力，也消耗了村庄的治理权威，导致村民消极认同和参与，降低了社会动员效益。

2.领导力弱化与动员乏力

领导力是组织和带动村庄社会广大群众实现共同利益的能力，即在村庄中凝聚各方力量，调动各方资源达成目标的能力。詹姆斯·库泽斯和巴里·波斯纳认为领导力就是通过营造信任氛围，动员大家为共同目标进行合作的智慧，是一种决策能力强、有效沟通和协调平衡的能力。Steven N.Durlauf等人从公共物品供给与领导力的关系出发，认为在政府税收有限的情况下，可以借助社会资本来激发人的合作，合作中的核心要素便是信任和领导力。①

在基层社会治理中，政策的贯彻需要有效地执行，而基层领导力正是保证基层治理有效实现的关键。对于基层社会而言，基层领导力是社会动员的重要媒介，领导力强弱直接反映了社会动员效益。具体而言，首先，领导力内含一种领导与被领导的关系，集中体现了被领导者对领导者的信

---

① Steven N.Durlauf, Philippe Aghion, *Handbook of Economic Growth* (Amsterdam: Elsevier, 2005), p.89.

任和服从。其次，领导力充分反映领导者个人素质和能力。领导力不仅体现领导者个人所具有的魅力和权威，也反映领导者在此过程中信息获取能力，沟通、决断及解决问题等综合性能力。最后，领导力作用主要集中在公共领域内，其核心是为实现共同目标或利益进行权力演绎的过程。韦伯指出，任何一种真正的支配关系都包含一种特定的最低限度的自愿服从，并从服从中获得利益。正是保障成员在过程中的受益权，领导力效益才能得以发挥。村干部作为村庄的正式领导者，肩负村庄的领导责任，也是村庄领导力的集中体现，客观上讲，村干部领导力强弱直接决定着村庄的动员效果和治理水平。

然而在 G 村，村干部领导力的弱化及组织动员村民能力的缺乏，使基层治理面临传统治理方式与现代治理理念的冲突时，村庄治理一度陷入村干部唱"独角戏"的尴尬局面。从村庄治理环境来看，改革开放后很长一段时间内，随着人口涌入，村庄社会矛盾日益激烈，村庄内部因住房、田地等纠纷问题不断，同时面对村庄社会分化，村民利益需求多样化，基层干部面临更加严峻的治理局面。从现实调研中发现，村干部消极回应村民需求，无法有效化解村庄内部矛盾。究其原因，一是 G 村的村干部整体素质偏低。村委班子的平均年龄在 50 岁以上，这些干部中大部分是从集体化时期成长起来的老干部，他们在工作中往往求稳，缺乏工作的积极性和主动性，特别是在市场经济背景下，对于村庄发展前景和规划缺乏战略性眼光，难以带领村民实现致富增收。二是税费改革后，村民与村干部之间利益联结弱化。税费改革前，村干部的权力与村民利益息息相关，G 村村民上户口、孩子结婚、建房等都需要村干部的批准，同时村里的个体户也需要村干部为其拓展生意渠道，可以说村干部掌握着与村民利益相关的经济和社会资源，因此在村庄社会动员中形成较强的影响力。税费改革之后，村民对村庄的依赖性降低，村干部逐渐失去了对村民的影响力和支配力。三是治理方式与现代基层治理理念存在明显差距。一方面，G 村村干部在村级事务中缺乏民主理念，村级各项事务决策沿用传统"一言堂"的官僚作风，未能从根本上带动群众参与，也未能培育村庄社会组织。村民表示：

"以前村里大事小事基本上都是一把手说的算，其他人有啥反对意见也不敢提。"（20220825QRR）这种治理模式压制了村民自主合作的意愿，因此无法从根本上有效动员村民。另一方面，这种治理模式积累了社会矛盾，不能有效满足群众需求。村干部对于村庄潜在的社会矛盾缺乏有效评估和预判，干群之间沟通渠道不畅，在长期社会矛盾积累下，进一步引发了干群信任危机。村民介绍："2005年，村庄外来人口落户问题遭到村民集体反对，村民认为这些外来人口落户，与本村人口享受同样福利，比如土地资源，实际上是与本地村民争利，村干部默许外来人口落户并为其分配资源引起群众的激愤，村中组织了20多人集体到政府上访，最后迫于群体压力，村庄重新换届选举新书记。"（20220812QRR）实际上在G村，因村干部领导力不足导致的干群冲突事件不在少数，这进一步加大了干群信任鸿沟，导致村民上访不断，群众开始以零散化的组织形式参与逆向动员，以维护自身权益。

三　妇女组织兴起：突破村庄动员困境的选择

城镇化背景下村庄社会分化及治理悬浮削弱了村庄动员能力，村民缺乏参与动力，村庄社会治理面临更为复杂和严峻的形势。但G村并未陷入完全的崩溃，而是立足村庄内部资源拓展村庄社会动员体系和途径，探索村庄内部自我动员模式。G村抓住国家治理体制改革的契机，通过发展各类群团组织整合日益原子化和离散化的基层社会。此时，村庄内具有公共属性的社会组织应运而生，特别是以留守妇女为主体的各类妇女组织。村庄社会组织的成立实现了村庄内部的再组织，在传统乡村社会网络关系中塑造了新的社会网络，促进了乡村内部整合，构建了村庄社会新秩序。

（一）权力空间转移与妇女主体性成长

马克思的妇女解放理论指出，妇女的解放为其迈向公共生活创造条件，妇女在推进社会进步和发展中发挥重要作用，"没有妇女的酵素就不可能有伟大的社会变革"[①]。山东作为儒家文化的发源地，受传统文化的影响，山东妇女成为中国传统妇女的典型。传统的社会分工模式下，妇女生活空间主要集中在家庭内部，"为宫室，辨外内，男子居外，女好居"。传统家庭文化对于女性活动空间具有严格的限制，女性往往与家庭相联系，其活动范围集中在家庭内部，而对外交际的功能主要由男性掌握，男女之间分工的差异决定了妇女权力只能集中在私人领域。而城镇化的发展改变了社会分工的模式。随着男性的外出及女性思想的解放，妇女逐渐从公共生活的后台走向前台，这为妇女参与公共活动、开展社会动员创造了条件。妇女权力空间转移的理论和现实依据是什么？又是什么因素影响了妇女权利？

1.国家"体制性"赋权

党的十八届三中全会将推进国家治理体系和治理能力现代化作为国家治理的新理念。新时期国家治理具有更加丰富的"治理"意涵，一方面，在治理方式上强调具有发展导向的管理；另一方面，强调民众的主体地位和积极作用的发挥。国家治理现代化呼唤专业化的治理主体、协同性的治理力量及精准而高效的治理手段，现代化治理目标对国家治理方式提出了更高要求。党的十九大提出加强和创新社会治理，打造共建共治共享的社会治理格局，提出完善"党委领导、政府负责、社会协同、公众参与、法治保障"的社会治理体系，其中社会协同关键是强调群团组织的参与。群团组织是政党联系群众的重要纽带，在我国无论是革命时期还是社会主义建设时期，群团组织在团结和动员群众方面发挥独特的作用。当前基层治理面临日益复杂化的情景，特别是改革开放以来，以血缘、地缘为单位的社会联结网络日益衰微。面对日益分散的个体和家户，国家如何对分散的基层社会进行有效地整合成为一大重要议题。为达到国家治理现代化的目标，国家积极推进群团组织改革，依托群团组织做好群众工作，在新时期更好发挥群团组织的社会联结和治理功能。妇女组织是群团组织的重要组

---

① 《马克思恩格斯文集》（第十卷），人民出版社 2009 年版，第 299 页。

成部分。2015年，习近平主席在全球妇女峰会上强调："妇女是物质文明和精神文明的创造者，是推动社会发展和进步的重要力量。"发挥好妇女"半边天"作用，需要为妇女发展提供良好的发展环境和制度空间。

2016年，济南市推进妇联体系改革，将村（社区）妇代会改为村妇联，逐步建立起基层妇联的组织架构，明确妇联组织的工作职能，为开展妇女工作提供强有力的组织基础。村级妇联组织设有妇联主席和妇联执委，规定执委人数不少于7人，由妇女组长、村干部或者巾帼志愿者组成。妇联执委作为妇女中的代表，在表达妇女群众诉求、组织妇女活动和服务妇女工作等方面发挥作用，妇联组织的成立大大扩展了它的成员。到2017年底，济南市将4447个（社区）妇代会改建为村（社区）妇联组织，初步建立起妇女组织的组织基础。实际上，L市历来重视妇女工作，市妇联在推进男女平等、促进女性权利意识觉醒、积极引导妇女参与乡村建设等方面发挥了重要作用。在工作中要注重培育妇女组织，引导妇女进行自我组织，提升妇女的自身素质和能力。L市妇联主席表示："妇联是党和群众联系的重要纽带。一个女人背后是一个家庭，女性的组织和团结就代表着无数家庭的团结，我们妇联就是要为妇女的组织提供平台和资源。"（20220825LQ）目前，L市形成了妇女议事会、妇女经济合作组织、巾帼志愿团队、妇女维权组织等，多样态的草根组织丰富了妇女的参与渠道，扩展了妇女的公共活动空间。

妇女组织的发展是政党引领下的制度变迁，国家对群团组织的改革为妇女组织的发展提供了更加广阔的生存空间。从根本上而言，群团组织改革的实质是政府对社会赋权的过程，即政府通过制度性改革调整资源配置形式，赋予群团组织一定的公共资源和权力，进而激发群团组织社会活力。从L市妇联组织工作来看，政府对妇女工作的赋权主要体现在为妇女创造良好的制度环境。诺斯认为，制度环境决定制度创新将外部利润内部化的空间和路径。群团组织改革是国家治理发展过程中内生性制度变迁的结果。通过对妇联组织赋权，妇女发展获得宏观政策性支撑，这种"体制内赋权"为其发展提供了良好的制度空间。

2.村庄治理权力的让渡

在传统的农业生产模式下，村庄生产性功能限制了妇女的参与。在封闭式的乡村社会中，男性作为生产活动和公共生活的参与者，掌握着绝对的话语权，男女之间明显的空间区隔也导致妇女公共参与的边缘化。理查德·皮特认为，空间被分割为男性的公共生产领域和女性的私人再生产领域，女性即使日益参与公共领域，也存在区域的不平等与隔离。长期以来，村庄公共治理中主要由男性精英掌控，而妇女的权利主要集中在家庭内部。即使偶有涉及村庄事务，女性在日常行动中也往往以自家利益为核心。妇女在公共事务中，经常面临公共利益与家庭利益冲突的矛盾而成为村干部的行为羁绊。在男性话语中，女性被污名化，她们往往被认为是矛盾的制造者，如婆媳关系和邻里矛盾，因此妇女总被排斥在公共活动领域之外。男性在公共空间具有绝对权利，但这并不意味着妇女完全处于依附状态，在一定的生活空间中，妇女以其独特的情感优势发挥一定作用。李霞在山东张村调研时，注重从女性的视角分析妇女权利如何运作。区别于传统研究中父权和夫权理论遮蔽下女性权利的影响力，她发现妇女通过在日常生活和各种亲属关系中的活动构建自己的关系网络，进而塑造自己的生活空间和后台权力，并回应了当前在父权亲属制下，为何出现"妻管严"的现象。这一研究将隐藏在妇女背后的权利展现了出来，而张村的妇女权利运作过程正是山东农村妇女权利变迁的一个缩影。在G村，"女当家"成为一种普遍的现象，男人虽然掌握家庭的经济权利，但其对外的"当家权"一定程度上都是象征性的存在。村中一个事业有成的男性村民直言："虽然我挣得比我媳妇多，但家里的钱从来都是她掌管，她想怎么用我从不过问，我需要用钱的时候还得跟她商量下，名义上我是当家人，实际上她才是。"（20211225ZY）这种情况在G村不在少数，可以看出，妇女在家庭权力中逐渐占据主导地位。然而需要进一步指明的是，李霞对妇女权利的研究也局限在私域，即认为妇女作用的空间依然是在家庭内部，未能体现妇女权利的空间拓展。

实际上，改革开放以来，随着城镇化的推进，村庄耕地日益减少，不少农民精英进城务工，脱离了农业生产，农民与土地的有机联系被现代化市场经济下的雇用关系所替代，村庄的开放性促使生产空间和生活空间分离。胡业方认为，传统时期妇女活动主要集中在以生活功能为核心的家庭空间内，随着功能逐渐从生产功能向生活功能转化，妇女发挥作用的空间逐渐从家庭领域扩展到村庄领域。另外，社会的流动性消解了父权权威，进而重塑妇女的主体性。随着男性外出务工，作为村庄公共空间的传统主体——男性的主导地位下降，而男性的退场为女性在公共空间的活动创造了条件。流动性社会赋予个体自由活动的空间，在后乡土社会中，随着妇女受教育程度提升，其权利意识进一步增强。G村的妇联主席表示："我们村是一个城乡接合部，大部分的男性都外出务工，女性居家较多，村里的事情大多通过女性来宣传，女性的地位已经通过村委给提升了，给予女性极大的信息量，打开了女性的知识面，提高了女性在家庭中的作用和地位。"（20220822TYL）可见，随着妇女地位的提升，妇女活动不再被局限于家庭内部事务，开始参与村庄活动，从私域逐渐跨入公域。而进入公共领域的妇女在公共参与中提升了自身效能，维持其持续参与的动力，不少具有正义感的妇女在村庄治理中表达自己的不满，甚至带头组织群众反对村庄不合理行为。在公共空间中，她们不再是失声群体，而在一定场合中成为积极发声者。城镇化不仅改变了妇女的生活方式，也拓展了妇女的参与空间，让妇女在村庄治理中逐渐从"客体"转化成"主体"。

（二）村庄内生需求与妇女组织兴起的社会基础

前文提到城镇化的发展不仅改变了村庄的社会结构，而且改变了村民的生活方式。随着生活水平的提升，人们对于公共服务的需求日益加大，而村集体难以提供多元化公共物品。特别是村庄男性的流出，村庄结构日益松散化，村庄面临诸多集体行动的难题。在村妇女成为人们日常关系维系的重要纽带，而妇女组织的产生正是基于村民和村庄的双重需求。

1.村民的个体需求

党的十九大报告指出，我国社会主要矛盾已经转化为人民日益增长的美好生活需要和不平衡不充分的发展之间的矛盾。满足人们日益增长的物质和精神需求是社会主义新农村建设的重要方向。城镇化的发展催生了打工经济，村民外流加剧了村庄的衰败，在村集体无力提供公共物品的情况下，进一步加重了村民的福利危机，如何有效回应群众需求成为村庄治理的关键。

改革开放后的十年，G村村民初步体验到个体生产经营的优势。这十年间村庄主要以农业种植为主，无论是在农业生产中还是日常生活中都维持了基本的互助互惠关系。20世纪90年代中后期，城镇化加速推进，G村迎来了巨大的经济社会变迁。在现代化的进程中，村庄传统权威日益被消解，在现代城市文明的冲击下，村民思想观念发生重大转变，群众权利意识和自主意识提升。到21世纪时，外出务工已成为村民生计的主流，村庄出现大面积荒地，仅有留守的老人从事农业生产。直到2006年，村庄土地全部承包转让后，村民才完全从农业生产中解放出来，实现非农化，农村也从生产功能转化为生活功能。农村生活是物质文明和精神文明的结合，改革开放以来，村民的物质生活得到极大提升，而精神文化生活却远远滞后，村民对文化生活的需求日益强烈。

在政治学的研究中，文化公共物品供给一直不被政治学家所重视。霍布斯提出国家的成立不过是为了保障人们的生存安全，并未涉及文化建设。直到19世纪亚当·斯密逐渐意识到公共文化的重要性，发现人们受教育的程度与社会稳定具有正相关关系，公共的娱乐活动让人们远离"群众骚乱的疯狂煽动者"。一定程度上满足人们社会交往、感情交流的需求，提升人们的文化素养，对国家稳定和社会的健康发展具有重要作用。

改革开放后，G村人民物质生活水平有了极大提升，但精神文明十分匮乏，特别是实现非农化后，村民有了更多闲暇时间，而村庄中缺乏公共活动的场所，文化活动更为贫乏。"以前大家都种地，没时间休息，我们妇女休息的时候也得给孩子做衣服做鞋，现在街上都可以买到，就彻底闲下来了。最初还特别不适应，年轻的出去做事，年纪大的就只能在家里，没事儿干心里总感觉空荡荡的。"（20220811ZCY）可以看出，农村妇女对公共生活有强烈需求，在实际调研中发现，青壮年男性外出务工后，农村老年人时常感到孤独无助，子女长大后他们失去了精神寄托，生活中缺乏消遣和娱乐。村中一个老人介绍："以前大家都住在平房里，相互之间可以串串门、拉拉呱，现在大部分人都住进了楼房，别人把家里的卫生收拾得干干净净，你上别人家去就怕弄脏了，遭嫌弃，大部分老年人的生活就是在家看看电视，很少外出交流，一个人在家待久了就容易胡思乱想，那时候很多老年人差不多就是'等死'的状态。"（20220822LYZ）村民居住环境的变化限制了村庄老人的活动方式，村民的生活空间日益缩小到个体家庭。不只老人，村庄中妇女的精神生活也十分贫乏。男性的外出导致家庭照料的缺失，这一定程度上加重了在村妇女的生活负担。她们对于日复一日的家庭劳作感到空虚和无聊，而居住空间的独立限制了她们的社会交往，加上传统上妇女在村庄中的边缘地位也限制了妇女需求的表达。在此情景下，村庄妇女开始通过自我组织满足需求。

为了丰富农村妇女的文化生活，村庄一些经济条件优越的妇女开始组织大家跳广场舞。其中一个妇女带头人介绍："我们家以前是开餐馆的，是改革开放后较早做个体经营的家庭，经济条件相对富足，后面餐馆逐渐交给别人打理，自己便闲下来，我当时就发现在村中很多妇女经常无所事事，也很少交流，就想着把她们组织起来跳跳舞。我最初花了几千块钱买了一个大音响，又准备了一些茶水，每天晚上就把大音响放起来，广场舞活动很受欢迎，不仅本村的妇女踊跃参加，很多外村的妇女也渐渐加入其中。"（20220824SXC）广场舞活动为妇女提供了互动的平台，同时丰富了妇女的生活，妇女在这种集体活动中逐渐找到归属感。随着国家对农村公共生活的投入力度加大，村庄公共文化服务设施日益健全，2017年，村庄建成妇女之家，成为村庄文化活动开展的主要阵地。村庄另一个女性带头人表示："我发现村里很多老人经常在马路上漫无目的地闲逛，这些老年人大部分是子女外出务工的留守老人，就想着借用村里的场地将他们组织起来一起活动，让老人在这里唱唱歌、锻炼下身体。"（20220826QX）最初，在村庄几个积极老人的带头下，村庄建立起老年大学，其以"健康、快乐的养老"

理念迎合了老年人需求，每天下午都会在这里举办各类活动，如拍拍操、唱红歌、看养生视频等，渐渐地，村庄中老人跟"上下班"一样准点打卡活动室。老年大学虽然借用了村庄的公共场地，但其组织与运行主要由村庄中的妇女精英自主管理。可以看出，正是村民内生性的需求催生了妇女组织的产生。

2.村庄的公共需求

城镇化的发展瓦解了村庄的社会结构，村庄内部的道德规范式微。村民虽然生活在共同的空间中，但精神和情感可能保持绝缘。道德伦理的约束力下降也让村庄陷入治理危机。2006年之前，G村是一个典型的"上访村"，村中经济发展落后，村级组织班子涣散，村内各姓氏之间权力斗争不断，村委频繁地换届，曾在五年内换了三届村委班子。此外，村中家庭纠纷、邻里纠纷不断，甚至演化成严重的打架斗殴事件，频繁而尖锐的村庄内部矛盾消耗了村庄治理资源，村庄发展一度陷入"停滞"状态。G村这个烂摊子成为人人都不敢轻易接手的"烫手山芋"。在村民一致要求下，最终选举出村庄经济能人担任村党支部书记，带领村庄走出发展困境。新任书记认识到传统的村居管理模式难以适应新农村建设需求，需要探索创新的管理模式。在经过多番考察后，2013年，村党支部书记确定了以文化建设为切入点改善村庄治理，通过挖掘和传承村庄传统文化，搭建村庄组织网络，以组织化方式带动群众进行融入式治理，创新基层组织，激发村庄内生活力。

农村文化治理的核心是改造农民的价值观念进而塑造农民行为。从村庄角度来看，文化治理一方面以文化为工具，构建群众的社会认同，进而增强集体行动的能力；另一方面传承和发展农村文化，满足村民文化生活需求，营造和谐向上的村庄文化氛围。党的十九大报告中把乡村文明作为乡村振兴的重要内容，其中文化建设是核心要义。区别于现代文明下的城市文明，乡村文化具有"乡土性"，有独特的内涵和意义。然而在现代文明进程中，乡村文化出现断裂，迫切需要通过乡村记忆的重建和乡村文化组织等方式凝聚村民，带动村庄文化发展。对G村而言，亟待挖掘村庄文化内涵，找准文化的组织载体。作为儒家文化发源地，G村具有相对丰富的传统文化根基，然而在现代化的进程中同样面临道德体系的崩溃，村中邻里矛盾、家庭纠纷、老人赡养等问题突出。为此，村党支部书记以传统文化中的"孝德"文化为核心，在村中开展文化建设。在建设之初便面临组织动员问题，而自改革开放以来，村庄出现"去组织化"现象，文化建设缺乏有力组织载体，难以形成治理合力。村干部发现大量闲散在家的妇女可能成为村庄治理潜在力量。"我在村庄中发现很多妇女闲在家没事干，要么打牌，要么闲聊，而大部分家庭矛盾和邻里矛盾往往与这些活动有关，我想着要把村里这些妇女给组织在一起，让她们做些积极向上的事儿，正好村庄文化活动的开展需要这些妇女的参与。"（20220818QX）村党支部书记通过挖掘村庄内部资源，提供一些公共场地和一些简易设备，将闲置在家的妇女组织起来，在组织与参与的过程中激发与提升妇女能力，逐步实现妇女的社区公共参与。在村党支部书记的倡导下，村庄先后成立锣鼓队、义工团队和党旗红志愿队、老年大学等组织，不仅丰富了妇女的文化生活，促进了妇女之间的互动，而且通过互惠互助营造了良好的村庄氛围。这些组织的成立实质上是将妇女的治理优势与村庄文化的治理需求相契合。优势治理是关注社会治理对象本身具有的独特潜能。妇女组织社会服务的供给与村庄文化治理理念具有一致性。村庄社会主流价值是"孝德"文化，这种文化将生活性与妇女家庭治理优势相结合，妇女组织在各类志愿服务中传播孝老敬亲的文化理念。在村庄公共物品供给短缺的情况下，村庄妇女通过自我组织满足农民多样化的需求，开展文化活动丰富村民的日常生活，增加老年人福利，以此填补政府公共服务的空白。总之，随着村庄社会转型，村庄逐渐从生产分配功能转向生活服务功能，村庄社会实践更多呈现日常生活的休闲娱乐，而此时在村庄空间内的妇女更具优势，特别是在村庄文化建设中，妇女逐渐成为重要的参与者和引领者。

（三）妇女的双重组织属性与自身动员优势

妇女是乡村振兴的重要主体，她们在乡村社会活动中具有区别于其他个体的独有特征，这些特征使妇女组织具有天然的动员优势，主要体现在妇女的双重组织属性上。

一方面，妇女具有较强的组织依附性。因传统生产分工及情感的需求，妇女相比男性具有更强的情感依附性。妇女善于在生活中寻找各类组织资源以获得相应的支撑。吴惠芳等研究指出在缺乏男性支持下的留守妇女会主动寻求其他社会支撑，她们利用自身资源交换强化亲缘、地缘关系，以获取情感、生活等方面的支撑。妇女天生对于组织网络具有强烈的依附性，这一依附性促使妇女在社会活动中更容易结成团体，因此具有较强的组织需求。村庄一个锣鼓队员表示："村里刚成立锣鼓队的时候我就报名了，我本身对这些活动比较感兴趣，之前一直没有学习机会，现在孩子都长大了出去工作了，我也有时间参与。自从加入了锣鼓队，人际关系也好多了，有时有啥烦心事大家在打鼓的时候一起说说，心里也舒坦多了。"（20220825QRR）妇女在组织中实现自我价值，也更容易找到自我归属感。哈耶克在研究组织形成的过程中提到，个体社会分工、知识局限及人的社会性和交往需求成为自组织形成的必然条件。正是情感需求或现实生活需求引导妇女从分散的个体走向集体。

另一方面，妇女是被纳入国家组织系统的群体。作为中国村庄社会中的特殊主体，我国从新中国成立之初便十分重视妇女的解放工作，将妇女作为国家建设的重要力量，并在中国共产党的领导下创建妇联组织。全国妇女成为妇联组织的成员，并由妇联组织引领其他妇女组织。可以看出，自新中国成立以来，妇女就被纳入党的领导之下，妇女个体是组织的基本细胞，以各类妇女组织组成的群团组织在妇联的支持下开展各类社会活动。由此可见，妇联组织除具备一般社会团体的群众性、互益性、非营利性、自治性等特质外，还具有较强的政治性。妇联"担负着团结引导各族各界妇女听党话、跟党走的政治责任"，即妇联组织是在党的领导下开展工作，与中国共产党形成一种领导与被领导的关系，因此妇联组织具有维护党的领导的重要政治使命。妇女组织兼具政治性与群众性，这使其在运行中呈现"半官半民"的特征。正是在这一群团组织的引领下，中国妇女组织被纳入国家组织体系中，相比其他自组织，具有半正式的组织体系。妇女组织对于群体的依附性，以及国家对于妇女的组织引导性构成了妇女的双重组织属性。这一属性让个体的妇女更加具有组织性，因此在社会活动中，妇女更容易以集体或组织的形式参与其中。

妇女的组织属性是妇女在社会动员中的基础。妇女组织之所以能在社会动员中发挥优势，关键在于妇女这一群体性特征。首先，妇女是家庭与村庄联系的重要纽带，对于塑造家庭观念、营造良好的乡风文化具有重要作用。杨华曾指出，"妇女不是单独的个体，她们嵌入家庭、家族和村庄熟人社会中"，因此对于妇女的研究应避免西方个体主义思考方式，而应具有集体主义。其研究生动地揭示了妇女与家庭的关系：家庭是乡村价值规范、道德涵养和文化传承的基本载体。G村培育出一批村庄志愿者，他们积极开展以家庭为核心的文明道德宣传活动，借助村庄公共场所开办特色的育儿教育课程，同时开展孝老敬亲志愿帮扶活动，在各类实践活动中对村民价值观念和行为进行规训，极大地扭转了村民的社会文化风气。村党支部书记表示："以前邻里扯皮拉筋的事多，还有不少上访户，现在受传统文化影响，大家觉悟都提高了，矛盾自然也少了，现在走进我们村里会发现村民都非常热情，人们的素质普遍比较好，很多人觉得现在村里比城里好。"（20211225ZK）其次，妇女对于村民特别是老人和小孩的需求具有极高的敏感度，她们心思细腻，对于"民生型"的村庄事务十分熟悉，天然的情感优势能敏锐地捕捉到村民需求，能及时而精准地为村民提供必要的帮助。一位妇女义工在村里为孤寡老人送慰问品的过程中，发现他们因行动不便而长期无法理发，之后便将"定期为老人理发服务"纳入志愿服务范围，这一举措受到老人及其子女的一致好评，其中一个子女表示："我们做子女的都没考虑这么细致，她们都考虑到了。"（20220822ZCY）G村妇女群体借助内生性群众优势，结合群众需求成立各类功能性组织在村庄内开展各类细微且贴心的志愿服务，精准为村庄提供各类公共物品。组织的成立为村民提供互动平台。妇女组织将有各类需求的人员吸纳进组织中，以组织形式实现对村民的整合与动员。最后，妇女在动员中善于运用情感动员方式，她们运用柔性治理将个体村民联结起来，借助自身的亲和力和感染力获得群众信任。在日常活动中，妇女有更多耐心与群众沟通交流，能在心理层面与群众共情，在各类动员活动中，能通过语言说服、情感传递等方式"动之以情，晓之以理"，引导村民自主参与村庄建设。

结合以上分析可以看出，妇女组织在联结个体、家庭和村庄中发挥了关键作用。特别是随着血缘性关系解体后，村庄中内生性的妇女组织补位，提供了个体或村庄无法提供的公共物品，进而重新激活了乡村内部秩序、重塑了乡村社会关系。村民加入组织既能享受一定的公共福利，也需要承担组织规范和组织建设的义务。各个主体能以平等的身份实现有序的互动，社会组织在建立横向社会联结的同时也促进了村庄社会结构的扁平化。

资源支撑与妇女组织动员

第四章

    资源为动员提供基础条件，也是保障动员行动持续运行的重要因素。而社会动员离不开国家的制度和组织的支持，因此在乡村振兴背景下考察村庄社会动员发生的"国家在场"及资源配置具有重要意义。妇女组织本身力量相对弱小，获取资源能力较弱，先天性发育不足限制了妇女组织的发展能力，本章主要从国家资源对妇女组织动员的影响角度出发，分析国家为妇女组织动员提供了哪些资源，以及这些资源如何影响妇女组织动员。国家在权力占有中的绝对优势决定了其在合法性权威、政策制定及制度建设等方面具有特殊地位。深入分析 G 村的动员实践发现，国家主要从三个方面为妇女组织动员提供支持：一是国家对于乡村资源的配置为妇女组织提供了动员的政治机会；二是国家通过体制吸纳为妇女组织动员提供合法性资源；三是国家借助制度建设规范妇女组织动员，有力地保障了妇女组织社会动员的开展。

    妇女组织作为群众性组织，具有广泛的群众基础，在组织和动员村民中具有巨大的潜力，但因妇女组织的先天性弱势地位，阻碍了动员效益的发挥。首先，妇女组织是由村庄内的妇女构成，在身份和地域上具有一定的排他性，而在相对封闭的组织体系中，组织难以吸纳外部资源，同时妇女群体在社会上缺乏一定的社会支持网络，其组织内部资源相对匮乏，因此妇女组织的社会动员容易陷入一种低效运行状态。其次，妇女组织大部分是以趣缘性组织团体的形式存在，这类组织具有开放性，但组织结构较为松散，组织管理缺乏相应规范，而在缺乏制度性精英参与时，便容易成为无组织的"乌合之众",同时其社会动员主要集中在组织范围内且动员内容仅限于兴趣活动参与的动员,动员的深度和广度十分有限。最后,妇女组织不同于其他正式组织,比如基层政府或党组织,难以直接获得体制内资源,也不同于企业组织,具有创造物质资源的能力。实际上,G村的妇女组织不属于经营性质的经济组织,难以进行物质资源的再生产,其动员活动需要依靠外部物质资源。综合来说,妇女组织因自身资源匮乏限制其动员能力,妇女的有效动员需要依靠外部资源支撑。

乡村振兴是国家自上而下推进的乡村发展战略,乡村振兴中的社会动员彰显着国家权力的痕迹,妇女组织的社会动员从根本上讲也是国家权力运作的结果。国家运用强大的权力在社会范围内对各类资源进行配置,为妇女组织动员提供资源支撑。需要指出的是,妇女组织动员虽然需要依靠众多外部资源,但本书主要探讨国家资源对妇女组织动员的影响。针对妇女组织自身的发展短板,国家对妇女组织动员资源支撑主要表现在三个方面:一是政策性资源,妇女组织自主发展能力较弱,政策性资源为其提供资金、项目或价值理念,进而为动员创造良好的物质和社会基础;二是合法性资源,妇女组织缺乏正式组织所具有的法律身份和地位,无法直接获取体制内资源,而合法性资源为其动员活动提供合法性渠道,化解动员中的体制性障碍,提升动员能力;三是制度性资源,在妇女组织动员中,非正式的制度在短时间内为妇女组织动员提升效率,但缺乏持续力和稳定性,就目前妇女组织而言,尚缺乏制度生产能力,需要依靠国家制度性建设,制度以正式"契约"的形式规定了行动内容和方向,保障妇女组织动员规范稳定运行。

一 政策资源供给与妇女组织动员机会

McAdam指出社会变迁提供了政治机会,促进社会运动的发生和演变。从这个角度来看,政治机会是社会运动的触发条件。就妇女组织而言,村庄社会环境变迁为其提供新的动员机会,构成了妇女组织动员的社会基础。

在乡村振兴背景下，国家输入大量政策资源，其中既包含实体性资源，如人员、资金、场地等资源，也包含抽象性资源，如国家治理方针、理念，这两类资源共同为妇女组织动员提供支撑。

（一）公共设施建设与妇女组织动员的空间载体

乡村是人们生产生活的空间载体，随着城镇化推进，村庄社会结构日益松散化。面对日益异质化的社会，村庄社会原有的文化共同体日益衰弱，文化空间日益萎缩。加上村庄社会日益原子化，村民之间互动减少，村民的活动空间日益集中于"私域"，这进一步压缩了村民互动的空间，限制了个体的公共参与。哈贝马斯讨论的"公共空间"是人们自发的公众聚会场所和机构，是"公共领域"的外在表现形式。在乡村社会中，公共空间包含院坝、礼堂、祠堂等人们活动的场所，村庄中的公共空间为人们非正式的社会交往提供关键性支撑。列斐伏尔认为，空间具有生产功能，其从日常生活经验的微观视角关注空间如何生产。而公共空间不仅为村民的互动提供了空间载体，而且承载了村民共同的乡土记忆、塑造了村庄公共性。李小云等认为，公共空间为农民社会资本的建构提供了良好的平台，促进了农民的公共参与和互动。自2010年以来，G村开始实施棚户区改造工程，此外国家为推进城乡公共服务一体化建设，也开始建设各类公共场所。G村相继建成养老院、传统文化学校、妇女之家、党建馆等集文化、教育、服务于一体的公共空间。G村多类型公共空间的打造丰富了村民互动的形式，扩展了社会关系网，增强了村庄社会的公共性。

1.幸福苑

随着青壮年外出务工，村庄养老问题日益严峻。2015年，村两委租借原民政局房屋，经改造建成可容纳50人的幸福苑。幸福苑共设三层：一楼设食堂，二楼和一楼部分空间为住宿区，三楼为老年人活动区，老人可在里面下棋、打牌、听戏。76岁的老大爷有两个儿子，均在外务工，自己腿脚不太灵活，老伴去世后，于2015年冬天搬进幸福苑。"这里人多也热闹，我一个人在家挺孤单，儿子也不放心，这里条件也挺好，冬天还有暖气哪。"（20220807QDY）幸福苑的建造经费来源主要是上级政府补助及社会人士捐款，运行经费主要由村集体负担。为了更好地服务老人，村庄聘请一名院长、两名管理人员，负责老人日常餐饮、照顾老人起居。幸福苑不仅是老年人活动的场所，而且为妇女组织动员活动提供了公共空间。每年重阳节，妇女志愿者会邀请老人的子女到幸福苑包饺子、陪老人吃饭、打扫卫生等。除特殊节日的服务外，妇女组织还将敬老院作为组织文化宣传的窗口，在满足老人基本生活需求的基础上，更注重丰富老人的精神生活，并以"孝文化"为核心开展日常健身活动，举办各类文艺会演，学习传统文化等，将"天下老龄皆父母"的思想融入对老年人的服务中，在村庄中逐渐形成"爱老、敬老、孝老"的氛围，幸福苑也成为村庄文化宣传的重要阵地。

2.妇女之家

G村根据区妇联相关要求建成"妇女之家"，为妇女儿童提供休闲场地。"妇女之家"位于村庄中心，一共设有两层，一楼为公共活动大厅，并设有村级图书室；二楼为会议室和矛盾调解室。活动厅配备音响、视频电视、桌椅、空调等，为群众活动提供基本支撑。妇女之家成为村庄妇女学习、交流、培训的主要阵地。实际上，在村庄中妇女之家是使用频率最高的公共场所。村庄中的老年妇女每天下午都会到此开展集体活动，她们或锻炼身体，或开展娱乐活动，或交流谈心。每周六义工团在此举行例会，此外，不少亲子教育活动也会在此开展。因此，妇女之家也成为老人、妇女和孩子活动的主场地。为规范管理，村庄设置两个公益岗专门负责妇女之家的财务管理和日常值班。

3.文化广场

公共空间具有生产性功能。2021年，村庄建成村级文化广场，广场内设置百姓大舞台，四周安装各类健身器材。文化广场作为一个开放式的公共空间，男女老少都会集于此，每天晚上来这里打球、跳广场舞和打扑克的村民非常多，村民公共文化生活日益丰富起来。需要指出的是，G村村民居住十分集中，主要分为老城区和新城区，中间仅有一条马路之隔。公共空间服务范围广，能充分吸纳村民参与。文化广场是妇女组织活动的重要场所，村庄各类妇女组织兴趣活动，如锣鼓队、广场舞等都在广场上进行。在妇女组织带动下，兴趣小组的团队日益壮大，吸纳更多村民参与其中，妇女组织的文艺活动成为村庄的一个文化招牌。文化广场也成为村民参与日常生活娱乐的场所。公共空间不仅为妇女组织动员提供便捷化、开放性的参与空间，也适应了村民不同精神文化的需求，进而让村民自觉参与乡村文化建设。在经济转型的背景下，村庄通过再造公共空间，让村民回归公共生活。

（二）村庄文化建设与村民认知观念的塑造

除实体资源外，国家在乡村振兴背景下鼓励村庄开展文化建设，以"德治"涵养社会治理，探索"自治、法治、德治"相结合的治理模式，这一治理方针为妇女组织动员提供了价值依托。

"德治"是对乡村文化的灵活运用，也是文化振兴的重要内容之一。为响应国家对于乡村振兴的政策要求，G村将传统文化中的"德"植入村民心中，对村民思想和价值观进行改造，并形成"党建+文化"的治理思路，即将文化治理与党建相结合，并结合国家对村庄治理的要求，积极争取各类政策资源。为此，村庄采取多渠道宣传的方式，绘制村庄"孝善"文化墙。对村民房前屋后的墙体进行美化，将父慈子孝、勤奋善学、孝老敬亲的文化通过形象化图画来展示。同时每天定时利用村庄"大喇叭"播放孝善故事和音乐，营造浓厚的学习氛围。除此之外，每月邀请国内文化名师开展现场讲座，开设讲经典、讲教育、讲家庭、讲礼仪等课堂，通过集中交流学习强化人们的思想认识。在文化传播的过程中，党员和干部发挥积极带头作用，再由村庄中的积极分子带动周围群众。文化认同的扩散需要一个权威的领导者，村党支部书记一直在传统文化教育中发挥重要作用。其利用个人社会资本筹集资金、邀请名师并在村庄管理中注重提升老人、小孩的福利，将传统文化中"尊老爱幼"的文化落实到村庄实践中，在其引领下村庄开办了养老院、国学幼儿园、中医馆，使村庄实现老有所养、幼有所教。村民的福利提升既增强了村民对村庄工作的认可度，也树立了村干部在村庄中的治理权威。G村在村庄范围内推广传统文化教育，将"孝德"文化深植于村民心中，形成了以"孝德"为核心的价值理念。

文化建设为妇女组织动员提供契机，同时文化建设的成果也为妇女组织动员营造良好的社会环境。具体而言，主要体现在以下几个方面。

第一，文化建设为妇女组织动员提供行动依据。从社会动员角度来看，文化与社会行动之间的相关性构成共意性社会运动的基础。文化学派注重动员过程中话语和意义的建构，强调思想动员在动员中的核心地位，即如何形成共同的意识，也称共意动员，它具体指"一个社会行动者有意识地在一个总体人群的某个亚群中创造共意的努力"。共意动员在社会动员中将思想共识与行动一致区分开，认为思想上的共意是行动的基础。妇女组织作为独立动员主体，其在动员中需要构建一定的动员目标和理念。妇女组织正是借助这一理念作为动员的依据，在实际动员中，妇女组织将动员目标与"孝德"文化相融合，组织开展各类文化活动，将"文化治村"落地，进一步丰富了村庄文化治理形式和内容。

第二，文化建设中形成新的文化共识。乡村文化是人们在长期生产生活中形成的稳定情感，不同时期文化具有不同的含义，其在人们行为反映形式上也存在明显差异。费孝通认为传统的村庄社会具有"乡土性"，人与土地的关系形塑了传统的农耕文化，而随着城镇化发展，农民"离土又离乡"，传统乡村文化根基断裂。同时在城市文明的冲击下，乡村文化出现异化，比如人情的异化、面子竞争的无序化及孝道沦丧等问题，传统的乡土伦理难以有效凝聚人们的思想，更让村庄治理陷入危机。如何通过文化建设形成共同的文化情感，产生共意性动员，成为村庄动员和有效治理的关键。妇女组织借助村庄文化治理契机，将各类文化教育活动融入群众生活中，特别是借助村庄公共活动宣传教育群众。自2017年以来，村庄每年重阳节都会举办大型活动，邀请村庄中的老人参与其中，设置跪拜礼、子女为老人洗脚、在饺子宴上播放感恩歌曲等活动，将家庭生活转移到公共场所，在集体氛围的渲染下，很多老人为子女的行为感动落泪。其中一个老大娘表示："儿子养了几十年还是头一回给我洗脚，我最初有些不适应，最后还是满满的感动，感觉孩子真是长大了。后面几次办重阳节活动的时候我儿媳妇就给我洗脚了，年轻人不会觉得有啥的，大家都这么干，况且孝敬老人又不是啥丑事，我儿媳妇给我洗脚后，我们婆媳的关系比之前更好了。这样的活动不仅教育了我的子女，也教育了我们老人，一家人都应该相亲相爱，和谐相处。"（20220811ZCY）村庄大型公共活动扩展了文化传播范围，在文化活动中凝聚了村民的共同情感认同。村党支部书记介绍，这几年重阳节年轻的子女都会请假回来参与活动，孝道文化逐渐成为村民的共识。

第三，文化建设为妇女组织动员营造良好环境。文化具有凝聚功能，文化建设中形成新的人际网络联结关系，契合了村民对于精神生活的内在需求。G村充分发挥文化的凝聚功能，在村庄内部形成各类文化性组织，这一时期各类妇女组织应运而生，如锣鼓队、娘子军诵读群、家风家训群等，文化组织团体将松散的个体整合进组织体系中，促进村庄社会团结。文化共意形成的最终目的是转化为共同的行动。就G村而言，"孝德"文化的需要转化成向善向上的行为规范，因此营造了文明和谐的乡风。"孝善"文化传播对人们行为的影响表现在以下几个方面。首先，村民成为文明活动的践行者。从"孝德"文化的内容来看，主要是将家庭伦理中父子关系、母子关系的规范转化为文明道德的价值进行传播。这一价值理念最终在家庭成员相处过程中得以实现，村庄正是通过持续性的文明实践活动养成文明的习惯，达到知行合一，进而让"孝德"文化实现自然地过渡。其次，聚集了各类社会资源。文化的传播让村庄获得更多的资源支撑，文化治村成为村庄治理创新的核心，并吸引了一大批外来者参观学习。村干部表示，现在每天的接待工作任务繁重，最多一天能同时迎接四五个参观团。村庄治理的成效也吸引了更多投资者前来投资。G村打造的文化品牌不仅成为村级福利，也提升了群众对村庄的认同感。最后，村庄是集体意识的塑造者。文化仪式扩展到一定程度便会完成文化情感的建构，文化共意将各个行动者联结起来，也将个体意识与公共意识相联结，实现认识层面的提升。"孝德"文化内含"个人与家庭""个人与集体"的关系，强调修身，通过影响个人来改变整个家庭，进而影响社会。因此，村民对家庭的情感也逐渐上升为对村庄和国家的情感。在村庄中，村民成为村庄文明舆论的监督者。从国家层面来看，"孝德"文化把社会主义核心价值观的个人、社会、国家三个维度与中华传统文化倡导的"正心、修身、齐家、治国、平天下"相结合，将传统文化与现代国家治理价值相衔接，进而实现村庄的善治。

二　国家授权与妇女组织动员的合法性

社会动员作为一项影响人们行为的手段，其发起需要借助一定的公共权力，即需要一定公共权威力量使社会动员行为具有一定合法性。国家通过授权形式赋予妇女组织动员的身份和行为的正当性和合法性，进而使妇女组织动员行为获得公共认可。合法性资源的获得以公权力为后盾，保障了妇女组织社会动员的有序运行，成为妇女组织动员基础的支撑。

（一）妇女组织动员与合法性

韦伯在论述合法性时强调，合法性反映了民众对于政治体系的信任与忠诚，其核心是人们对于某一事物的认同和支持，这一心理决定了人们的行为选择。在社会动员中，合法性资源的占有直接反映了群众对于动员的态度，进而影响人们的参与行为。高丙中在社会团体研究中指出，社会团体的合法性可以分为社会合法性、行政合法性、政治合法性和法律合法性四种。其中社会合法性是基于文化、习惯及社会利益而形成的合法性，其源于社会信任，属于社会授权的合法性；而其他三种合法性是由国家认定或国家授权的合法性，其合法性源于国家。这两类合法性共同构成社会团体的合法性基础。因此，妇女组织的合法性不仅要源于村庄社会中村民的支持和信任，还要源于国家授权。在社会动员实践中，妇女组织动员之初，主要依靠有限的社会合法性资源开展动员，而在缺乏国家合法性资源的支持时，妇女组织动员活动只能局限在较小范围内，且难以具有持久性，特别是当妇女群体自身资源动员能力较弱时，寻求国家合法性支持便成为妇女组织发展的必由路径。孙立平指出，社会组织对于国家资源的高度依赖性决定了其社会合法性获得以"政府为基础"，也就是说，妇女组织社会合法性的获得依赖国家合法性。因此，探讨妇女组织的合法性，关键需要把握其国家合法性。

在村庄动员中，妇女组织具有良好的群众基础，拥有组织动员群众的优势，国家通过直接或间接授权形式为妇女组织提供合法性资源，在谋求与妇女组织合作中实现资源共享和优势互补。具体而言，国家对于妇女组织合法性资源供给主要包含身份合法性和行动合法性。所谓身份合法性，即让妇女组织具有发起动员的正当身份，国家通过授权方式明确妇女组织角色，赋予其相应的职责，进而让妇女组织以公权力所承认的身份参与社会动员。而行动合法性，即以国家所认可的动员内容为依据实施动员行为，具体而言，就是妇女组织围绕国家政策开展社会动员，通过政策话语和资源为其动员行动提供合法性支撑，而妇女组织在贯彻国家政策过程中获取体制内资源，同时在寻求行为合法性支持中维持妇女组织的生存和发展。

（二）体制吸纳与妇女组织动员的身份合法性

妇女组织具有广泛群众基础，她们是民众与村庄的重要联系纽带，妇女组织中的骨干往往是村庄中的积极分子，她们凭借自身优势直接与群众进行沟通。G村为适应基层治理体系和治理能力现代化需求，在村域社会内建立起层级网格的治理体系，将管理和服务进一步向下延伸。村庄借助这一治理结构调整的契机，发挥妇女组织联系群众的独特优势，以网格管理者的身份将妇女组织吸纳到治理体系中，并赋予妇女组织合法性的治理身份。

L区为高效地服务群众，夯实党在基层的领导地位，自2020年以来，建立起六级联动的网格治理体系，按照"区级统筹、镇级负责、村级为主"的原则，实施区委—街道（镇）党（工）委—村（社区）党组织—村（社区）两委成员—党员—群众"六级联动"的工作机制。在村庄内部建立起村干部包党小组长、党小组长包党员、党员包群众的治理网格，为更加深入联系群众，G村建立"1+6"党员包户联系制度，按照1名党员联系6户群众模式覆盖到全体村民。在这一联动工作机制中，村庄中的女党员融入治理网格中，积极组织和联系村民，定期到群众家中宣传党的政策，收集村民意见，回应群众日常生活需求。"六级联动"成为基层治理基本工作机制，而妇女党员的嵌入进一步增强了村庄与妇女群众的联系。女党员能针对妇女同志的特殊需求进行差别化回应，在此过程中锻炼了妇女党员的服务能力，增强了妇女进行村庄动员的有效性。

在基础治理体系之外，G村还针对特殊治理需求建立起多样化的治理架构。如根据上级妇联对基层妇联改革的要求，完善基层妇女管理队伍，G村妇联建立起"妇联主席＋妇女支委"的组织班子，村庄妇女组织中骨干力量积极报名加入妇联队伍，并在村民的选举下成为妇联执委成员。在妇联的领导下，G村进一步完善基层妇联执委工作职责，通过制度化的方式规范了妇联执委的工作内容，其中明确妇联执委要发挥引领作用，组织动员全村妇女积极参加巾帼志愿服务活动，移风易俗，引领社会主义新风尚。特别是针对上级妇联开展推进的"出彩人家"建设，妇女组织积极参与创建工作并嵌入创建工作体系中。G村在村庄层面形成了层级联动的创建网络，建立起书记带头、两委干部带头、党小组组长和妇联执委包片区、党员和巾帼志愿者包楼道的"双带双包"机制，其中妇联执委和巾帼志愿者成为重要执行主体，她们是联系群众的第一梯队。在创建过程中，妇女志愿者以兼职网格员的身份加入其中，整个村庄被划分为几大片区，每个执委负责6到7个片区，妇女志愿者包3个楼道，负责联系30户左右的家庭，真正实现"入网联家"。妇女志愿者是创建工作的关键，她们借助良好的群众基础深入群众开展动员工作，引导群众参与并在创建工作中发挥模范作用。

妇女组织身份合法性的获得提升了妇女的主人翁意识。在各类动员活动中，妇女群体以正式身份自觉承担起相关职责，积极投身于村庄公共事务中，增强自身荣誉感和责任感。同时，在各类活动中，妇女组织开始以正式治理者身份与村干部和村民互动，在此过程中锻炼了妇女组织的管理能力，而妇女组织在服务群众过程中增进了彼此的信任，为社会动员的开展奠定了良好组织基础。

（三）政策导向与妇女组织动员的行动合法性

妇女组织属于群众性组织，G村的妇女组织在妇联的领导下开展各类活动，她们在宣传和执行国家政策方针中获得行动合法性资源。

党的十九届五中全会明确提出，"发挥群团组织和社会组织在社会治理中的作用"，巩固和扩大党的群众基础，并将群众组织参与社会治理作为创新基层社会治理的重要内容。妇女组织从严格意义上讲属于群团性质的组织，其在妇联领导下开展各类社会活动，组织运行坚持"政治上受党领导、组织上独立运行"的基本原则。区别于其他社会组织，群团组织作为联结国家与群众的中介性组织，兼具政治性和社会性双重属性。群团组织在党政体系中建立起自上而下的层级领导关系，在政治系统中，国家赋权已经为群团组织参与社会治理提供了合法化的制度身份和支持性的政治资源。实际上，群团组织在上级党政机关的领导下开展工作，其运行需要国家资源的支撑，因此群团组织在发展过程中总在谋求与国家合作。作为党和政府之外的"政治性组织"，其有效的参与能填补权力和权威的真空。在社会治理中发挥政府不可替代的作用。从这个角度来看，国家与群团组织是双向依附的关系。

妇女社会组织的发展是在创新社会治理大背景下，为增强党的社会服务能力，激活治理活力，促进政社有效互动而形成的产物。妇女组织作为党领导的群众性组织，一方面，积极宣传贯彻党的政策方针，突出其政治属性；另一方面，深入群众，积极回应群众诉求，并寻求党和政府的支持，突出其群众性特征。妇女组织的特殊属性突出表现在政治性上，政治性要求妇女组织承担政治职能，这也意味着妇女组织同时获得政治权威，其具有参与社会治理的合法性身份，这一天然优势也是妇女组织动员得以有效运行的基础。因此，妇女组织的自身属性决定了妇女在开展工作时需要积极贯彻党的方针政策，充分发挥自身优势，扮演好政府的"支持者"和"协调者"角色。妇女组织的动员活动以国家政策为行动依据，获得国家体制内资源支持，并以国家政策话语为支撑，更好地实现妇女组织的动员目标。妇女组织在动员中的政策导向主要体现在三个方面，即回应国家政策、执行国家政策及适应性调整。

回应国家政策是妇女组织政策导向的要义。回应政策是在国家政策整体框架下，妇女组织在开展动员活动中，从意识形态和思想上积极响应国家政策，将国家政治发展目标与组织自身目标相结合，并在活动中将党和国家的意志贯彻到群众中。自党的十九大以来，习近平总书记高度重视家风建设，并将新时代的家风建设提升到治国理政的新高度。从中华传统文化角度揭示了家庭文化的基本道德价值，指出"家庭是人生的第一课堂"，阐述家庭、家教和家风三者的紧密关系，突出家庭作为社会治理基本单元的重要功能。为回应国家推进新时代家风文明建设的要求，G村妇女组织探索家风家教的文化活动形式。一方面，积极动员村民参与传统文化学习，以"个人品德"建设为起点，推动家风文明建设。在传统文化学习过程中，妇女组织成员带头参与学习，在群众中发挥模范作用，同时借助自身的群众基础带动邻里参与其中。为了提升村民对传统文化学习的认知，妇女组织专门组织学习交流会，让村民结合自身生活实际、学习感受总结和反思日常行为，在广泛互动中营造良好的学习氛围，增进群众的文化认同。不少村民思想认识发生很大的变化，其中村庄中的一位上访户在接受传统文化学习后，积极践行传统文化，极大地改善了家庭关系，并且带动家庭成员参与学习并积极参与村庄公益事业，从以前的"上访户"变成村庄"热心人士"。另一方面，开展家庭文化建设，塑造良好家庭文明观。随着城乡社会流动加剧，家庭内部结构松散化，家庭规模日益微型化，加之市场经济对传统家庭文化的冲击，在社会范围内滋生了道德滑坡、孝道沦丧等现象，动摇了家庭这一社会发展的根基。为此，G村妇女组织在妇联的支持下，积极开展家庭文明建设。一是协助妇联开展文明评比活动。在村庄范围内开展"好媳妇"和"好婆婆"的文明评比,在此过程中由妇女组织负责监督和评选杰出代表。二是收集村庄中的好人好事,并在村庄微信朋友圈进行公开表扬。妇女组织扎根于群众,并能及时感知群众思想和行为的变化。在日常生活中,妇女组织成员会用心关注群众身边发生的先进事迹,通过文字或照片进行记录,在群众中营造向上向善的氛围。三是开展家风家训诵读活动。通过在各个家庭层面常态化开展家风家训诵读活动,不仅增强了群众的家族认同感,而且将家风家训的文化精华融入群众思想意识中。将小孩吸纳到家训诵读活动中,实现了家风的代际传递。妇女组织正是将国家意志嵌入组织中,并转化成为组织的行动目标和纲领,以获得广泛政策资源支撑和社会认可。妇女组织的参与丰富了家风文化建设形式,妇女组织的积极行动获得基层党委和政府的支持,为妇女组织活动开展提供必要的空间场所和物质资源,进一步激发妇女组织自治活力和服务动力。

除响应国家政策外,妇女组织在实践中也担任政策执行者角色,即执行国家政策。妇女是乡村事业的参与者和建设者,社会主义新农村建设需要凝聚最广泛的群众力量,而妇女作为社会"半边天"的角色也不容忽视。2018年,济南市妇联为提升自我社会服务能力,创新妇联工作内容和形式,更好发挥妇女在乡村振兴中的作用和功能,联合有关部门在全市广大农村开展"出彩人家"创建工作。"出彩人家"是以家庭为重点,以"庭院美、生活富、家风好"为主要内容的文明创建活动。"出彩人家"在顶层设计上回应了乡村振兴,经过数年的探索,逐渐形成"党委领导,妇联牵头,部门协调,社会参与"的工作机制。为支持创建工作,济南市政府将此项目纳入"为民办实事"中,L区妇联每年可获得政府90多万元财政资金支持,同时政府将创建工作纳入乡村振兴的考核范围,党政共创共建增强了资源联动和部门联通。妇联通过培育和孵化妇女社会组织,广泛吸纳妇女参与乡村建设,G村妇女社会组织迎合了"出彩人家"创建需求,在村妇联带动下,妇女组织骨干深入学习上级妇联创建要求,并嵌入层级治理责任网格中,以组织者和管理者的身份参与创建工作。具体体现在以下三个方面:一是向群众宣传"出彩人家"创建意义、标准及相关奖励政策,动员群众自主申报和改进，引导群众树立文明卫生习惯；二是负责监督群众创建情况，参与妇联执委日常检查，对群众创建情况进行现场打分，以及在日常生活中以闲谈等方式对村民卫生状况及日常表现进行评论，在村庄范围内形成一种潜在的舆论监督；三是组织开展"出彩人家"表彰会，对表现优秀的村民进行公开表扬，并颁发奖品，在村民中形成示范作用。妇联通过对女性社会组织增能赋权，激活了妇女组织治理活力，有力地锻炼了妇女的能力，提升了妇女治理的主人翁意识，妇女逐渐从村庄治理的"后台"走向"前台"。

妇女组织行动的政策导向性不仅是静态地响应和贯彻政策，而且还表现在动态调适以适应政策目标。在现实政策执行中，面对复杂多变的社会环境，政策本身也作出适应性调整，呈现多样态。妇女组织在开展社会活动中能动态地适应政策，适时地调整组织目标。L区在创建"出彩人家"前期，重点关注家庭卫生和家风文明，将"庭院美"和"家风好"作为建设重心，将此建设与人居环境整治相结合，改善家庭卫生，在此基础上注重文明评选活动，以孝道为核心营造和谐的家庭关系。随着创建工作的深入，人们对于家风文明和环境卫生形成了共识，且在长期的生活中村民逐渐养成了良好的卫生习惯，以"庭院美"和"家风好"为重点的创建工作显然已经不能作为工作的重点。2021年，国家颁布家庭教育促进法，将家庭教育纳入立法程序。为此，L区深入挖掘"家风好"的时代内涵，将家庭教育作为创建工作的重点，将育儿与家风建设相结合，丰富新时期文明家风的时代内涵。在此背景下，G村妇女组织转变工作重心，在村庄层面推广家庭教育。妇女组织负责人表示："在前几年的'出彩人家'创建过程中，我们村一直注重传统文化教育，将'孝爱'文化融入家风中，塑造良好的家庭关系，经过长时间不间断的传统文化学习，村民的素质有很大提升，目前村庄很少出现家庭矛盾。现在区里将家庭教育列为妇女儿童工作中心，我们也要适应时代的发展，更好地服务村庄妇女儿童。"（20220820QX）为适应妇联工作，妇女组织积极争取区妇联组织家庭教育培训名额，学习家庭教育内涵和推广路径。同时，借助本村传统文化学校的培训基地，吸纳更多专业的家庭教育培训教师到本村授课，让本村村民享受更多政策福利。比如，在2022年夏季，G村妇联联合村庄其他妇女组织成功争取到区妇联组织"好爸好妈好儿女"的三好家庭项目，聘请专业家庭讲师团免费为本村村民进行了为期三天的家庭教育培训课程。此外，妇女组织负责人利用个人社会关系邀请专业家庭教师定期到本村开展交流活动，让专家老师为年轻妇女家长进行现场答疑解惑，在村庄范围内营造重视家风家教的文化氛围。妇女组织能顺应国家政策方向，适应性调整动员内容和方向，这充分体现了妇女组织的政治属性。

三　规则赋能与妇女组织动员的制度性规范

持续有力的社会动员需要一定的制度支撑。按照诺斯的理解，制度是为约束在谋求财富或本人效用最大化中个体行为而制定的一组规章、依循程序和伦理道德行为准则。他认为制度构成了社会的经济秩序，规范了人们的言行，人们基于制度的认可产生对制度的遵从。制度发挥作用的关键是其能否成功地嵌入基层社会。在"积分制"形成之前，妇女组织动员主要依靠村庄中的人情、面子等非正式制度来动员，属于一种自发性行为，这一动员模式也让村庄动员一度陷入"无力"状态。国家在创新基层治理中推行"积分制"，通过制度设定明确动员激励方式和内容，保障妇女组织社会动员持续稳定运行。

（一）规则缺失与妇女组织动员面临困境

妇女组织作为连接村民与村庄的纽带型组织，其在组织内部通过非正式的规范，增进成员之间的联结，进而在各种互动中形成共同的价值认同和社会规范。在最初的动员活动中，妇女组织主要依靠自身在村庄中的社会影响力进行动员，其核心是乡土社会中的人情与面子关系因素，然而这一动员机制存在明显的制度缺陷。

妇女组织内生于村庄，其动员活动主要依靠村庄非正式规则，以群众熟悉的方式和方法说服和鼓动，动员方式和手段具有非正式性。妇女组织利用人情、面子等多种方式对村民进行动员，虽然在一定程度上能发挥动员功能，但这种动员方式具有不稳定性，缺乏一定的制度保障，一旦这种方式与村民利益相抵触，动员活动效益便会大打折扣。这种非正式性使动员活动具有自发性，容易超出社会动员范畴。首先，对于村庄而言，良好的社会秩序是村庄发展的基础和前提。卢梭曾指出："社会秩序乃是为其他一切权利提供了基础的一项神圣权利。"社会动员需要坚持适度原则，将社会治理限定在合理范围内。其次，动员的合理界限需要尊重村民的意愿，有效平衡个体利益与集体利益的关系。动员是主体为实现特定的公共目标来引导动员对象参与的过程，妇女组织作为动员主体具有公共性的性质，一定程度上代表着村庄集体利益，在动员活动中存在多数人对少数人的行为选择压力，且容易以集体利益和国家利益的理念，对村民进行道德绑架，并形成一种潜在的参与压力，这种动员模式下容易引起集体利益对个体利益的侵蚀。现代政治中自由和独立是公民的价值追求，不能随意以集体利益至高性剥夺公民自由的意志。实际上，公权力和国家利益并不是绝对优先，它只是在公共利益具体权衡中才展现其相对优先性。最后，妇女组织的动员建立在村民对组织信任的基础上，频繁的社会动员也会消耗妇女组织的信任资本。特别在村庄大型活动中，妇女组织需要从村庄吸取大量社会资源，与此同时村民需要耗费大量的时间和精力投入公共活动中。频繁的组织动员会让组织成员陷入"疲软"状态，特别是在没有直接利益激励的情况下，组织成员的参与主要依靠组织情感等精神性激励来维持。一名妇女骨干表示："前几年重阳节的时候，我带头负责后勤、编排文艺演出节目，还参与包饺子的志愿活动，重阳节前后一个星期我都没打扫家里卫生，也没顾上给家里人做一顿饭。那几天真是累坏人，干这些事都是自愿的，没有任何报酬，这完全凭个人自觉，我觉得既然分到我的头上，我就尽力把它干好。"（20220824SXC）究其原因是妇女组织动员方式较为单一，在频繁的社会动员中，妇女组织未能建立起与村民的利益联结，因此村民持续参与的动力不足。

（二）利益分配规则构建与制度化

社会动员的本质是动员主体围绕特定目标运用一定的方式和手段引导群众参与的过程，为实现动员群众的目的，需要对动员客体进行有效的激励，激发群众自主参与意愿。人类所为之奋斗的一切都与他们的利益息息相关。社会动员的关键是关注动员客体的利益，同时注意整合多元主体的不同利益需求，建立持续性的激励机制。为突破妇女组织动员的困境，G村响应国家基层治理创新的要求，推行积分制管理，将动员内容与群众的利益直接挂钩，并以制度化保障其权威和效益。积分制为村庄动员提供稳定和持久的动员动力，同时规范了妇女组织的运行。

G村自2013年开始明确以"文"治村，在村庄范围内开展传统文化教育。因村民对传统文化认知较弱，虽然党员干部积极带头，但群众的参与度依然较低，导致文化治理一直缺少有力的抓手。2016年，村党支部书记鉴于村民参与动力不足的实际，响应国家关于推进基层治理创新的要求，开始尝试引入积分制管理方式。所谓"积分"，即村民的文明行为和文明习惯及参与村庄文化活动按照一定分值进行打分，通过差别化积分的形式将群众中的积极分子和优秀分子分离出来，引导群众积极参与村庄活动，养成文明的社会行为习惯。正如村党支部书记所言："积分就是对村民的行为与综合表现进行量化考核，让优秀的村民不吃亏。"积分制随后在全市范围内不断推广，基层政府为积分制提供相应的政策资源，积分制管理也成为地方治理创新的重要举措。具体而言，G村的积分制主要有以下两个特征。

一是内生性。G村积分制的推行是村两委基于村庄内生性需求，为探索基层治理创新，解决基层治理面临的实际问题而提出的。村庄最初面临的治理难题主要是村民对文化治理的参与动力不足，在传统文化学习和践行文明道德行为中的积极性较低，且村庄临时性的物品激励难以持续带动人们学习的热情。一名村干部介绍："最初为了鼓励村民听课，村里给参与的人员准备了毛巾、肥皂、水壶等一些生活用品，村里一些老年人会来听听课，但很快这些小物品不能完全满足村民需求，农民要看到现实的利益，有一段时间我们直接对参与的农民发放补贴，每人每天100元，这个效果是很好，但村里经济扛不住，上面也没有拨款，持续一段时间后就被迫停止了。直到2016年建立起积分制，这种直接给钱给物的奖励方式才完全取消。"（2021222LQX）这一治理困境引发村庄管理者的深思。面对村庄文化治理中村民参与率低的现状，2016年底村干部在外出考察中了解到积分制的管理模式，并将其引入村庄社会治理中。积分制虽然最初是由村庄发起的治理创新活动，但在发展中也不断争取上级政府的政策资源支持。G村以积分制作为村级治理的创新手段，向上争取相关政策资源支撑，鉴于积分制治理的良好效果，L市也将积分制管理纳入基层治理创新方式中，并为其配套相关资金和项目支撑，因此积分制是村庄和国家双向推进的结果。

二是激励性。积分制为一种动员技术，本身具有一定的激励性，有学者将积分制视为一种技术性治理手段，认为积分计算方式、指标设计及监督考核等技术性要素和机制保障其运行。在G村治理实践中，积分制是将村民的道德行为进行量化，经"积分制执行委员会"商议，根据各人的积分情况，每半年或一年划分为甲、乙、丙、丁四个积分等级并给予一定奖励，积分高低直接与党员评优评先、免费旅游、抽奖等福利挂钩，表现出明显的激励导向性。在村庄社会中，积分不仅成为一种物质性奖励，而且成为一种个人或家庭荣誉，在人情社会中构建一种共同的价值认同，引导群众践行文明行为。

G村积分制管理是以村两委为村庄权威代表，强力推行赋予积分制管理制度性权威。所谓"制度性权威"，即人们对于制度的尊重和服从。按照程同顺等对制度性权威要素的界定，制度权威应从合法性、认同和权力强制三个维度展开，其中合法性是起点，认同是关键，权力强制是保障。李松玉则将制度权威概括为"人们对于建立在一定社会的生产过程以及与之相适应的经济、政治、思想文化的结构性和秩序性以及现实的人的状况的基础之上的行为规范的服从关系"。积分制作为一项制度若要在群众中发挥持续影响力，需要在村庄社会中形成一种制度性权威。作为一项制度，积分制是村两委利用自身资源配置的正义性对各类人力、财力和物力等资源统一配置，对公众利益进行整合，并通过制度化建设为妇女组织社会动员提供制度基础。

积分制之所以能为妇女组织动员提供动力，关键在于其与妇女组织动员内容具有内在的契合性，这种内在契合性减少了制度推行的阻碍，同时塑造了制度的权威性。从G村治理实践看，首先，村庄将传统文化的道德理念植入积分中，在积分内容设置时将社会公德、家庭美德和个人品德纳入积分管理范畴，并赋予传统美德以时代精神，丰富了道德的内涵，具有时代性的道德文化不仅迎合了村民对美好生活的现实期待，也适应了村庄对文化建设的现实需求，因此在村庄范围内能凝聚最广泛的共识。其次，积分制通过科学合理的设置保障制度合理性。在制度设计中吸纳广泛的群众参与决策，将群众意志融入制度建设中，同时在群众的监督和执行中完善制度设计，形成一种"人人参与、人人受益、人人享有"的制度建设氛围。再次，作为一项激励性制度，积分制具有很强的行为导向性，其核心是通过积分的方式产生动力，让居民主动参加各种活动，主动在社会上做好事，养成文明生活习惯。最后，积分制由村两委强力推行，作为国家在基层的代理人，村两委在村庄中具有治理型权威，借助这一权威性力量保障制度的建立和有效推行。积分制为妇女组织动员提供制度基础，作为一种激励性制度，妇女组织将积分制引入社会动员中，利用积分引导群众参与，实现乡村治理的共建共享。同时，妇女组织在文化治理中也强化了制度性权威。

（三）制度运行与妇女组织动员的规范化

积分制以公权力为基础，为妇女组织动员提供动员制度空间，从内容和规则上规范了妇女组织的动员，并为其动员提供资源性支撑。积分制以制度形式对村民参与行为进行激励，保障群众参与动力。

1.量化式激励

奥尔森揭示了集体行动中困境的成因，其核心是因为个体的理性产生"搭便车"行为，形成了集体的非理性，由此陷入集体行动的困境。而克服集体行动困境的关键是通过选择性激励转变个体行为动机。所谓选择性激励，即对行为对象进行差别对待，重点奖励为集体利益而出力的个人，以此降低个人"搭便车"的可能性。妇女组织在社会动员中遵循了选择性激励的逻辑，运用积分制巧妙地将个体利益与集体利益衔接，通过对个体行为进行积分量化和差别性激励，促使个体在追求个体利益中增进集体福利。积分制之所以能成为激励群众参与的动力机制，是因为其奖励本身与群众利益直接相关，且能通过直观的量化和分类管理保障其公平性。

（1）利益关联

积分制发挥激励效应的核心是将积分高低与村民利益（包含物质利益和精神利益）直接挂钩，由此将村民的参与行为转化成现实的利益。具体实施过程是通过积分兑换的方式实现利益的交换。

G村的积分兑换主要有两种形式，第一种是"积分换奖票"。村民获得积分后可以将积分换成红色的积分奖票，奖票由个人保管。每年重大节日前后村集体组织开展快乐会议，村民可将兑换的奖票投入抽奖箱内，现场可抽取各种奖品。积分越多，奖票越多，相应的抽中的概率也就越高，奖品包括现金200元、现金100元、现金50元、大米、食用油、空调被、洗浴套装、生活必备品、各种食品等。这种兑换方式周期长，后期因奖票数量大，即使是奖票多的村民被抽中的概率也较低，一定程度上削弱了村民的积极性。于是产生了第二种兑换方式——"积分换物品"。由村集体筹资成立"积分超市"，购置群众生活日用品，如暖水壶、卫生纸、洗衣液、毛巾等物品，村民获得的奖票可直接到超市兑换相应物品，村庄安排专门的积分管理员，每周一统一兑换。

"认可"和"正向激励"是积分制的两大原则。除了直接兑换，村民积分以个人名义存入"道德银行"，积分的高低作为个人道德品行的参考，通过对村民行为的认可和正面的激励，鼓励村民做好事，让村民的付出与收获相匹配。按照规定个人所得积分，终身有效，不清零。村民根据积分高低获取村庄奖励，具体奖励主要包含政策性奖励和荣誉性奖励。政策性奖励，即村两委整合村庄公共服务资源，将积分与村民医疗、育儿、养老等切身利益挂钩，规定70岁以上老人积分排名第一的可在本村享受终生免费养老；积分排在前50名的村民免交合作医疗费；在本村国学幼儿园就读的，积分排在第1名的，免收1年学费。除此之外，在发放节日福利时，村庄也按照积分名次分配同等价值的物资。高积分换高福利，这种以积分分配社会福利的方式缓解了分配不公的矛盾，解决了分配上的平均主义，同时也能激励村民多做好事，弘扬社会正气，释放无限正能量。政策性奖励让村民感受到直接而现实的福利，此外，积分还带来一些隐性的福利。积分高低直接与个人评优评先挂钩，如评选优秀党员、优秀村民代表、五好家庭等都将积分作为重要参考，此类荣誉性奖励提升了村民的成就感和获得感。

（2）行为量化

积分制运行过程具有一定技术性，突出表现在对人们道德行为的量化。量化管理是选择性激励的一种展现方式，通过对个体行为进行量化打分，并依据分数排名差别化设置奖惩措施，让"高分者"享受"高福利"，进而鼓励民众积极行动。G村在推行积分制的过程中通过制定评分标准和细则，建立起村民道德银行，对村民日常行为进行累计积分，根据积分排名对村民道德行为进行管理，鼓励村民积极践行道德行为。道德积分以柔性策略联结国家与村民，增强不同村民对于国家政权的情感认同，其本质是国家政权对乡村的柔性整合。

G村积分主要包括基础分、附加分、行为分三部分。基础分是根据成员自身特质设置分数，包括年龄、职务、身份等。如规定成年村民年龄每增长1周岁加1分，党员党龄每年加12分。附加分是根据村民技能、特长、荣誉等设置奖项，如规定锣鼓队员每人每年加10分。行为分是根据村民日常行为进行积分，其指标较为灵活，按照个人品德、家庭美德、社会公德、职业道德"四德"设立具体分值，选择村民操作方便的事项，保证村民参与就有积分、有贡献就有积分。另外，也设置扣分项。扣减分内容包括不遵守社会公德、违法及犯罪、行政处罚等内容。最初为提高村民参与热情，积分设置以奖分为主，将基础分作为初始分，村民即使不做好事也不会扣分，以此减少心理压力，而村民的扣分也可以通过做好事挣回来。积分管理通过对管理项目进行量化分解，对个体行为以"赋分"的形式进行记录，其内容涉及范围广，据统计，目前已将140多项行为纳入积分范畴，基本涵盖了村民的日常行为。

积分以个人名义累计，不清零且终身有效。村庄对村民个人积分实行动态更新，并将积分排名情况在村党建馆的电子屏幕上公布，通过公开排名的方式对村民进行示范引导，同时形成一种无形的监督。在村庄社会中，人际交往的面子观影响人们的心理感知和行为，而积分结果的公开化触及了村民"人际面子观"，排名靠前的村民既得到奖励，也赢得"面子"，而排名靠后的人为挽回颜面而倾向遵守规范。村干部介绍："积分主要是一种精神奖励，老百姓更看重这种荣誉，积分的多少不仅是个人荣誉，也是家庭荣誉。女孩子在我们村找对象不用打听，直接去看看他们家的积分就可以，积分高说明做好人好事比较多，其家庭是良善之家。"（20220811ZK）积分将道德行为转化成可量化的指标，对于村民而言，积分"不仅是行为积分，也是面子积分"，积分高低不仅与个人荣誉相关，高积分也成为一个文明家庭和良好家风的反映，成为一个家庭荣誉的招牌。积分制在运作过程中巧妙地将正式规则与乡土人情文化相结合，用排名的形式在村庄内部形成一种潜在的面子竞争，倒逼村民积极遵守社会规范，参与公共活动。

G村积分量化细则

固定积分标准

年龄分，奖1分/岁（按成年人计分）；

共产党员，奖12分/年；

共青团员，奖6分/年；

劳模、优秀村民，奖6分/年；

村两委成员，奖10分/年；

村民代表，奖6分/年；

议事会成员，奖10分/年（议事会议另计）；

村务工作工龄分，奖2分/年；

专业技能职称分，每项奖10分/年；

锣鼓队员，奖10分/年。

（两项技能加2分，三项技能加5分）

"四德"行为奖分标准

A　社会公德

给老、弱、病、残让座，奖2分/次（提供照片另加1分）；

主动扶老人、小孩过马路，奖2分/次；

公共场所做好人好事，奖2～5分/次；

清除牛皮癣广告，奖2～5分/块次；

主动捡拾村庄街道垃圾，奖2～5分/次；

主动参加义务巡逻，奖5分/次；

义务参加清扫街道卫生，奖5分/次；

积极维护公共设施，奖10～20分/次；

积极举报违章建筑，奖5分/次；

积极举报传销行为，奖5分/次；

参加村里组织的义务劳动，奖10分/次；

参加拥军优属活动，奖10分/次。

B　职业道德

发现安全隐患，及时上报，奖5分/次；

处理安全隐患，奖10～50分/次；

私营企业为村里提供一个就业岗位，奖10分；

私营企业接收村里一位残疾人就业，奖20～50分；

在工作中失误敢于承认的，奖5～10分。

C　家庭美德

在本村国学幼儿园就读的，奖家长50分/年；

个人在工作单位获得荣誉的，奖20分/次；

个人获得村级荣誉的，奖10分/次；

个人获得乡（镇）级荣誉的，奖20分/次；

个人获得县级荣誉的，奖30分/次；

个人获得地级荣誉的，奖50分/次；

个人获得省级荣誉的，奖200分/次；

个人获得国家级荣誉的，奖500分/次；

家庭卫生检查合格，奖5分/季度；

家庭种植花草树木，美化环境的，奖5分/季度；

国庆节门口挂国旗，奖2分；

春节在家门口挂灯笼，奖2~5分；

春节家门口贴孝爱对联，奖10分；

周末回家陪老人，奖5分/周次；

春节给父母买礼品，奖5分（提供照片另加2分）；

给父母洗脚，奖10分/次；

长期照顾家里病人，奖2分/月；

制定治家格言、警句、祖训，奖家长20分/年；

常诵治家格言、警句、祖训，奖20分/年；

老人反映子女孝顺的，奖子女5分/年；

子女考取本科大学的，奖家长50分、学生50分；

带老人旅游度假的，奖子女20分/次；

给60岁以上老人过生日拍全家福的，奖20分/次；

银婚（25年），每人一次性奖20分；

金婚（50年），每人一次性奖50分；

钻石婚（70年），每人一次性奖100分；

移风易俗节俭办婚事的，奖父母、子媳各10分；

倡导素食办婚事的，奖家长60分；

采用传统汉式礼仪程序办婚礼的，奖家长60分；

节俭办丧事的，奖家长20分/户；

自报义务参加丧事执事、助忙的，奖2分/天；

给父母订报纸的，奖20分/年；

给父母买衣服的，奖5分/次；

陪父母看电影、参加文艺活动的，奖5分/次。

D 个人品德

积极宣传他人荣誉的，奖2分；

积极宣传村集体荣誉的，奖5分；

积极参加村集体各项活动的，奖10分/次；

参加村集体各种会议的，奖5分/次，坚持到会议结束的增加奖励2分；

守法驾车，驾照12分未扣完的，每分奖2分；

网上发正能量帖子的，每条奖2分；

反映邻居和谐的，奖反映人2分；

邻居有困难主动帮忙的，奖10分/次；

主动帮助邻居调解矛盾，奖10分/次；

到养老院、学校等集体活动做义工的，奖10分/天；

积极到场参加村集体活动的，奖5分/次；

拾金不昧，奖10～50分；

见义勇为，奖100～200分；

抓获小偷，奖100～200分；

无偿献血，每100毫升奖5分；

为困难户捐款，每100元奖20分；

为困难户捐物，每次奖10分；

积极向村委提供信息的，奖5分/次；

忍辱负重、受委屈，奖20～50分；

积极参与公益事业或慈善事业的，奖5分/次；

公益、慈善捐助，每100元奖20分；

利用个人条件为村集体办业务的，奖20分/件；

主动向村委上报省、市个人有利条件的，奖10分；

为本村发展积极献策的，奖10分/次，一经采纳增加奖励20分；

为村获得乡镇级荣誉的，奖10分；获得县级荣誉的，奖20分；获得地级荣誉的，奖50分；获得省级荣誉的，奖200分；获得国家级荣誉的，奖500分；

经村两委会评议为本村发展有突出贡献的，奖200分；重大贡献的，奖500分；特大贡献的，奖1000分。

......

注：未列举的行为事件参照近似行为事件计分。

扣分标准：

故意损害公共财物的，每次扣积分10~50分；

公共场所抽烟，每次扣积分5分；

乱倒垃圾，每次扣积分10分；

踩踏花草，每次扣积分5分；

随地吐痰，每次扣积分5分；

诽谤他人、造谣生事的，每次扣积分50分；

利用网络诽谤他人的，每次扣积分200分；

过马路不走斑马线，每次扣积分2分；

兄弟姊妹吵架，各扣积分20分；

兄弟姊妹打官司，各扣积分50分；

父母告子女不孝，扣相关子女积分100分；

家庭暴力，扣施暴者积分100分；

离婚的，双方各扣积分50分；

邻居之间闹矛盾的，各扣当事人积分50分；

不按逐级程序反映问题的，扣行为人积分50分/次；

参加传销的，扣积分200分；

有吸毒行为的，扣积分200分；

有盗窃行为的，扣积分200~500分。

参加非法组织的，扣积分500分；

......

注：未列举的恶性行为事件根据给他人或社会造成的危害程度，参照相似事件扣分。

（3）分类管理

制度设置的公平性既影响制度运行效益，也制约着制度权威的发挥。冯务中认为制度公平性与有效性成正相关关系，公平的制度能获得较高的认同，从而利于发挥制度有效性，制度的公平不仅在于结果的公平，还在于机会的公平和程序的公正。积分制作为一项基层治理创新管理制度建设，其有效运行需要以制度公平性为基础。G村积分制在制订过程中遵循分类管理的原则，即对不同群体进行分类积分，避免积分过程中产生的"马太效应"，影响群众参与的积极性。

实际上，在最初推行积分制时，村干部就发现党员、义工的积分明显高于普通群众，分数的悬殊影响群众参与热情。深入分析可以发现，从积分的结果来看，虽然每个人根据分数的多寡享受对应奖励，具有公平性，但在积分过程中存在诸多不公平现象，即每个村民参与机会存在不公平，如义工和党员参与村庄活动多，相应的积分也会更多，如果将他们统一放在一个积分平台去比较，便有失公平。村里管理积分的干部表示："义工积分远远高于普通群众，他们积分的悬殊降低了农民参与积极性，特别是在快乐会议中，有的志愿者一下子兑换到几十张奖票，普通的民众只有两三张，肯定抽中的概率就很低，这样转来转去始终是那固定的几个人获利，长期下去农民也没啥激情了。"（20220823ZSY）积分制在福利分享中出现义工与普通群众比重失衡的现象，这种基于机会的不公正性让部分群众内心产生不公平感，进而消极参与甚至排斥性参与，同时容易产生受益者固化倾向，产生基于福利分层的参与内卷或参与断层现象，进而让积分制反而陷入一种激励"陷阱"。为了扭转这一局面，G村开始针对不同类型的村民调整积分规则，即根据村庄实际，将村民分为义工、党员和普通群众三类群体。这三类群体分别在各自所属的群体中进行积分评比，并丰富了各主体积分的内容。以党员积分为例，将党员参会、"学习强国"学习、党员帮扶联系困难群体等列入积分范畴，通过在党员内部进行公开排名，每月主题党日活动公布党员排名情况，并据此评选优秀党员。三类群体分开积分保障积分制的公平性，其通过扩大机会的平等性减少结果的不公平，增强民众对制度的认同感，也最大限度地调动群众参与积极性。

2.民主化议事

积分制从制定到落实都基于多元主体的共同参与，其体现了村庄社会中多元共治而非行政强制的逻辑。首先，在制定过程中，村庄成立专门的积分管理委员会，委员会成员由全体村民代表选举产生，他们了解群众诉求，代表群众表达诉求和意愿，并与村委会共同协商制定积分规则和实施方案。积分制的调整需要村两委成员、村民代表和积分小组（由党员、村民代表组成）共同修改而成，因此其制定和修改具有广泛的群众性。其次，在宣传过程中，广泛动员村庄治理主体参与宣传工作，通过发放传单、入户和村民会议的形式全方位宣传积分制，增强农民的认知。最后，在积分管理中，广泛吸纳农民参与。积分制目的是引导村民参与，积分制的运行离不开农民的参与。从积分上报环节来看，村庄开设了多元上报渠道，通过自我上报、微信群、见证人提供、匿名上报（设有信箱）等方式方便群众参与。从积分内容来看，积分的条例都是与村民日常生活和行为息息相关的事项，通过将农民向上向善的文明行为融入制度中，为农民参与提供制度性参考。

3.适应性调整

诺斯认为，制度是一个社会的游戏规则，更规范地说，它们是决定人们的相互关系的系列约束。而一般意义上认为制度规定了人们的行为规范，具有相对的稳定性和长效性。此类研究强调从静态的视角下研究制度的功能，但值得一提的是，制度是特定环境下的产物，随着环境的变化，制度初始效益也可能受到影响。因此，本节从动态视角研究制度的灵活性，突出制度如何随着环境变化而进行适应性调整。当然制度的灵活性并不排斥制度的稳定性，灵活性也并非意味着制度的多变性，其属于制度内部的自我调适，通过灵活的形式保障制度的生命力。妇女组织将积分制的激励性与动员需求相结合，并结合乡土实际和农民需求变化适当调整激励内容，保持制度弹性空间。具体而言，妇女组织在将社会动员目标与积分激励相结合，特别是将社会动员中的重点和难点工作纳入积分管理，再通过"积分"这一杠杆撬动群众参与。

社会动员与积分制的结合，是将村庄治理需求与农民利益相衔接，通过"正向激励"引导农民参与公共事务和形成文明习惯，形成"共同参与、共同受益"的乡村文明共同体。首先，积分制的内在激励属性决定其本身的动员功能，其本质是将积分制视为一种治理工具。从技术性治理视角来看，积分制核心是对个体行为的量化和奖励，其遵循一种简单行为激励逻辑，这一简单而方便的运作机制让积分制具有可操作性和可推广性，这也是积分制能在基层迅速落地的关键所在。其次，积分方式激发主体能动性，促进村庄与村民的互动。妇女组织在动员中将村民日常生活中的实际需求纳入积分管理范畴，因此能进行针对性的激励，激发各主体的能动性。另外，在整个积分管理过程中，无论是内容制定还是日常管理监督都需要群众的民主参与，群众的参与性改变了传统政策制定中政府唱"独角戏"的现状，形成多元参与治理的新格局，村庄在与农民的互动中增强自身动员能力，提升了参与的效能。最后，妇女组织社会动员目标内容与积分制管理内容具有内在耦合性。一方面，社会动员的目的性与积分管理的工具性的相契合，其能借助积分工具实现对群众的广泛动员；另一方面，积分制作为一项制度具有灵活性，其能根据社会动员的目标适时调整积分管理内容，以此适应社会动员的需求。

上一节提到积分制是以"四德"为基础设定的行为指标，但随着社会变迁，妇女组织动员内容和范围不断扩展。为契合社会动员需求，引导农民适应新的社会文明，G村妇女组织通过建立积分动态更新机制，定期对动员内容进行增补和删减。妇女组织最初运用积分动员的目的主要是引导村民加入优秀传统文化的学习，因此将参与文化学习、践行"孝德"文化作为重要积分项目，如将给父母洗脚、陪父母过生日、给父母买生活用品等孝顺父母的行为列入加分项，同时将参与文化活动、参与环境清扫、爱护公共环境等文明行为列入其中。积分制更多用来激励村民做好人好事，随着人们自觉性提升，积分激励效益减弱。"最初捡村里的垃圾都可以上报积分，垃圾扔进垃圾桶也可以换积分，时间久了，我们慢慢就养成习惯了，每次见到村里垃圾随手就捡起来了，人人都是如此，为这么点小事再去上报积分自己都觉得不好意思了。"（20220808SDS）目前，村庄公共卫生环境得到极大改善，村庄逐渐形成爱老敬老的社会氛围。自2019年以来，妇女组织不再将捡垃圾、敬老爱老作为动员目标，相继取消了此类加分项。在妇女组织动员中，积分数量变化的整个历程大致经历了"缓慢增长—急速增长—逐渐衰退"的过程。最初缓慢增长是农民对于行为模式有一定的心理接受时间，在积分制的刺激下，部分群众带头参与并逐渐形成整体性参与的社会氛围，将文明行为推向高潮，此时积分制形成对个体行为的规训，在集体行动中塑造共同的价值认同，将其融入农民日常行为中，待村民形成一种行为自觉后，其激励效益便会逐渐减弱，甚至消失。因此，积分不总是有效的，还需要考量其对农民行为激励效益的具体阶段。正如一位村民表示："我当义工这么多年了，啥事都习惯冲在前面干，现在积分对我没啥作用了，我做了很多好事都不再去报积分了，这种行为已经内化为我的一种习惯。"（20220822LYZ）

除了删减一些行为项目，村庄也会根据治理需求适时增加一些积分项。针对村庄治理过程中出现的重点和难点，引入积分进行管理，有重点地引导群众行为，激发群众参与意识。用村党支部书记的话说："积分制就是一个工具，农村治理中存在哪个短板，就在这个短板中运用积分制。"（20211227ZK）随着积分制管理的功能拓展，其治理范围日益扩大。如在"出彩人家"创建中，为激发群众自主性，规定参与"出彩人家"评选的村民，每年可获得10分积分。在妇女组织举办的各类文化活动中，如诵读家风家训、参与志愿服务活动等，也引入积分管理，在这些活动中，村民的服务意识、奉献意识、学习意识、竞争意识、行为意识不断地增强。积分制管理为妇女组织的动员活动提供了有力的支撑。

积分的灵活性不仅表现为积分内容的更新，也表现为奖励方式的更新。在积分管理中，积分是手段，奖励才是制度的执行结果。为激发群众的持续参与热情，G村通过动态调整农民奖励方式，适应农民的多元需求。G村从村民最关心、最迫切的直接利益入手，针对性地设立奖励标准。具体而言，一方面，在群众普遍关心的医疗方面，从最初减免合作医疗费用到最后按照比例报销合作医疗自费部分，精准把握农民利益的需求点，进而深入动员群众参与。另一方面，积极寻求市场资源和社会资源的支持。资源是积分奖励的基础，村庄是积分制推行主力，但村庄所能配置的资源毕竟有限，特别是随着社会治理成本提升，基层治理负担加重，村级资源配置的空间日益缩小。为激发村庄持续参与热情，近年来G村积极谋求社会资源和市场资源支持，比如以村庄名义为担保，为积分高的农民申请免息信用贷款，解决村庄部分群体经营中资金周转的难题。

国家制度供给为妇女组织动员提供持续稳定的动员机制。按照诺斯的理解，制度是一系列被制定出来的规则、秩序和行为道德、伦理规范，它旨在约束主体福利或效用最大化利益的个人行为。制度规范了人们的言行，人们基于对制度的认可而产生对制度的遵从。在社会动员中，面对日益变化的社会环境和人们多元化的利益诉求，制度以一种稳定而持续的方式规范社会运行，让农民对于参与行为形成一种稳定性预期。G村将乡村治理内容纳入积分范畴，并进行量化打分，建立起积分制度。妇女组织将积分制管理引入社会动员中，为农民参与提供行为依据和动力支撑。需要指出的是，积分制本身作为一种激励性制度，其本身具有动力机制。妇女组织社会动员正是将积分制的内在激励性转化成自身动员的动力基础，从而保障其持续有效进行社会动员。从这一角度来看，积分制是妇女组织动员的动力基础，妇女组织的动员行为也会践行积分制，是积分制运行的重要组成部分。

Philip Selznick曾指出理性而完善的组织运行并非大众参与工程的表象，其往往超越具体任务和技术需要，实现价值和观念的渗透，而这一过程便是制度化的过程。其强调制度化对组织持久运行的意义，而妇女组织之所以能有效动员也离不开制度建设。国家制度化能力规范妇女组织动员行为和方式。制度化是个体行动者得以产生以及重复，逐渐在自我与他人中唤起稳定的、具有共同意义的社会过程。制度化是妇女组织参与社会动员实践，建构动员意义，形成动员模式的过程，其为妇女组织动员提供行动机制。制度化能力反映了组织发展能力和活力，也是一个组织持续稳定发展的重要基础。国家层面的制度供给和制度创新，调整了妇女组织与群众的社会关系，构建了社会动员的新机制，为妇女组织动员提供了稳定而持续的支撑力。妇女组织在社会动员中借助国家制度建设提升组织制度化能力，其将积分制管理这一社会治理创新方式引入社会动员体系中，成为社会动员的重要激励机制。

网络联结与妇女组织动员

　　动员的组织结构反映了动员系统中各主体之间的联结关系，不同的组织关系产生不同的动员效益，进而影响个体的行动参与。"人类大多数行为都嵌入行动者所在的社会网络之中，个人并不孤立于社会网络之外"[1]，处于不同的组织网络中的个体具有不同的行为选择，因此需要将个体置于特定的组织结构中，才能更好地阐述村庄动员的运行机制。本章从组织视角考察妇女组织动员，重点分析妇女组织构建哪些类型的组织联结，这些联结如何塑造村庄社会结构，又是如何影响妇女组织的社会动员。研究发现，多样态的妇女组织的形成有助于促进个体之间的横向联结，为妇女组织动员奠定组织基础。在此基础上，妇女组织通过开展各类贴近生活的公共活动将村民带入公共生活中，进而实现对村民的广泛动员。妇女组织动员的实质是以"家庭"为核心单元的动员，其将家庭需求与国家需求相衔接，建立起"家"与"国"的纵向联结机制，促进国家政策在村庄的有效落地。

一　动员组织网络的形成

　　G村形成了多类型的妇女组织，以妇女为主体建起了广泛的社会联结，打破了传统单纯以血缘亲族为核心的联结网络，丰富了乡村社会联结机制，巩固了村庄社会联结网络。各类妇女组织团体的形成将分散的个体整合进

---

[1] Granovetter Mark, "Economic Action and Social Structure: The Problem of Embeddedness," *American Journal of Sociology* 91, No.3 (1985): 126.

组织网络中，并以组织为代表与村庄其他组织进行互动。

（一）妇女组织的类型与功能

1. 妇女组织的类型

（1）锣鼓文化传播组织

早在新一届领导班子上台时，村干部便开始注意到村中妇女的特殊地位。村中妇女在处理完家务事之后，有较多闲暇时间，她们经常聚集在一起谈论家长里短，而这些"闲话"也成为滋生家庭矛盾和邻里矛盾的温室。为了将村庄中"闲暇的妇女"组织起来，2012年，村党支部书记以村庄传统的"鼓文化"为抓手，成立锣鼓队。锣鼓队的成立具有明显的现实导向，即丰富妇女的文化生活，和谐村庄治理氛围。锣鼓队由村委聘请专业老师负责教学，同时购置锣、鼓等装备，老师每周定期组织开展学习，村中妇女可以免费到村中学习。锣鼓队从最初的几人发展到几十人甚至上百人，覆盖老人和小孩等群体。目前，锣鼓队的基本架构是一名老师、一名锣手、一名指挥加上若干名鼓手。村庄中鼓手数量不定，村民有兴趣的均可免费参与打鼓。综合而言，锣鼓队在村庄中主要发挥以下功能。首先，传承和发展村庄文化，增强村民文化认同。G村在历史上便有打鼓的传统，打鼓作为当地的民间爱好流传甚广，因此具有深厚的"鼓文化"。而新时期锣鼓队的成立传承和弘扬了鼓文化，并将鼓文化传播到村外。村民表示："现在我们村，不管大人小孩基本上都能玩下鼓。"（20220817SXC）鼓文化作为村庄的文化名片在新时期得以传承。其次，丰富村民文化生活，促进村庄和谐。锣鼓队的成立拓展了妇女互动交流的空间，形成以趣缘为纽带的新的交往形式。村中一位中年妇女表示："以前空闲时间就在家看电视，现在可以打鼓了，人也精神多了。"（20220825QRR）另外，村庄举行大型活动时，锣鼓也成为各类活动中必备的开场节目。最后，为村民创收，提升村民归属感。随着锣鼓队团队的壮大和专业水平的提升，锣鼓队以商业组织形式注册成立了文化传播公司，以公司名义接单各类商业演出，G村锣鼓队参加了首届中国鼓乐大赛、上海世博会以及全运会开幕式等重大活动献演，受到省内外领导认可，获得观众的一致好评，同时为村民带来了实实在在的经济收入。文化演出的经济收入提振了村民文化信心，目前鼓文化俨然成为村庄的招牌文化，也强化了村民文化认同。锣鼓队的成立将村庄妇女对生活的内在需求与村庄传统文化的传承有机结合，不仅减少了村庄矛盾，和谐了村庄氛围，而且为村庄擦亮了一张文化名片。

（2）义工团队

2013年G村开办传统文化学校，在村庄范围内教育传播传统"孝善"文化。其中在课程设置中专门将志愿服务作为重要的文化内容进行宣传，并邀请社会义工为本村文化学习进行现场教学。义工的主要工作一是服务学员，其中包括餐饮服务、卫生清洁以及会场秩序等；二是以自身行动感染教育带动学员。每次开课学习时，义工团队总是最先到达现场、布置会场、迎接学员、准备餐饮、打扫卫生等，这种专业化、仪式化的安排刻画了义工的基本形象。最初来学习的一位村民表示："学传统文化让我印象比较深的是义工，她们真的是无私奉献，早上最先到，晚上最后一个走，每天早上到的时候他们对我们九十度鞠躬，微笑着向学员一个个问好，我最初有点不适应，觉得这个'礼'是不是太大了，有点承受不起。义工负责学员的一日三餐，几乎没啥休息，我们上课的时候，他们就准备饭菜、打扫卫生。最让我感动的是，他们服务真是用心，义工们打扫厕所从不戴手套，都是徒手把厕所清理得干干净净，很多人在家里都不这样做，但义工就放得下身段，为学员服务。"（20220808MHH）义工与学员同吃同住同学习，在共同生活中，义工的行为更深刻地影响学员，在学员中树立了"志愿光荣"的价值观。在此情况下，最初参与学习的几位妇女骨干自发成为志愿者，为学员提供服务。

2014年，村党支部书记因村务工作压力大，无暇顾及传统学校的管理，提议形成组织化的分工，义工组织在此情况下正式成立。从义工团的组织架构来看，义工组织选取1名会长、2名副会长，最初义工团只有10名成员，基本为40~50岁的中年人。2015年，义工团队内部进一步细化分工，形成了"会长+小组"的专业化分工，即在会长架构下，设餐饮组、会晤组、迎宾组、内务组、信息组5个小组，每个小组推选一名组长，负责日常工作的联系和协调。随着义工团队的不断壮大，其自身活动开展面临资金难题，为此，在一名妇女骨干的带动下成立"日行一善群"，鼓励加入义工团的成员每天捐赠"1元钱"，作为开展活动的组织经费。通过"微慈善"带动"微善行"，发起人表示："每日一捐是让大家养成做善事的习惯，虽然金额较小，但这种善意和善念是积少成多。"（20220814QX）义工团队群体的发展壮大在村庄中形成"人人为我，我为人人"的和谐互助氛围。除此之外，义工团队还会利用自身社会影响力在社会层面上募捐，包括爱心企业、社会爱心人士等，因此其经费来源较为多元化，募捐经费为义工团队日常活动提供有力支撑。

义工团成立的初衷是传播"孝善"文化，最初其服务范围主要集中在传统文化教育授课中，模仿之前专业义工的服务方式和行为模式。随着义工团队的不断壮大，义工队的服务范围不断扩大，其功能逐渐扩展。一是帮扶困难群体。义工日常活动主要服务对象是村庄老人、小孩以及村庄其他特困群体，如为留守老人打扫卫生、为村庄困难户捐款捐物、组织开展教育培训等。二是组织公共活动。义工团参与组织和策划各类村庄公共性活动，并为活动提供志愿服务等，如在重阳节中，妇女组织参与策划活动形式，在社会范围内募捐活动资金，同时组织义工成员参与各个岗位的志愿服务工作。三是协助完成村级治理任务。义工团将党和政府政治工作纳入日常工作中，如在精准扶贫中，义工团策划针对村庄贫困户和结对帮扶贫困村的帮扶计划，帮助困难群体就医就学，使村庄工作与义工组织工作相互促进。

（3）老年妇女组织

G村是城镇化过程中的新型村庄，因靠近城区其经济发展水平相对较高，村民基本上实现非农化，村民经济水平和文化水平已经接近城镇化水平，老年人的养老需求日益强烈。为丰富老年人生活，优化养老服务，引导老年人积极参与村庄建设，2017年村庄依托妇女之家成立老年大学。其宗旨是为老年人创造一个文明和谐的养老环境，树立"健康养老，快乐养老"的理念。

老年大学是以老年人为主体的组织，村庄凡年满60岁的村民都可自愿加入老年组织，老年大学人数一般在20人左右，最多时能达到40人。老年组织内部选取两名主要负责人，她们负责日常活动安排和秩序维护。为了提升老年人的价值感和幸福感，老年组织负责人引导老年妇女在村庄中开展各类村庄活动，一是组织开展文娱活动。老年组织充分挖掘各位老年人的潜力，引导一些有特殊爱好和特长的老年人参与村庄各类文化活动，如唱民歌和跳舞等，同时组织专门的老年文艺团队，在村庄各类公共性活动中，老年组织的文艺团"自编自导自演"各类文化活动，实现"老有所乐"。二是开展专业知识教育。老年妇女组织以妇女之家为阵地，定期组织村民学习文化知识，其中包括健康知识学习和家庭关系教育，教老年人一些养生小常识，引导老年人树立积极健康的生活方式。同时提升老年人整体素质，将"孝德"文化传承与家庭关系教育相结合，突出老年人在家庭关系中的重要作用，教育老年人如何维护和处理家庭成员关系，维护家庭和谐。三是开展志愿服务。老年组织依托义工团队成立了夕阳红志愿服务团，并成为义工团队中的重要组成部分。夕阳红志愿队吸纳老年组织中身体健康和有特殊才能的人加入，平时主要负责村庄内部公益性活动，如垃圾清理、文化宣传等。让一部分有能力、有意愿、有闲暇的老年妇女继续参与村庄建设，发挥余热，实现"老有所为"。

随着老年妇女参与能力提升，老年妇女组织在村级治理中发挥重要功能，特别是村级社会矛盾纠纷调解，老年妇女凭借自身在村里的地位和亲和力，对村庄内各类矛盾纠纷耐心地进行调解。老年妇女组织调解范围既涉及村庄内部家庭纠纷、婚姻纠纷，也包含村民与村庄的经济纠纷等，老年妇女组织参与矛盾调解让村庄内部的矛盾在村庄中得以化解，维护了村庄和谐稳定秩序。

（4）妇女宣讲团

G村在文化治村中极大地改善了村庄面貌，村庄以"传统文化+党建"为主题建成了村级党建馆，也成为当地"明星村"。这一转变让不少外来单位到G村参观学习，随着参观人数和频率的增加，村委班子成员无暇接待，在此情景下，村两委引导部分口才好、形象佳、素质高的妇女参与宣讲活动，为妇女组织提供展示自我的平台。在妇联的组织和带动下，不少年轻的妇女加入宣讲活动，其中包含青年教师、女党员、女义工等，最终成立"妇女宣讲团"。妇女宣讲团中选取一名负责人，负责日常协调和调度工作，如与村干部沟通宣讲时间、确定宣讲人等，另外，组织内部设置一个保管员负责党建馆的卫生和安全维护。妇女宣讲团成员是基于自愿基础上成立的，没有工作报酬，但村委为鼓励妇女的参与，每年对每名宣讲成员以积分形式进行奖励，同时对每年评选表现优秀的成员给予一定物质奖励和精神奖励。

宣讲团主要责任是接待外来参观人员，他们以党建馆为基地讲述村庄发展历程和经验。在日常活动中，妇女负责人会专门对妇女宣讲团成员进行礼仪培训和口才培训，并为妇女宣传团成员提供各种外出参观学习的机会。宣讲团成员除了服务外来参观人员，在村庄建设中也发挥重要作用，她们在日常生活中开展文明劝导、道德宣讲，宣传身边的好人好事，营造村庄积极向上的文化氛围，宣讲团成为村庄中流动的"文化名片"。

（5）妇联组织

提到妇女组织，不得不提到妇联。村级妇联组织虽然作为党的群团组织，但在村庄中也具有鲜明的群众性，其在村庄妇女组织的形成与发展中发挥重要作用。G村在妇联改革中增设并完善了妇联组织结构，设置主席1人、副主席1人和执委5名，一共7人的妇联班子。妇联工作主要分为以下几个方面。一是组织妇女学习，提升妇女综合素质。成立G村娘子军，根据妇女的现实需求设定不同的学习教育内容，其中有针对年轻妇女的亲子教育与家庭管理等课程、针对老年群体的健康养生等课程。并在每周六晚上集中组织观看学习传统文化，鼓励妇女在会上分享学习心得，参与式学习极大提升了妇女身心健康，目前参与娘子军学习的妇女超过 300 人。村中一位70多岁的阿姨讲道："以前我总是跟儿媳妇吵架，现在学了课程感觉自己也有错，自己应该谦让儿媳妇，现在我把儿媳妇当我女儿一样看待了。"（20220810LGL）二是培育妇女组织，引导妇女团体自我服务。在妇女组织形成过程中，妇联组织发挥关键作用。为了带动更多妇女参与，妇联在村中选取7名群众基础好、责任心强、热心肠的妇女骨干加入妇联执委，利用她们在群众中的影响力成立各类功能性组织，比如其中一名妇女支委在妇联支持下成立"妇女微家"，并被推选为"妇女微家"的"微家长"，"微家长"负责组织村中妇女在闲暇之余到"妇女微家"喝茶、聊天，"妇女微家"为妇女提供沟通交流的平台。三是开展文明评比，营造和谐的乡风民风。为充分调动妇女参与的积极性，妇联组织在积分制引入组织管理中，以量化的形式建立起明确的激励机制，将家庭成员好人好事、传统文化学习、家庭和谐、环境卫生纳入考核体系中，如带孩子诵读《父母规》加2分，妇女参与学习传统文化一次加3分，义务参与村庄卫生清扫一次加5分。每个家庭成员积分纳入家庭的"道德银行"，在每年年底根据积分评优评先。总之，妇联组织引领带动妇女组织，在村庄中发挥联结和治理功能，是乡风文明建设的重要力量。

赵晓峰通过对农民的公私观念的研究，指出国家对基层治理主体的整合构建起一个大私与小公的重叠，在最能整合农民"自己人认同"意识的"大私"单位之上建构一个独立的"社会"，从而实现国家之"公"与农民之"私"的有效衔接。妇女组织内生于村庄社会，相对于个人家庭，妇女组织成为一种"小公"和"大私"的结合体，妇女组织一方面能回应群众需求，代表村民集体权力，另一方面能联结国家，宣传贯彻党的方针政策，推进乡村整体发展。村中妇女组织在村级党组织的领导下开展各类活动，村委会为其搭建互动的平台，整合村级资源为妇女组织活动开展提供必要的支撑，同时吸纳有组织能力和管理能力的积极妇女进入妇联组织架构中。此外，村庄将党建活动与妇女活动相结合，借助妇女组织连接群众的优势回应群众需求、化解村级纠纷以及提供村庄公共物品。笔者在调研中发现，妇女组织是村中治理的中坚力量，其不仅在村庄内组织各类文化娱乐活动，而且积极发挥治理功能。具体体现在以下几个方面。一是化解群众身边的小事、难事。妇女之家以微服务、微宣讲、微关爱为活动理念，聚焦群众所关心的事情并精准化开展多样态服务，其中包括政策的宣讲、老年妇女购物、家庭矛盾调解和儿女的婚嫁介绍等。二是开展公益性帮扶活动。比如，服务村庄中的老人，由村中义工团队发起，定期为村中行动不便或有困难的老人打扫卫生，逢年过节的时候给村中养老院的老人送水饺。

义工团服务范围不仅涉及村内，还延伸到村外，2018年开始，义工团每年结对帮扶一个贫困村，在村庄中寻找需要帮扶的贫困学子，并为其捐款捐物，将"孝善"文化传播到社会中。三是组织大型公共活动。村庄大型公共活动离不开妇女义工的身影，如活动开展前她们发起募捐活动，动员村中在外经商和热爱公益的家庭捐款捐物；在每年村中最热闹的重阳节当天邀请全村人一起吃饺子、观看文化节目等。四是传播和传承传统文化。在义工团体内部经常宣传一些好人好事，并将典型的好人好事张贴在光荣榜上，在群众中"树标杆"。义工团的妇女在村庄公共事务中总是充当"急先锋"，走在前面、做在前面，身体力行教育和引导人们做好事、行善事。一名村民表示："看到义工没有私心地帮助别人，我们有时挺感动的，自己也愿意加入这个团队。"（20220816WDS）妇女组织将各类文化项目与多样化的活动形式相结合，进而引导群众持续有效地参与。

2.妇女组织的社会联结功能

村庄权力结构是理解乡村社会经济、政治运行的重要因素，也是理解乡村动员的基本要件。罗杰·科特威尔认为，权力可被看成一种不顾阻力而实现人们意志的可能性，或者说是一种对别人行为产生预期影响的能力，体现了对权力客体的控制和支配。村庄中的权力主要是指占据资源优势的主体在促进村庄政治和社会生活的一致行动中支配他人的能力。费孝通在研究传统中国时提出了四种权力类型，即皇权、绅权、帮权与民权，建立在四种权力基础上形成四种权力分配形式，即横暴权力、教化权力、时势权力和同意权力。其中，在乡土社会中维持人们日常生活的权力主要基于血缘伦理而产生的教化权力，这种权力有助于维持乡村内部社会秩序，实现乡村社会整合。而在后乡土社会中，传统以家族为核心的社会结构被打破，教化权力失去了生存的土壤。滕尼斯建立起共同体与社会二分法，认为共同体基于自然的有机联系，而社会是通过惯例和自然法形成人为联结，每个人是独立的个体。随着社会分工，传统村庄共同体逐渐瓦解，自然的联结关系被人为联结所取代，村民个体性日益彰显。乡村社会整合越来越建立在个体基于特定契约的合作基础上，即费孝通所言的"同意权力"。同意权力的实质是社会契约基础上的共同合作，随着城镇化的加剧，单独的个体难以有效满足个体社会需求，这便需要建立起同意权力基础上的共同合作。总之，在后乡土社会中，教化权力逐渐被同意权力所取代，成为整合村庄社会的重要权力形式。当然不可否认国家权力下沉对基层社会的塑造，不少学者在乡村权力研究中通过纵向结构研究国家与村民的关系，强调国家权力通过层级结构实现对乡村社会内部控制，贺雪峰在研究村庄权力结构中也提出"体制内精英—非体制内精英—普通民众"的村庄权力架构，其将体制内精英视为国家的代理人，实现国家与村民的联系，但作为一种外生性权力，国家权力在基层的运作始终集中在基层的实验场中，并且乡村社会内部有其自主性，其发展和变迁具有内部运作逻辑，实际上在传统时期乡村社会仍然存在多样态的横向联结，这些联结构成了乡村内部网络，也维持了乡村内部的团结与稳定，历史发展具有强大路径依赖，而在基层社会转型期关注村庄内部权力结构网络及其在乡村中的动员依然具有重要意义。

G村地处华北平原，且作为多姓氏的移民村庄，相较于南方的宗族社会，G村宗族意识稍弱，随着政权下乡，国家对基层政权进行改造，基层社会中以血缘伦理为基础的教化权力日益弱化，宗族组织无力提供公共物品、维护乡土团结。随着改革开放，国家权力逐渐从基层退场，村庄社会中个体自主性得以释放，村庄社会面临国家权力和宗族权力双重衰弱的困局，乡村社会结构日益呈现的个体化趋势，特别是税费改革前，村干部成为"赢利型经纪人"导致民怨沸腾，使国家与村民的关系日益疏离，如何整合分散的农民成为基层政权建设的关键。吕方认为村庄社会团结的困局根源于国家与农民之间的"中间组织"的缺失，而过度行政化的村两委组织和封闭性、礼俗性的宗族组织都难以扮演好"中间组织"的角色。G村虽然面临同样的治理情境，但村庄中以妇女为主体的社会组织的兴起重塑了村庄内部结构，她们从村民的需求出发，基于同意权力在村庄内部进行广泛互助与合作，构建起"村庄—社会组织—村民"权力关系网络，进而将分散的农民个体整合到乡村权力网络中，形成了乡村社会新团结。

村庄内生性社会组织具有纽带作用，郑永君指出传统村庄组织促进现代公共性的成长，能有效缓解村庄治理中的组织联结困境。村庄社会组织具有联结和整合作用，其关键是通过建立村庄的横向联系改变村庄权力结构。就 G 村而言，妇女组织以组织为载体将个体和家庭有机联系起来，即建立起"个体—家庭—村庄"的层级联结网络实现对乡村社会整合。首先，从个体层面来看，农民在妇女组织中增进彼此的互动，满足个体生活需求。单个个体无法有效实现公共物品供给，村民在生活中需要借助社会组织满足个体需求。G 村打破了传统自上而下的公共物品的供给模式，在村庄内部自主成立各类功能性组织，将各类需求的人员吸纳进组织中，以锣鼓队为例，组织为队员提供了基本器材、设备和场地，并组织专门人员进行教学，培育了一批民间锣鼓手。锣鼓不仅丰富了村民的精神文化生活，而且在组织中促进了村民的团结。其中一个锣鼓队员表示："村里一成立锣鼓队的时候我就报名了，我本身对这些活动比较感兴趣，之前一直没有学习机会，现在孩子都长大了出去工作了，我也有时间参与。自从加入了锣鼓队，人际关系也好多了，有时有啥烦心事大家在打鼓的时候一起说说，心里也舒坦多了。"（20220825QRR）其次，从家庭层面来看，妇女组织对于塑造家庭观念，开展家风家教等道德文化活动具有重要作用。杨华曾指出，妇女不是单独的个体，她们嵌入家庭、家族和村庄熟人社会中，对于妇女的研究应避免西方个体主义思考方式，而应具有集体主义。其研究生动地揭示了妇女与家庭的关系，家庭是乡村价值规范、道德涵养和文化传承的基本载体。G 村培育出一批村庄志愿者，他们积极开展以家庭为核心文明道德宣传活动，借助村庄公共场所开办特色育儿教育课程，同时开展孝老敬亲志愿帮扶活动，在各类实践活动中对农民价值观念和行为进行规训，极大地扭转了村民社会文化风气，村党支部书记表示："以前邻里扯皮的事多，还有不少上访户，现在受传统文化影响，大家觉悟都提高了，矛盾自然也少了，现在走进我们村里会发现大家都非常热情，人们的素质普遍比较好，很多人觉得现在村里比城里好。"（20211227ZK）最后，从村庄层面看，社会组织增进了村庄社会资本，促进了村庄公共性的生长。妇女组织作为村民与村庄的联结纽带，通过各类组织和文化活动，将分散的农民吸纳到群体中，村民在互动中促进彼此的交流和信任，为村庄积累丰富的社会资本，进而增强村庄凝聚力。同时社会组织将村民活动从"私域"引向"公域"，在村庄环境卫生整治过程中，提倡从自家环境卫生做起，进而拓展到村庄环境卫生，而村庄中所形成的文明观念作为村庄社会舆论对村民行为进行常态化监督，将家庭卫生扩展到村庄公共卫生，实现"小家"与"大家"的联通。目前，G村彻底摆脱了"脏乱差"的居住环境，村庄环境卫生的提升增强了农民幸福感和获得感。

结合以上分析可以看出，妇女组织在联结个体、家庭和村庄中发挥关键作用，特别是随着血缘性关系解体后，村庄的内生性的妇女组织补位，提供了个体或村庄无力提供的公共物品，进而重新激活了乡村内部秩序，重塑了乡村社会关系。妇女组织的运作背后是基于个体自主合作基础上的同意权利，村民加入组织能享受一定的公共福利，也需要承担组织规范和组织建设的义务，各个主体能以平等的身份实现有序的互动关系，社会组织在建立横向社会联结的同时也促进了村庄社会结构的扁平化。

（二）妇女组织与村庄其他动员主体的关系

上一节介绍了村中多样态的妇女组织以及这些组织如何塑造村庄社会联结。在村庄治理场域中，妇女组织是重要的治理主体，特别是组织中的妇女精英与村庄各主体联系紧密，她们在利益协调与沟通方面发挥重要的中介作用。治理主体的相互关系直接决定村庄权力结构，分析妇女组织的动员功能，需要进一步厘清妇女组织与村庄其他治理主体结构关系，透视村庄治理权力体系。下面围绕治理主体与治理对象的关系，列举村中重要主体，比如村委会、村庄精英与普通群众，分析妇女组织与不同治理主体的关系以及在此基础上形成的权力结构。

1.妇女组织与村委会

在基层治理研究中，村委会被视为国家权力的代表，具有较强的政治色彩与行政色彩，特别是后税费改革时期，随着资源下乡，村级治理日益行政化，村委会的行政功能更为凸显，村委会作为村级治理的权威主体，其以国家在场的身份在基层进行社会治理，一定程度上村委会的治理遵循行政或政治逻辑。妇女组织作为内生性群众组织，其根植于村庄社会，具有鲜明的群众性和社会性，妇女组织遵循自治的逻辑。在村庄治理中，村委会是村庄治理的核心主体，他们引导和带动其他主体参与公共事务，其中妇女组织便是重要主体，社会组织的合法性需要得到国家、政府或者社会团体以及公民的承认，从这个角度来看，村委会对妇女的认可也是妇女组织合法性的体现。妇女组织与村委会保持密切联系，她们的日常活动需要村委会提供场地、资金以及人员等资源，同时在村庄治理中，村委会可以通过赋权的形式提升其动员行为的自主性。

虽然妇女组织需要村委会的认可，但这并非意味着妇女组织与村委会的关系是简单的领导与被领导关系。实际上，村委会在村庄治理中时常忙于上级行政性任务，而在各类群众性工作中需要发挥妇女组织的作用，如在政策宣传、群众意见收集等方面需要妇女组织发挥作用。村委会十分重视妇女组织的功能，并积极引导妇女组织参与各类活动，提升妇女组织的参与能力。因此，妇女组织与村委会是一种合作的关系，更多时候，妇女组织是村委会的有力帮手，妇女组织的参与充当中介角色。妇女组织在国家的授权中以正式身份参与村庄动员，同时其能以群众角色弥合村委会与村民的鸿沟，特别是涉及村民个体利益与村委会利益冲突时，妇女组织能以第三者身份介入其中进行调解，避免村民与村委会的直接冲突。在村庄治理实际中，村委会与妇女组织有明确的分工，妇女组织主要负责组织联系群众，村委会主要负责上级行政任务，在涉及群众工作中，村委会往往会借助妇女组织力量组织动员群众。实际上，村委会的部分干部嵌入妇女组织中，并在其中发挥组织动员作用。

2.妇女组织与村庄精英

传统的治理理论强调精英在群众动员中的中介作用。精英是在社会实践中，占据资源优势的一类群体，仝志辉将精英视为能调动更多资源、获得更多的权威性价值分配的人。精英因掌握特定的资源而在群众中发挥一定的影响力，精英按照占有资源的性质划分一般可分为政治精英、经济精英和社会精英。在农村社会中，政治精英往往具有体制内特征，是以村干部为代表占据一定政治权力的人。随着改革开放，经济得以迅猛发展，经济精英逐渐崭露头角，这些能人往往因经济财富的优势地位在村庄获得一定声望，另有一部分在村经济能人则会与群众产生直接利益关系。社会精英辐射人群范围较广，其因自身特殊才能以及占有社会资源而产生社会声望。不可否认，乡村精英在乡土社会中具有特殊地位，他们借助自身资源优势影响普通农民行为。而妇女组织主要是由普通妇女构成的团体，在妇女组织的动员实践中，妇女组织一方面会吸纳部分精英进入组织，发挥其在组织中的影响力，另一方面在动员中借助村庄精英的力量动员群众。

妇女组织与村中的精英群体是村庄治理的主力，这些村庄精英群体一般经济收入较高，属于"有钱又有闲"的人，在实际动员中，妇女组织往往抓住关键群体，以关键群体为切入点组织动员群众。这部分村庄精英与村庄具有一定的利益关联和情感关联，这类精英都是村庄既得利益群体，他们大部分在村从事一定经营活动，妇女组织在开展公共活动中以村集体名义对他们进行动员，精英在参与公共活动中提升自身影响力，一定程度上，妇女组织与村庄精英建立相互支撑的关系。表5–1是G村精英的基本情况。

表 5–1　G村精英的基本情况

积极分子	职业与工种	性别
LGM	私营液化气老板（外来户）	男
ZY	包工头	男
ZT	门窗装修批发老板	男
SCY	村庄饭店老板	女
LH	村庄饭店老板	男
SCH	退休工人、村干部的直系亲属	女
QX	村党支部书记的直系亲属	女
LXQ	退休党员、村庄公益岗人员	女
LYZ	爱心人士	男
QRX	退休老教师	男
SLS	退休老教师	男

3.妇女组织与普通群众

妇女组织是内生于村庄社会的群众性组织，妇女组织既源于群众，也服务于群众，妇女组织在群众工作中的优势主要体现在妇女组织与普通村民的关系上。在G村，随着青壮年男性外出务工，村庄中的妇女成为重要的治理主体，特别是年轻的妇女，她们因在身体素质、文化技能等方面具有相对优势，在各类社会服务中成为群众依靠的对象，无论是老人、小孩还是有困难的特殊群体，都是她们服务的对象。因此，妇女组织与村庄群众具有十分紧密的联系。不管是在经济水平还是社会属性上，妇女组织内部群体与村庄普通群众都具有同质性，不存在因经济差距导致村民之间的隔阂，另外，她们与普通群众往往有着共同的利益诉求，而妇女组织恰好可以成为群体的利益代表，以组织化的形式向村委会或政府反映和表达群众意愿。

在村庄中，因大量中青年人外出务工，存在老年人照料难的问题，妇女组织动员村庄妇女以社会服务的形式服务村庄留守老人，逢年过节会在敬老院陪老人一起过节，给留守老人剪头发、打扫卫生等，照料其日常生活。不仅如此，妇女组织还负责宣传国家政策，利用妇女耐心、细心的内在特质对群众进行解释与沟通，化解村民的思想疑虑，因此妇女组织特别是妇女义工在村民中具有较好的口碑。城镇化过程中乡村社会内部结构产生较大变迁，村庄社会结构呈现分散化趋势，但在村的妇女凭借自身治理优势，在村庄中与各类主体保持紧密的社会联结关系，妇女组织的形成超越传统单纯的以宗族关系和邻里为纽带的联结，村庄中形成趣缘性、文化性等组织形态，丰富了村庄社会联结形式。妇女组织与村庄各治理主体的关系网络使其能代表广大群众的利益，动员或影响村庄中各类行为主体，特别是带动村庄中普通群众和乡村精英参与村庄公共事务，一定程度上而言，妇女组织以中介的身份在村庄中发挥治理作用。妇女组织在活动中一方面增强了利益协调能力，另一方面在村庄活动中提升了自身影响力。

（三）村庄网络结构与妇女组织动员的组织基础

在城镇化进程中，村庄与村民的关系变化直接影响村民与村民之间的关系。由于村庄治理任务的变化，村庄与村民之间的利益关联降低，且村庄无力满足村民差异化的公共需求，因此村庄缺乏对群众的组织动员力，而村庄与村民之间的弱联结进一步加剧了村民之间分散化程度。在此情景下，村庄基于自身治理需求，在村两委的支持下成立了各类妇女组织，妇女组织将分散的妇女个体组织起来，在满足自身需求的同时参与公共服务。多样态妇女组织的成立改变了村庄内部结构关系，对村庄治理产生较大影响。一方面，妇女组织以个体需求为导向将分散的妇女整合进各类组织体系中，妇女组织运作的背后是基于个体自主合作基础上的同意权力，村民加入组织能享受一定的公共福利，也需要承担组织规范和组织建设的义务，各个主体能以平等的身份实现有序的互动关系，妇女组织在建立横向社会联结的同时促进村庄社会结构的扁平化。另一方面，随着血缘性关系解体，宗族和村庄无力提供公共物品，而村庄内生性的妇女组织补位，通过自主管理和自我服务的形式缓解了村庄公共物品供给的不足，同时重新激活了乡村内部秩序、重塑了乡村社会关系。总体而言，在城镇化背景下，村庄社会结构日益离散化，村庄通过培育各类妇女组织并引导妇女组织参与各类公共服务，妇女组织促进村民之间的横向联结关系，也成为村民与村庄联系的重要纽带。

乡村横向的社会联结为妇女组织参与村庄动员提供良好的社会基础，妇女组织不具有权力和财富优势，难以在村庄治理中占有强势地位，但她们凭借自身治理优势与村庄各类治理主体建立组织联系，以此提升自身在村庄的社会影响力。在村庄治理中，妇女组织与村委会以及村庄精英建立一定的社会关系和利益联系，可以协调或满足彼此利益需求。同时她们具有强大亲和力，妇女组织成员也是群众中的一员，她们能以平等的身份与群众沟通交流，并代表或反映广大群众的利益和诉求，具有广泛的群众基础。特别是妇女组织中的积极分子，她们往往作为推进公共服务的关键人物而被需要，进而主动承担治理责任，在参与和组织群众中积累自身的影响力。

综上所述，在城镇化的背景下，妇女组织促进个体之间联系，成为联结村民与村庄的重要纽带。同时，妇女组织与村庄各类治理主体不存在直接利益冲突，且与村庄大多数人具有一致性的利益，因此她们能在村庄范围内建立起广泛的社会联结关系，这种联结成为妇女组织动员的组织基础。

二　主体联动：生活化动员中多元主体协同共治

乡风文明建设是乡村振兴的重要组成部分，也是文化振兴的应有之义。为迎合广大农民对美好精神生活的现实需求，G村依托妇女组织开展各类乡村振兴文化实践活动。个体组织参与集体行动机制不仅包含社会组织还依赖具体剧目，组织网络的构建不仅需要各类组织载体，还需要考察其具体组织形式，即以何种方式将群众组织起来。妇女组织在各类动员实践中，以活动为载体，通过与其他组织合作共同推进社会动员。具体而言，妇女组织在各类主体的协同中开展各类贴近生活的动员活动，增强群众之间互动关系，进而引导群众克服集体行动的困境，积极参与公共事务。

（一）举办"饺子宴"：党群联建与村民志愿参与

马克思强调人是社会生活的主体，社会生活需要以人为核心，突出人的主体地位。人是生活在特定的情景中的人，人的行为选择受制于特定生活环境。随着社会变迁，当前基层社会治理充满复杂性和烦琐性，各个利益主体相互博弈，深入分析农民行为选择仍需结合具体的情景进行阐释。而日常化且持久的社会因素与农民生活情景息息相关，因此社会动员需要聚焦农民生活实际，用贴近群众生活需求或生活情景的方式对农民进行持久性的社会影响，才能从根本上激发农民参与的活力。G村妇女组织通过与村党委和村妇联联合，共同开展各类型志愿服务活动，满足群众生活需求，并通过制造生活情景引导农民参与。

G村以党建带妇建，将妇女组织活动与基层党建工作相结合，并为妇女组织提供组织协同和资源支撑，特别是鼓励妇联组织在引导和带动妇女组织中发挥积极作用。G村为传播"孝善"文化，推进文明乡风建设。在村两委的领导下，村妇联联合村庄其他妇女组织开展各类志愿活动。2019年，义工组织联合村两委在重阳节举办了"大型饺子宴"。在此过程中，义工团精心组织和动员，引导群众广泛参与村庄集体活动。首先，募集善款。由义工协会牵头向村民发起募捐活动，募捐对象主要分为三类。第一类是村庄内部经商人员。动员村庄中在外做生意的企业家以及在村内从事个体经营的精英老板募捐，这些老板有的捐钱，有的捐物，如活动过程中需要使用的大米、面粉及食用油等。第二类是村庄内普通群众，通过在公共场所张贴倡议书并通过各个微信平台进行转发，鼓励村庄的义工和党员干部带头捐款，村民个人自愿捐款，并将个人捐款信息通过张贴红榜单形式在村庄进行展示宣传，以此激励经济条件好的村民捐款。在G村，通过学习传统文化，无论在村庄层面还是在个人层面，逐渐形成敬老尊老的氛围，村庄每年对老年人的福利也不断增加。村干部表示："我们让村集体更多的福利惠及老年人，能让很多年轻人在外安心工作，这种方式也赢得了年轻人对我们村委会工作的支持。"（20220811ZXF）在募捐过程中，一名老年妇女表示："重阳节的时候，我儿子提前好久打电话回来说村里敬老节捐款要通知他一声，他也认为敬老节虽然是以村里名义举办的，但最终还是为了老年人好，所以要积极配合村里工作，最后还主动捐了1800元。"（20220822LGL）第三类是村外企业家。随着G村孝爱文化的传播，其社会影响力不断扩大，这也吸引了不少爱心企业家，另外村中义工负责人会借助私人关系，向村庄外的爱心企业家募捐，义工中不少家庭有过从商经历，他们通过私人社会网络动员社会爱心人士，广泛募集活动资金。前期的募捐工作为村庄活动举办奠定了经济基础。其次，组织策划活动。义工团与村两委共同谋划重阳节活动，在此之前他们先成立专门的管理委员会，其中包括村干部、义工团队责任人以及家庭负责人，委员会成员一般是村庄中具有一定影响力的人，他们平时在村庄活动积极，能在群众中发挥一定的带头作用。整个活动由管理委员会负责，在正式举办活动之前，委员会成员需要多次讨论安排。为了明确分工，委员会设置了财务组、采购组、后勤组、文艺组以及机动组。为了调动大家参与度，重阳节活动以贴近农民生活的方式设置各类活动，其中包括跪拜礼、饺子宴、为老人洗脚、文艺演出等一系列敬老爱老活动，让子女和父母在互动中增进感情，同时教育和引导子女树立尊老爱老的意识。

在众多的活动中最受欢迎的便是"饺子宴"。山东自古有吃饺子的习俗，逢年过节特别是春节时，一大家人都齐聚一堂，共同包饺子，吃饺子也象征着一家团圆。卡尔·曼海姆认为，日常生活中的各个要素及其互动构成了社会的基础结构，反映了社会的整体功能。饺子成为重大节日的必备食物，从包饺子到吃饺子，都包含家庭成员的共同劳动，在劳动中交流感情，营造和谐的家庭氛围，饺子文化反映了农民对于美好生活和家庭团结的朴素愿望。可以说"饺子宴"不管在成员参与、活动空间以及象征意义上均集中在私域，属于家庭内部的活动。妇女组织为广泛组织群众的参与，将传统的私域中"家宴"模式转化成村庄的公共活动，举办"千人饺子宴"，同时将家庭成员劳动扩展到村庄范围内村民一起劳动，打破小家庭的区隔，让村民在"饺子宴"中感受到村庄这个"大家庭"的氛围。饺子宴主要分为"包饺子""煮饺子""吃饺子"三个环节。在这场"千人饺子宴"准备过程中，义工团成为主力。在活动前夕，义工会组织村庄中的妇女一起到敬老院，准备中有明确的分工，主要分为和面、擀皮、剁馅、包饺子以及分装保存，参与包饺子的大部分是中老年妇女，一次活动需要二三十名妇女共同参与。其中一名妇女表示："我每年都会参加包饺子，村里安排包饺子的头一天我就提前安排好家里的事儿，第二天专心去帮忙。这个活我们都很熟悉，不论给我安排啥活我都会，大家聚在一起有说有笑，跟家里人一样和和气气的，特别热闹。再说村里组织这个活动就是宣传孝道，让我们学会感恩，这都是为了我们村民好，我觉得这特别有意义，也乐意参与这些活动。"（20220823MHH）"饺子宴"的前期准备工作将妇女的劳动转移到村庄层面，妇女在集体劳动中提升了对村庄的认同感和归属感。第二个环节是"煮饺子"环节，主要由村中的男性负责。因涉及人员多，煮饺子也成为一个体力活。村庄中男性会提前准备好大锅和大铁铲子，在活动当天清晨便开始生火、烧水，因耗时长，工作强度大，村庄安排两组成员轮班煮饺子。其中一位男性志愿者表示："早上天还没亮就起床了，忙活一会儿就是一身汗，虽然辛苦，但还是觉得有干劲，看着全村老小吃得开心，心里怪有成就感。"（20220826ZT）饺子宴的最后一个环节就是"吃饺子"，村里的义工提前摆放好桌椅，村民以家庭为单位聚在一起吃饺子，其中穿插着村庄文艺团队自编自导的文化节目，包括锣鼓、舞蹈、民谣、朗诵等，在各类文化活动中提升农民体验感。村中一位老义工表示："平时子女外出务工，留守老人很孤独，平时子女跟父母吃顿饭都很难，这个活动不仅让子女和父母有了一个接触的平台，而且也给老人送去了关怀，对于我们老年人而言度过了一个有意义的节日。"（20220818LQY）

就G村的重阳敬老活动而言，妇女组织以"饺子宴"活动为载体，在村两委的共同支持与策划下，将各个阶层的人广泛吸纳到活动中，家庭富裕的人捐款捐物、村庄积极分子组织筹备活动、其他村民参与活动，村庄每个村民都能在集体活动中找到自己位置，并在参与中获得尊重和认可，个体不再是独立的个体，而是一个融入集体的个体。"饺子宴"的公益性和可操作性激发村民志愿服务精神，其将农村老人的照料需求转化成为全民参与的公共事务，同时通过制造日常生活情景，让公共活动充满家庭般的氛围感，在互动体验中将关爱老人的观念通过具体、生动的活动形式表现出来，进而被广大群众理解和认可。随着村庄志愿活动形式不断丰富，其内容也不断拓展，目前村庄义工协会利用各种传统节日发扬志愿精神，比如端午节集体包粽子、腊八节集体煮腊八粥，这种贴近农民生活的志愿活动构建了农民的生活情感，调动了农民参与的积极性，也日益成为村民生活的一部分。

（二）开展"国学诵读"：校村合作与育儿活动的公共化

家庭伦理是公共领域的社会基础，在现代化的背景下，重建家庭伦理需要找准家庭与村庄联结的切入点，有序引导家庭力量参与到村庄建设中。

正如王锡锌所强调的，一项政治制度的根本性在于制度安排能被民众日常生活经验所感知、经历和检验，一项社会规范要被群众广泛地接受和认可，需要融入农民日常生活，找准农民生活需求的契合点，让农民获得现实而美好的生活体验。为此，G村妇女组织与学校合作，在妇联组织协调下，组织开展国学教育，将育儿从家庭领域拓展到村庄公共领域中，正是由于儿童的参与激发了家庭成员在公共参与中的积极性。

中国的家庭伦理中蕴含了"传承和延续"的文化，其核心就是培育和教育出优秀的下一代，因此子女教育一直为家庭所重视。费孝通曾在研究中指出，中国家庭一个重要特点就是体现为世代联系上，区别于西方以个体为中心的价值观，中国社会具有较强的家庭中心观，家庭先于个人之上，如对于一个家庭而言关键是传宗接代，培育出优秀的子孙以光宗耀祖。刘亚秋则认为这种世代之间的力量在一定程度上是中国社会中的"正义"，具有天然的正确性。无论在传统社会还是现代社会中，后代的养育一直是家庭的一项重要使命，但在社会转型的背景下，育儿环境发生一定变迁。一是育儿责任的转移。特别是随着城镇化的发展，不少年轻父母进城务工，而又难以回归到传统的国家、集体的共同体育儿体系中，当前育儿责任更多地由家庭和个人来承担，这无疑加重了家庭的育儿负担。二是随着人口流动加剧，村庄社会结构日益松散化，村庄社会内部缺乏相互信任合作的基础，加之村庄社会服务体系不完善，村庄层面缺乏育儿的有利资源。三是新生代父母，特别是"80后""90后"父母的教育观念和理念与老一辈有很大差异，她们更加注重科学育儿方法，强调用现代化的教育理念影响和培育后代，对孩子德、智、体、美、劳全面培育。在此背景下如何有效回应家庭育儿需求，成为社会治理的关键任务。

联系和服务妇女儿童是妇联的职责之所在，在育儿活动中，村庄妇女组织以妇联名义与村小学开展合作，将学校对于文化教育的需求与家庭对于育儿的需求相结合，并在村委会的积极推进下，学校将国学教育纳入幼儿教育中，突出本地化办学的特色，同时妇女组织依托村庄公共空间开展"育儿学堂"，每天清晨或傍晚组织村庄的幼儿在"妇女之家"参与诵读活动，诵读由学校专业老师领读并进行"一对一"指导，在学校和村庄的支持下，育儿也逐渐从家庭领域扩展到村庄社会领域。

在国学诵读活动中，由家长（一般是妈妈或者奶奶）带领孩子一起到书屋读书。书屋为孩子们配备了桌椅板凳，主要阅读国学经典，包括《大学》《中庸》《孟子》，读完之后，由孩子上台展示背诵，参与的人数从最初十来个人一直发展到最后三十多人。发起人表示："让幼儿从小读经，能在早期就开启孩子的背诵能力，我的孩子从小一直跟着我读国学，锻炼了背诵能力，现在孩子上小学三年级了，背诵知识特别快，一般读三遍就能背诵了。"（20220822QX）因村庄缺管理人员，考虑到幼儿照顾和安全问题，要求参与学习的孩子必须由家长陪同一起学习，这种一对一的学习让孩子受到足够的关注。另外，集体学习营造了良好学习氛围，集体诵读不仅引导孩子形成了爱学习的好习惯，也教育了家长。其中，一位参与学习的年轻妈妈讲述："我是最早一批参与读经活动的，当时孩子还不到三岁，也不识字，平时孩子在家里不是玩手机就是看电视，我就想着给孩子创造一个好的学习氛围就参与了这个活动。读经的时候由老师领着读，小孩跟着读，整体学习氛围很好，最初我来读这些古文时也不太懂，后来我担心孩子问我的时候我都不理解就落后了，于是督促自己也该好好学习。在跟孩子陪读的时间里，我深刻体会到自己的不足，觉得自己应该好好学习。现在我很重视家庭教育，开始引导孩子而不是强制孩子按照自己的意志做事。通过诵读既培养了孩子的自信心，同时也培养了一个良好的学习习惯。在生活中我会经常鼓励孩子，认可他读书的成果，让孩子在这一过程中更有兴趣、有自信，也更有成就感。"（20220819DSM）实际上，如大多数家长一样，最初参与都是奔着培养出优秀的孩子，虽然最初人数很少，但在每天坚持阅读中，幼儿有很大的进步。村庄专门举办文化活动为幼儿提供展示平台，很多家长惊讶于孩子的进步，这给很多年轻的家长极大的激励。家长陆续将孩子送到活动室读书，读国学一时成为村庄的一股潮流，最多时村中有30多位家长和孩子参与读书活动。村里开办的亲子国学诵读会不仅免费为家庭提供育儿场所，而且在共同学习中营造浓厚的学习氛围，亲子教育增强了村民对村庄的认同。育儿活动建立村民与村庄的情感和利益联系，增强村民参与村庄活动的主动性和积极性。

（三）组织"家风家训研修"：宗族精英参与和家庭文化培育

党的十九届四中全会提出"注重发挥家庭家教家风在基层社会治理中的重要作用"，家庭是社会的基本单元，也是国家治理的微观基础，培育良好的家风和家教是国家治理的重要目标。习近平总书记指出，"家庭是社会的基本细胞，是人生的第一所学校。不论时代发生多大变化，不论生活格局发生多大变化，我们都要重视家庭建设，注重家庭、注重家教、注重家风"[①]。家风是一个家庭的精神内核，家风家教中所蕴含丰富的家庭伦理，其对个人品行塑造、家庭兴旺发达以及社会和谐风气的形成具有重要意义。改革开放以来，村庄社会发生剧烈的社会变迁，大家庭的衰落导致家庭观念和家族意识日益淡薄，家庭规模日益小型化。在市场经济冲击下，家庭文化逐渐异化为"个体至上""利益至上"等，这一狭隘的家庭观念不仅影响个人的成长成才，而且影响基层社会的和谐。在中国"家国同构"的体制下，治家与治国存在内在紧密联系，家庭兼具私人性和公共性，是联结国家与社会的独特场域。社会治理需要发挥"家庭"这一核心单元的撬动作用，进而激发基层治理活力。G村的妇女组织将传统文化融入村庄治理中，特别重视家教家风在文化建设中的功能，通过家训、家教传播"孝德"文化，营造良好家风，以家风引领民风，形成良好的村庄氛围。家风家训活动是在村庄宗族精英的支持下开展，妇女组织通过动员家族精英参与，依靠宗族精英的非正式权威带动和影响各家族成员的参与。具体而言，主要存在两种活动形式：一是组织动员以家庭和家族为单位的家风家训诵读活动。通过家族内部的竞争和评比激发村民学习热情，增强家族的归属感，同时让家风文化学习成为一种生活习惯。二是开展村民交流分享会。通过常态化的交流互动树立榜样的力量，将家庭伦理中行为规范转化为现实生

---

① 《习近平关于注重家庭家教家风建设论述摘编》，中央文献出版社 2021 年版，第 3 页。

活中的具体行为，实现家庭伦理"内化于心、外化于行"。

1.家风家训研修群

家风家训由家庭或家族成员共创共享的记忆凝练而成，是家庭共同体的重要载体。一个好的家风家训不仅影响一个家庭，而且带动乡风和民风。改革开放以来经济迅猛发展，文化建设却远远滞后，但这仍无法掩盖每个农民心中对于"家庭兴旺，家族繁荣"的朴素愿望。特别是在G村，村民在接受传统文化学习过程中，逐渐认识到文化对于个人、子女以及家庭发挥的重要作用，并通过自我提升改变整个家庭的面貌。G村妇女组织顺应村庄治理需要，依托义工团和妇联组织，在全村范围内推广家风家训诵读，2019年正式成立了以"继承家训、传承家风"为主题的家风家训研修群。在动员实践中，妇女组织与村庄精英建立紧密合作关系，其在活动之初筛选各家族精英，挑选有一定威望的老干部、老党员作为家族的负责人，组织和带动家族成员积极学习家风家训。除此之外，家族负责人负责家训诵读值日表排序、给积极行善的家人申报积分、给家族定期开家风家训践行分享会、组织家族成员厉行家训的社会实践活动、定期评选优秀家族成员等。此外，设置诵读奖励标准。为了调动村民的学习热情，对参与诵读家训的家庭给予积分奖励，由妇联组织牵头每年举办家族年会时，根据各个家庭的表现公开选出"最美家庭"，并给予一定的物质和精神奖励。

家风家训中蕴含尊老爱幼、勤俭持家、邻里互助等传统文化的道德内涵，而家训用简洁直白的文字表达容易被群众所接受，并得以传播。一名董姓中年妇女表示："首先，读家训会有一种自豪感，我读张氏家训就感觉自己是张家的一分子，读董氏家训就感觉自己是董家的一分子。家训的内容写得好，可以了解一个家庭的历史文化，我觉得老祖宗留下的东西确实好。其次也是一种传承，这是老祖宗传下来的，我读了之后可以传给我的孩子，孩子还能传给孙子，这样一辈辈传下去。最后，对自己的行为也产生影响，教我们怎么做事、怎么做人，教人做善事。以前不知道家训，也没读过，现在有了，每天读读感觉也挺有收获，现在我们家族的家训我基本会背了。再说大家都想家庭好、家族兴旺，别人都在进步，自己也不能落后啊。"（20220827DXJ）在村庄整体文化氛围影响下，家风家训不仅传承了家族文化，而且在各个家族内部形成一种隐性的竞争，家风家训学习逐渐成为一种习惯，不少村民表示，每次读的时候也反思自己的行为，其作为一种价值引领逐渐融入农民生活中。

家风家训传承群管理条例（节选）

一家一国之昌盛，在于家之训、国之风也！所谓治国治家，当以传承风气为首要，继承传统为根本。古有家堂、祠堂、学堂"三堂"以为民风弘化之体，悲叹时至今日"三堂"教育所剩何几？不忘祖宗教诲，继承先辈遗训，是我辈推之不去的使命与责任。G村作为全国传统文化示范村，响应国家号召，恢复"三堂"教育，势在必行！

1.入群后请修改真实姓名作为备注；

2.各姓氏学习委员负责安排各姓氏每日值日排序表；

3.群内每日由九大姓氏各选取一名作为今日值日诵读者，诵读内容为《朱子家训》《朱子治家格言》、本姓氏家族家训；

4.请每日诵读者按照值日排序表进行诵读，诵读时间请根据自己时间进行掌控，不宜太早，也不宜过晚，以不影响群内其他家人休息为原则；

5.诵读家训请端身正意，请勿三心二意；

6.诵读期间，请群内家人保持群内安静，不发送任何表情信息或链接，以防打扰诵读者；

7.请群内家人遵循祖训，时常反思自己行为是否符合本祖教诲，有则改之，无则加勉。

望群内家人齐心协力，光复门庭，弘扬传统，将家风传承，实现中国梦，我的梦！

2.开办"空中道德讲堂"

2020年突如其来的新冠疫情打乱了人们的生活节奏，"宅家"成为农民的生活常态，农民活动和社会交往受到极大的限制，长期在家庭这一封闭空间中，人们处于一种百无聊赖的状态，家庭成员之间摩擦和矛盾增加，在疫情氛围笼罩下，人们情绪处于一种紧张和焦虑状态。人们对疫情的普遍不安不仅影响家庭和谐，而且给村庄治理增添了诸多隐患。为了扭转这一局面，最初由义工团中的几名妇女骨干发起，并优先由村庄的文化精英发挥示范引领作用，组织空中道德讲堂。空中道德讲堂是以群众为主体，以群众日常生活实践为讲述的素材，通过在公共平台上的分享构建一个交流互动的空间，丰富群众生活。空中道德讲堂的开办主要有三个目的：首先，为群众搭建线上交往平台。人是社会性群体，其只有在社会交往中才能实现人的价值。而疫情限制了村民面对面的交往，各类文娱活动戛然而止，村民日常生活日益空虚。活动发起人表示："疫情期间大家不能串门，不能出去玩，在家可无聊了。我就想着组织大家在线上学习，分享一些正能量的事情。"（20220820QX）道德分享活动为村民开辟了线上交往空间，拓展了农民社会交往网络，同时让农民体验一种新的生活方式，丰富了疫情中农民生活方式。其次，传播和深化传统文化。空中道德讲堂的讲述主题主要涉及教育、家庭以及个人道德等相关话题，其将农民对传统文化的理解转化成生活实践，并通过生动、具体的故事进行展示，在群众中具有广泛的宣传和教育意义，进而强化农民道德观念。最后，维持村庄内部秩序。家风家教的文化传承既是个人家庭的私事，又是关乎村庄和国家发展的公事。家国同构的社会治理根基决定了治家在治国过程中的基础性地位，孟子云"天下之本在国，国之本在家，家之本在身"，个人道德的约束和教化在村庄整体治理中发挥重要作用，特别是在疫情期间，G村不少村民在此过程中发挥"舍小家，为大家"的集体情怀，积极参与村庄志愿活动，配合村庄防疫工作。各个村民通过空中道德平台将自己的故事和他人的故事分享给村民，增进村民之间以及干群之间的信任和理解，这一活动成为村庄秩序的"稳压剂"。

空中道德讲堂从2020年2月底开始，最初按照每天一期的频率开展，每次活动半个小时，每次设定一个主要分享嘉宾和两个小嘉宾，其中主要分享嘉宾是主讲人，两个小嘉宾是互动者，通过对小嘉宾的培养将其发展成主讲嘉宾。主讲嘉宾一般为村庄的精英，他们属于村庄中积极分子并在村庄中具有一定影响力，这些村庄精英作为主讲嘉宾发挥示范作用带动小嘉宾，进而不断引导更多群众加入其中。参与者结合自己日常生活经历有针对性地进行分享，在村庄精英的引领下，参与主讲的人逐渐拓展到普通群众，其中包括年轻的妈妈、家里的孩子、义工等，其将不同的群体会聚到一起，营造良好的互动参与氛围。直到7月疫情解封后，大家有序恢复正常生活，空中道德讲堂的活动才取消。

妇女组织开展的各类公共活动为群众参与提供组织化平台，公共活动以群众公共需求为导向，同时在精英的参与和动员下引导群众逐渐参与其中，这些活动成为个体与村庄联结的活动载体，提升村民在参与中的获得感和参与感。妇女组织的各类公共活动一方面回应了群众对于美好生活需求；另一方面村民在参与中增强互动，强化了大家集体情感。

三　妇女组织动员与国家动员的有机衔接

单元是人类活动的基本载体，也是国家治理的重要基础。妇女组织正是抓住了与村民密切相关的单元——"家户"，并将动员单元延伸至家户，以此组织农民。在此基础上将家户利益与国家利益相融通，从纵向维度上构建起"家"与"国"有机联系的组织体系，进而将村庄动员与国家动员相衔接。

（一）联家入网：以"家"为核心构建新联结

单元作为国家治理基本细胞，其有机构成影响国家治理形态，在村庄治理中，国家通过设定合理基本单元落实治理任务。中国的国家演进中形成了以"家户"为基本单元的治理体系，家是中国社会结构的单元，也是政治组织的基础。在中国治理语境下，研究基本治理单元离不开对"家户"这一基本单元的研究。妇女组织在社会动员中，借助国家资源下乡，发挥妇女群体组织优势，构建起新的网络结构，这些网络结构以国家名义将个体村民组织起来，并纳入国家治理体系中。

G村构建起丰富的社会联结网络，为了更好服务群众，L市妇联组织将公共服务延伸到群众家门口，鼓励各村、社区成立"妇女微家"，以"妇女微家"为阵地打造服务群众的社会网络。村民日常生活困难以及意见都可以在"妇女微家"反映，并由"微家长"做好日常登记。"妇女微家"以群众适应的方式为群众提供舒适公共交流空间，将政党的服务触角延伸到家户中，实现联家入网。村民表示："这里正好是我们村的中心，平常来的人多，大家都可以到这儿来坐着喝喝茶，有啥烦心事在这儿与大家一起说说、评评理，小事都能化解了。"（20220825LXQ）可见，G村以"妇女微家"为阵地，组织和团结一部分村民，感党恩、听党话、跟党走。

另外，在妇联开展的"出彩人家"评比中，妇女组织带动村民参与评比活动。创建的第一阶段首先在村庄层面筛选一批示范户，通过这些示范户带动其他村民。由妇联执委共7人作为评审人员，进行现场打分，确定达到"出彩人家"标准后，现场颁发"出彩人家"奖励牌。第一阶段共评选出80户"出彩人家"示范户，这些农户对周围农户发挥很大激励和示范作用，妇联主席表示："大家都好面子，特别是家中的女主人，一般都比较爱收拾，别人家门口挂上了'出彩人家'的牌子，自己也不愿示弱，也想把自己家收拾好，得到这个奖励。"（20220823TYL）为调动村民参与积极性，妇联一方面定期召开奖励会，对近期被评选为"出彩人家"的家庭进行公开表彰，并发放小礼品，给予一定物质和精神奖励；另一方面对"出彩人家"示范户收拾整齐的屋子拍照上传到各个群里，这种公开的表扬一则为其他群众树立了标杆典范，二则肯定"出彩人家"示范户的劳动成果，同时对其构成心理上的压力，督促其按照标准保持创建成果。第二阶段主要以自主申报为主。80户村民上报成功后，对村民产生了极大的激励。村中一名妇女表示："目前打扫卫生主要是家中的女主人，对于女性而言，人人都有一颗爱美的心，只是孩子、生活等一系列琐事较多，没有太多的时间和精力去管理家里卫生，但真正有个标杆在这里立起来，还是不想落后。

再说打扫卫生也不是什么难事，能拿到出彩家庭奖励自己脸上也有光呀。"（20220819DSM）在示范户的带动下，村庄妇女陆续开始收拾家里卫生，争取创建资格，从整个村庄层面看，"出彩人家"的创建中一部分家庭成为"出彩人家"示范户，将这些家庭团结到妇联领导下，通过层级联结将家户联结起来。国家政策下乡中，通过延伸服务将个体村民团结起来，并吸纳到国家治理体系中，实现对村民的再组织。

（二）公私融通：国家动员与村庄动员的转化

以"家庭"为核心的动员模式将"私人"事务引入"公共"领域，并在"公"与"私"的较量中实现家庭事务与国家事务的融通。G村的社会动员主要包含两条路径：一条是"以公为私"，将国家公权力运作引入私人领域，进而将公与私的关系转化成"私与私"之间的关系，避免国家与个体家庭的直接冲突；另一条是"化私为公"，将家庭事务以国家名义实现公共化运作，并以公权力为其提供资源性支撑，由此建立起"国"与"家"的联系。

1."以公为私"：国家事务的私人化运作

G村是城郊村，在新农村建设中面临征地拆迁难题，其中引发不少矛盾纠纷，因不同农民利益诉求差异性，征地拆迁产生的矛盾层出不穷。笔者选取两则典型的拆迁纠纷案例，从微观视角分析妇女组织在动员中如何将公共冲突和矛盾引入私人领域。

案例一： 2018年，G村进行新一轮拆迁工作，在村委会统一规定下划定了拆迁补偿标准，按照每户房屋实际占地面积100平方米折成75平方米，其余面积按照500元/米²进行补偿。其中，一名李姓村民一家共有两套房屋，一套没有经过官方认证，另一套是占用原来农田面积建设的房屋，属于违规建房，按照规定不列入拆迁补偿标准中。李氏以长期居住为理由，想尽可能争取两套房的补偿。村干部与拆迁工作组先后与其协商未果。李氏为村中的独户，且李氏家中主要由妻子当家，但因缺乏亲属关系网络，村庄无法对其进行动员。待李氏周围的房屋拆迁完毕，李氏妻子依然不愿签字，拆迁工作一度停滞。因李氏一家阻拦影响整体建筑施工，针对拆迁工作，村委会先后召开党员大会和村民大会，并获得群众一致同意后决定强拆。在家里人外出工作期间，拆迁小组将其家具搬出并对房屋进行强拆，在家中女主人回家发现后情绪激动当即晕倒被送往医院。为了对其进行安抚，妇联提议让村庄中具有正义感的老大娘出面调解，这些老大娘擅长各类调解工作，且内心具有强烈的正义感，做事不偏不倚，因此在村庄中具有一定影响力。这些妇女调解员买上水果到医院看望，老年妇女在医院轮流照顾李氏妻子，待其情绪平复后，老年调解员动之以情、晓之以理，跟其说明利害关系，最后说服了李氏妻子，按照最初补偿标准签字同意拆迁。

案例二： 2019年，村庄开始房屋拆迁工作，村庄制定统一拆迁补偿标准后，在村庄范围内推行，其中董姓一家房屋占地面积大，按照补偿标准可以分到两套住房，但因村涉及拆迁人口多，住房紧张，村庄准备在保障农民有1套基本住房基础上，再分批次对村民进行补偿。即对按规定补偿2套房的农户先补偿一套住房，另外一套待村庄规划完成后再统一补偿，董姓一家担心村里开"空头支票"，迟迟不愿签字。拆迁小组、董氏家族负责人先后上门调解均无进展。这次拆迁中的大部分住户是老年人，按照村里房屋建设规划，当年开春顺利开工，到冬天村民可以住进有暖气的新房，而董姓一家阻碍耽误了工期引起村庄不少老年人的不满。矛盾愈演愈烈，董姓一家曾拦着挖掘机，以身相抗阻止拆迁。这一行为引起村民的公愤。首先，村妇联召集村中的老年妇女组织共同商议对策，让老年妇女积极发表意见，在妇女骨干的带头下，老年妇女集体表达对"钉子户"的不满，凝聚行动的共识。其次，组织有一定调解能力的老年妇女集体对董姓一家施压，考虑到董氏夫妻俩均在单位上班，老年组织便组织十余人分别到夫妻俩所在的公司说理。老年妇女的集体行动引起了公司领导重视，因担心社会影响，公司领导分别找董氏夫妻俩谈话，最终在老年人连续7天的集体压力下董姓一家同意拆迁。

从以上两个案例可以看出，在化解村庄拆迁纠纷中，老年妇女组织发挥了关键作用。老年妇女之所以能成为矛盾纠纷的调解者，关键在于老年群体有共同的诉求，即希望推进拆迁工作，早日搬进新房。妇女组织正是利用了村民普遍的诉求，通过群众动员的方式将政府与个人的矛盾转化成微观且富有连带性的村民与村民之间的矛盾，即将"公与私"的矛盾以群众动员的方式转化成"私与私"的矛盾。这种转化机制的关键是妇女组织以群众动员的方式将个体组织起来，形成利益连带关系，将政府与钉子户的矛盾引向群众与钉子户的矛盾，从而实现依靠群众力量治理钉子户。两个拆迁案例在动员之前都会凝聚共同行动的意识，在动员过程中将大部分群众普遍利益置于首位，树立村民的大局观和集体观。这一意识也成为妇女调解话语的主基调，其中一个妇女调解员表示："我们集体到公司是抱着想解决问题而不是闹事的心理去的，就是去给他们讲道理，告诉他们做人不能太自私了，不能为了自己一个人的利益影响村里其他人的利益。再说，村里都是按规章制度办事，每个人都是一样的，也不存在偏袒谁。"（20220823LGL）这种集体话语通过凝聚大家共同利益而赋予了纠纷调解行为的"正义性"。村民之间建立在共识基础上的集体行动将钉子户的行为后果与村民个体利益挂钩，进而引导矛盾下沉，有效避免了村委会与村民个体之间的矛盾冲突。

2."化私为公"：家庭事务的公共化

村庄环境治理属于国家治理范畴，但个体环境卫生治理则属于私人领域事务。随着国家权力下沉，国家对村民生活领域进行改造，以满足人们对于美好生活的需求。在环境治理中，村民既是参与者，也是最终的受益者。G村在环境治理中，以"出彩人家"创建为切入点，让妇女组织参与文明创建，动员群众广泛参与，将村民对于家庭卫生维护的需求与国家对于村庄整体环境治理相联系，进而化家庭"私事"为国家治理之"公事"，实现私人领域治理的公共化。

（1）环境治理中的国家行动与动员困境

党的十九大明确提出开展农村人居环境整治行动，建设美丽宜居的新农村，2018年山东省发展改革委会同省住房和城乡建设厅、环保厅，编制完成了《山东省农村人居环境整治三年行动实施方案》，注重改善农村环境，建立起长效管护机制，让农民树立健康环保理念，建设"生产美、生活美、生态美"的社会主义新农村。人居环境整治不仅是国家治理的重要目标，也反映了农民对美好生活的期待。进入21世纪，乡村生产生活环境面临巨大挑战，特别是在城乡二元格局下，乡村生活污水、房屋建设、生活垃圾等卫生条件急剧恶化，"污水横流""垃圾围村""私搭乱建"等情况在农村屡见不鲜，极大影响农民的生活体验。G村处于城郊村，在城镇化发展过程中因人口资源集聚，农民生活空间日益压缩，加之管理上的滞后，在环境卫生上，G村相比其他村庄面临更为严峻的形势。具体表现在：一是大量人口迁入村庄挤占了原本住房空间，外来户与坐地户纷纷争夺土地资源，导致在房屋建设中出现大量违规建筑，村庄公共道路和广场被农民建房所占用，这些建筑往往缺乏严格的建房标准，因此在这一时期出现了大量低水平棚户区。二是人口的集聚加剧了资源消耗，因村庄缺乏统一排污控污设备，农民生活污水随意排放，最终汇入村庄的小河中，污染了地下水源，进而让村庄环境污染陷入恶性循环。三是村民环境意识弱，从农业文明向工业文明过渡，农民生产生活习惯还未完全适应现代文明要求，环境卫生意识薄弱，对于环境卫生管理止于家户内部，特别是外来户缺乏对村庄的归属感，因此更加缺乏参与村庄环境治理的积极性。在国家大力推进人居环境整治之前，村庄环境问题逐渐演化成社会问题，村民因房屋占地、污水排放等问题引发邻里冲突，村庄日益恶化的环境让村民对村庄缺乏认同感，干群关系日益紧张。在此情景下，G村已经开始尝试改善村庄卫生环境，自2010年开始，村党支部书记利用村集体土地修建楼房，对村庄居住环境进行统一规划，同时修建水泥公路，改变"晴天一身灰，下雨一身泥"的现状。村庄以国道为界线，形成了新村区和老村区。新村中在对旧房拆迁后建成一排排整齐的楼房，旧村中对村庄道路进行平整，并对违规建筑进行拆除。村庄建设改善了农民的居住环境，然而村庄环境持久管护依然面临问题。随着国家大力推进人居环境整治，村庄环境治理迎来新机遇。

在环境治理最初阶段，G村以村干部动员为主。村干部作为国家代理人身份，在农村中进行社会动员。基层政府将人居环境纳入基层工作考核体系中，以行政化方式对村干部施压，环境治理三年攻坚行动演化成一种运动式治理。在这种体制下，G村以市场化的方式对农村生活垃圾进行清运，村民只需要将生活垃圾送入指定垃圾回收站，通过政府购买由保洁公司统一运输。而对于村庄内部的环境卫生主要由村民共同维护，为了调动农民积极性，村干部优先动员村庄党员，通过党员、干部入户宣传环境卫生知识，引导农民树立卫生环保观念，同时党员在日常环境卫生维护中，积极发挥带头作用，如带头志愿清扫村庄卫生。党员干部的引导发挥了一定效益，但在运动治理情况下也出现一些异化，如村干部为了迎接上级检查，临时动员部分群众进行环境卫生维护，为了树典型而造典型，村庄一名干部介绍："上面突然来个通知说要检查，今天晚上就要让群众搞好卫生，只要有检查组在我们村附近检查，我们都要提起精神劲，生怕一转向就跑到我们村了。"（20220824TYL）在上级政府强有力监督考核制度下，基层环境卫生治理容易异化成为一种表面化的环境工程，这一行为不仅没能调动农民积极性，而且消耗了基层治理资源。究其根源，在于环境卫生治理脱离了农民日常逻辑，在此情景下，环境治理难以深入农民生活，缺乏对农民的动员动力，更难以使农民有效地参与到环境治理过程中。

（2）从扫"小家"到扫"大家"：妇女组织参与下环境治理范围扩展

村庄环境治理的僵局也让村干部积极寻求化解之道，村干部决定转化治理思路，让农民自己解决环境问题，即发挥村庄妇女作用，让妇女组织对农民进行动员。从G村环境治理的历程来看，第一阶段主要由政府力量为主，第二阶段注重发挥村庄内部妇女组织力量。在"男主外、女主内"的家庭分工模式下，长期居家的妇女对于卫生的清理是日常生活中一项重要家务劳动，对此也轻车熟路。妇女对环境具有先天敏感性，女性比男性更关注环境已成为环境社会学界普遍共识。随着生活水平的提高，妇女对卫生条件和居住环境提出更高的要求，而正是对环境的感知力和期待引导她们更加关注村庄环境卫生，对于环境治理也具有更强的责任意识。妇女与环境治理的契合也为妇女组织社会动员奠定良好社会基础。2019年，济南市妇联为助力乡村振兴和美丽乡村建设，在全市范围内开展"出彩人家"创建，按照"庭院美、生活富、家风好"的标准改善家庭环境，培育健康文明的生活习惯。2020年，G村正式开始"出彩人家"创建工作，在此过程中，G村妇联将"庭院美"作为创建关键内容，聚力改善农民生活环境，提升农民生活体验，人居环境正式纳入妇联的工作目标中，并将环境治理范围延伸到村民家中。村妇联主席介绍："按照创建标准，我们村总体底子还可以，村中开展传统文化学习多年，整体家风比较好，另外，我们村靠近城区，农民就业创业多，经济收入水平不算差。庭院美的建设一直是我们忽视的工作，以前村庄的卫生管理只止于家门口，对农民家庭卫生没有专门的管理和要求。'出彩人家'创建工作进一步明确了家庭内部环境卫生的建设标准。"（20220823TYL）

　　"出彩人家"创建从"小家"入手，强调家庭内部卫生整洁有序。创建之初首先在村庄层面筛选一批示范户，以带动其他村民。为了方便群众申报，妇联划定片区管理，每个妇联执委负责一个片区，先由群众自主上报到各自片区所在执委处，片区妇联执委入户查看，认为其符合标准则上报妇联执委群，一个片区内超过5户后，片区妇联执委便会联合整个妇联执委上门测评和打分。"出彩人家"的创建关键是要培养群众良好的卫生习惯，因此在推行过程中，还需要对家庭卫生进行持续性监督管理。按照规定，妇联执委每个月不定期抽查至少2次，对于抽查不合格的农户，下次会成为重点抽查户，而连续抽查2次均不合格的会取消"出彩人家"称号。"我们在入户突击检查时，也有的家庭收拾得不干净，乱七八糟的，大部分是家里有小孩，来不及收拾，遇到这种情况，我们主要是口头说教下，不会在公开场合进行批评。一般检查出一次问题后，家里的女主人自己都会觉得不好意思，毕竟我们妇联执委7个人，7双眼睛都看着呢，她自己脸上也挂不住，下次就会自觉收拾好。"（20220823TYL）除妇联执委成员监督外，群众也会进行日常监督。一方面，每次妇联执委入户评选或检查时，会邀请附近群众跟随并现场监督；另一方面，在每个片区选出2~3名有责任心且空闲时间多的群众监督本片区的"出彩人家"创建工作，由她们不定时查看群众家庭卫生情况，并向片区执委反映表现不好的家庭，以作为之后检查的重点抽查对象。另外，妇女在日常串门中也形成了对村民家庭卫生的监督，村庄的妇女们在茶余饭后偶尔也会将家庭卫生作为谈资，这种日常化的舆论对村民的卫生习惯养成形成了隐形的压力。G村将"出彩人家"创建工作融入村民的日常生活中，同时满足了村庄妇女对美好生活的个人期待，因此能广泛地调动群众参与积极性，目前村中已经评选出300多户"出彩人家"示范户，村民个人卫生习惯有了较大提升。其中一个中年妇女表示："没有成为'出彩人家'之前我也打扫家里的卫生，只是没有固定的时间，现在成为'出彩人家'，家里日常整整齐齐的，丈夫回来看着也舒心，自己心里也高兴。现在打扫家庭卫生已经成为一种习惯，不需要谁去督促，这都是为自己，为自家好的事情。"（20220812LYC）

村妇联在"出彩人家"示范户的基础上，进一步扩展创建范围，从家庭逐渐延伸到楼栋、巷道。以楼栋和巷道为单位进行环境卫生评比，创建工作分别由楼栋长和楼长来负责。他们联合楼栋住户共同来管护，出彩楼栋和巷道每个季度评选一次，如果评选成功后，楼栋长和楼长会有相应的奖励，同时会由村集体出资对出彩楼道进行美化装饰。对两次评分都垫底的楼道进行通报批评，具体处罚措施有以下两条：一是对整个楼栋进行扣分，扣除积分；二是在整个物业群进行公开通报。为了常态化管护，楼长会根据住户情况安排每周卫生值日表，定期检查督促各户进行楼道卫生维护，规定每个家庭每月至少清扫楼梯两次，严禁私人物品随意摆放占用公共资源，并随时在楼栋微信群中公开卫生情况。随着人们卫生意识的提升，对于公共环境卫生意识也逐渐提升，其中一个村民表示："自创建'出彩楼栋'以来，楼道卫生都是干净整洁的，无论是出门还是回家，心里都舒畅。另外，获得荣誉表彰后，村里就把我们楼道装修了一番，亲戚到我家都特别羡慕我们这儿的居住环境，我也感觉很自豪。"（20220817SXC）依托"出彩人家",村民对个体家庭环境卫生的维护逐渐扩展到楼栋和巷道,公共责任意识不断提升。除妇联组织外,老年大学也会不定期地组织妇女参与村庄整体卫生维护,如在重大节日前夕,老年大学会组织手脚灵活的老年妇女在村庄捡拾垃圾,清扫花坛中杂物。其中一位70多岁的老大娘表示:"村里为我们老年人提供这么好的条件,我们打扫下村里环境卫生也是应该的,再说大家一起打扫,不仅热闹,还能锻炼身体。"(20220818LQY)老年妇女的集体劳动营造了浓厚的环境保护氛围,实际上,即使是在平时生活中,老年人看到村庄垃圾也会随手捡起并扔到附近的垃圾桶中,环境卫生观念逐渐深入人心。

家庭环境卫生本属于私人领域的事务,国家以环境卫生治理为目标开展"出彩人家"创建活动,将家庭的私人事务引向公共领域,使家庭事务公共化。G村在环境卫生治理过程中,逐渐从"小家"环境治理扩展到整个村庄这个"大家"的环境治理中,将国家对于农村环境建设的要求与农民日常生活需求相结合,深入农民共同生活体验中,进而对群众进行广泛而深入的动员。需要指出的是,妇女组织在其中发挥关键的作用,其通过组织群众,特别是妇女群体通过自我监督和管理维护家庭与村庄环境,肯定了妇女家务劳动的主要价值。以性别为划分标准的"女人群"作为一种集体行动召集机制,使个体在被动员时更少受到来自家庭的掣肘。利用妇女在环境治理中的天然优势,将个体劳动引入公共领域,实现对村庄环境整体性治理。妇女在参与环境治理中提升对村庄的认同感,增强群众的获得感,群众在共建共管中实现村庄环境治理成果的"共享"。

话语建构与妇女组织动员

第六章

　　动员中的话语是社会动员的重要媒介，也是决定动员成败的关键要素。在动员系统中，资源和组织要素为动员提供基础支撑和组织动力，但两者均难以从微观层面展现动员的具体过程。布莱克指出社会动员的核心是人的现代化过程。动员过程被视为一种包含道德、情感与价值的文化现象，其本质反映了在动员过程中人们心理和思想意识的改变。在动员中，妇女群体的细腻情感和强大共情能力彰显了其在村庄动员中的独特优势，因此关注妇女组织动员的具体实现机制，还需要回归到思想意识层面。妇女组织善于借助话语动员引导激发村民的共同情感，凝聚一种思想上的共识，进而将村民的情感认同转化成自觉的行动，成为推进村庄社会动员的重要行动策略。那么，动员话语是如何产生的，又如何建构话语以实现有效动员？为此，本章聚焦妇女组织动员话语建构，分别从三个方面加以阐述：首先，考察动员话语形成的文化基础；其次，从动态视角阐释妇女组织动员话语建构的过程；最后，深入动员实际解释妇女组织运用何种策略建构话语，进而达成思想共识。本章旨在从微观层面揭示妇女组织社会动员的运作机制，细致展现妇女组织社会动员的行动策略。

一　妇女组织动员话语形成的文化基础

　　文化是话语生存的土壤。文化要素中包含的情感、价值以及社会规范是话语形成的基础。话语只有被置于统一的文化系统中才能被人们广泛接受且产生强大的感召力。文化构成了社会动员的"主框架"，社会动员的话语在特定的文化中建立，并在动员中发挥一定的影响作用。妇女组织从传统道德文化中挖掘现代化文化内涵，并结合村民日常生活构建一种新的文化，进而将其内化成一种认同价值，为动员话语提供文化基础。

（一）"孝德"文化传统与话语内涵塑造

文化共识赋予村民参与的行动价值。妇女组织在社会动员中注重将传统文化的道德因素融入村民日常生活实践中，实现家庭伦理与社会伦理的关联，为动员话语形成提供精神内涵。

随着城镇化的推进，城乡之间人员流动，传统封闭的乡村文化共同体被打破，传统农耕文化体系逐渐被工业化文明取代，传统的乡土文化缺乏赖以生存的社会土壤。一方面，伴随农民进城、乡贤离乡，传统文明传承主体流失，加剧了农村文化的凋敝；另一方面，在市场经济影响下，农民价值观念和文化信仰发生重大转变，农民对村庄文化的认同感降低，传统的乡村道德也逐渐被边缘化。随之而来的是，传统的乡土文化日益碎片化，文化整合功能也日益弱化。文化具有两种存在形态：一种是历史形成的经验与规范；另一种是正在生成的新的历史现实。传统文化作为一种历史性的存在，虽然在现代发展中面临一系列冲击，但其价值内涵并未被完全否定。

文化的诸多特质只有被行为者所内化，且将它们的意义环绕着内化过程建构时，才会成为认同。只有内化于心的文化才能转化成实际的行动。妇女组织作为社会动员主体，其职责是挖掘传统文化中的道德内涵，并赋予其时代内涵来塑造农民的共同文化认同。具体而言，就是将传统文化中"孝德"观念融入动员价值体系中，其核心是重塑个体与个体、个体与家庭、个体与村庄的社会关系。首先，将传统"孝"文化与当前社会提倡的尊老爱老的社会价值观相融合，通过在村庄范围内开展敬老爱老活动，比如在重阳节期间举办大型文化活动等，强化集体记忆。文化认同不是建立在宏观抽象的共性中，而是根植于具体的现实社会生活环境以及社会关系

163

中。村民在重阳节开展文艺会演、举办大型饺子宴、集体包饺子等活动，并在广泛的参与互动中形成共同价值认同。其次，将个人道德培养与家庭教育相衔接。传统文化中内含以"礼"为核心的道德伦理，其既包含父母与子女之间的身份等级观，也包含个体的基本道德素养观，比如诚信、友善、勤俭等个人道德品德。古人所言"修身齐家治国平天下"，深刻反映了个人与国家的关系，其中个人道德修养占据基础性地位。妇女组织在塑造文化认同中强调个人品德的建设，特别是将代际教育责任与个人品德塑造相结合，将当前父母对子女的殷切期待转化成为一种正面的德行教育，同时为村庄提供众多家庭教育资源，组织家庭教育活动，在村庄范围内营造重教重德的文化氛围，使优良传统文化在代际传递中形成普遍性的社会认同。

妇女组织在动员中将传统文化中道德部分进行改造，并将村民文化观念与国家和集体观念相结合，为动员话语建构提供精神内涵。当村民在市场经济条件下将生活需求与传统"孝德"文化理念相连接时，其参与行为便被赋予了新内涵和意义。从村民集体参与的实践来看，首先，村庄社会不同于城市的"陌生人社会"，无论乡村社会如何变迁，村民在村庄社会中的行为都遵守人情规则，而人情交往有利于促进村庄内部的团结。这种文化并非外部建构，而是在长期的共同生活中形成的文化记忆。妇女组织在动员中只是利用这一内生性文化规则对农民进行适当的引导，以显性的文本符号呈现出来，进而形成乡村一致行动的文化基础。其次，相较于城市多元化的价值观念，村民对生活和共同行为的意义建构更具有弹性，其行为更容易受到特定环境的影响。在群众集体行动中，个人利益与集体利益相互交织，但农民的行为选择更倾向于依据其固有的社会经验。从实践中可以看出，传统文化的价值正在发挥巨大的社会动员力。比如在抗击新冠疫情过程中，面对婚丧嫁娶等家庭大事，农民能自觉遵守防疫要求简办或不办各类仪式，同时积极投身于村庄志愿防疫工作，凸显了"舍小家，顾大家"的集体主义原则。最后，"孝德"文化通过村民集体行动表现出来。妇女组织为村民行动提供组织基础和活动载体，通过宣传教育以及情感的传递，在互动中产生共鸣，增强村庄内部的互惠与互信。实际上，"孝德"文化最终通过村民日常生活得以彰显。

（二）家国一体的文化理念与集体话语生成

家国一体的文化理念构成了动员话语的"主框架"。在这一文化理念下，妇女组织可以将国家宏观政策与村民日常生活实践相结合，在村域空间中实现国家话语与村民意识的串联。在传统文化中，家庭与国家是密不可分的整体。中国人文化基因中具有强大的家国情怀，即国是扩大的家，家是缩小的国，而家庭层面中的"孝"，在国家层面则表现为对国家的"忠"。实际上，这种扩大化的"孝德"文化逐渐演化成对国家的一种道德性情感，突出个人对国家或社会的责任。家国情怀具有双向性，不仅体现个人对国家的责任，同时还体现国家对家庭或个人的责任。从国家治理的视角来看，国家应将农民视为"家人"，国家治理应维护民众的利益，维护社会公平正义，形成民众与政府之间的信任关系。这既符合农民对美好社会的期待和追求，也符合国家"执政为民"的政治理念，实现了社会伦理与政治伦理的对接，凸显了家国一体文化的时代内涵和精神内核。

文化认同是对个体所属文化的一种心理上的归属感和依赖感，其不仅具有符号的意涵，也体现为一种共同的情感。人们参与集体行动不仅出于对集体行动结果的期望，还出于对群体的认同，使大量的非直接利益相关者加入集体行动中。[①]文化共识既是话语动员的基础，也是话语动员的重要目标。文化共识需要动员主体运用一定的话语和符号来表达行动的意义，并通过合适的方式传递给被动员者。妇女组织在动员过程中塑造和强化的文化伦理属性，成为话语动员的重要资源。妇女组织将"家国"文化塑造成一种友善、互助、奉献的文明和谐的伦理体系，在村庄范围内形成"我为人人，人人为我"的集体观念和互惠互信的人际氛围，即以"我们""大家"等具有共同体性质的话语强化一种集体认同。这些文化理念通过不断

---

① Klandermans B, "How Group Identification Helps to Overcome the Dilemma of Collective Action," *American Behavioral Scientist* 45 (2002): 887–900.

宣传教育得以传播，并在各类文化实践中嵌入农民日常生活中，内化为村民共同的价值认同和行为准则。另外，妇女组织在日常活动中将这类文明理念贯彻到整个活动中，并形成组织内部的文化伦理，这一文化作为一种组织价值导向，赋予了组织行动的合理性和正义性。在乡村社会动员中，家国一体的文化伦理成为妇女组织的价值依据，重塑农民集体观念和公共意识。

二 组织回应与动员话语的建构

上一节介绍了村庄内生的文化意识和理念对于凝聚动员共识的重大意义，这一文化共意也为妇女组织动员的话语表达和情感共意奠定文化基础。社会动员过程并非静态的过程，而是动员主体与动员对象在一定时空范围内持续互动的过程。动员主体话语建构需要适应群众不断变化的需求，在此基础上对动员方式进行适应性的回应。妇女组织话语的建构一方面需要及时对动员事务进行合理化解释，寻求思想意识层面的共识；另一方面需要回应群众情感和利益需求，建立起正向话语激励机制，增强群众持续参与动力。妇女组织回应的过程也是动员话语产生的过程，本节将从动态视角分析妇女组织话语建构的过程，阐述妇女组织如何在回应中建构动员话语，塑造价值共识。

（一）回应与动员的关系阐释

社会动员不是一个静态的过程，其包含动员主体的发起、民众的响应、适应性调整、民众再反馈的过程，整个动员实际是动员主体与客体互动的过程，具体呈现"反馈—调整—再反馈—再调整"的形态。以往关于社会动员的研究中，我们往往关注动员主体对动员客体的动员方式，即注重单向度的动员方式，特别是在行政化动员背景下，基层政府通过行政强压对农民进行动员，忽视动员对象的态度和反馈。在动员系统中，反馈的实质是动员主体与客体双向互动的过程，动员主体根据社会环境以及动员对象诉求适时地调整动员方式，及时化解动员中的矛盾和问题，进而在回应中实现系统与环境之间的有机平衡。[①]动员主体与动员客体通过互动消弭隔阂、填补鸿沟、趋向认同和实现一体化。因此，社会动员系统本身就包含回应的要素，社会动员离不开有效的社会回应。

动员的目的是引导群众参与。李华胤在研究回应与参与的关系中指出，政府回应是农民参与的关键变量，即使在与农民利益息息相关的改革中，农民也不一定保持较高的参与度，而只有当政府回应性越高时，农民参与度越高，因此认为农民的参与是建立在政府有效回应的基础上。本书认为在社会动员中，妇女组织对村民的回应影响了村民的参与度，二者的互动影响了社会动员效益。建立在组织回应基础上的农民参与被称为"回应式动员"，这一动员策略主要包含以下三种含义。一是回应式动员是妇女组织内部的自我调节，是为了适应社会动员环境和群众需求变化，关注动员对象对动员主体和方法的影响，探讨适合基层动员模式的最优方式，并通过对动员模式进行适应性的调整，以增强组织韧性。二是回应式动员突出动员对象的主体性，强调对农民的回应和反馈，始终将农民需求作为动员的重要变量，通过回应化解动员中的矛盾，建立起组织与群众之间的信任关系，进而增强群众参与意愿。三是回应式动员凸显了社会组织的群众性。妇女组织根植于群众，其能将群众需求与组织发展目标相融合，并作为非营利性组织在公益性和服务性中增进村民福利，因此回应性是妇女组织社会动员力的重要因素。综合而言，回应式动员既是动员本身的需要又是组织自身发展的需求，因此回应式动员成为基层社会动员的重要路径。

在社会动员中，妇女组织对于村庄的回应最直接的表现是话语回应，这也是妇女组织话语建构的起点。妇女组织在话语建构过程中，关注农民态度，并结合农民需求进行话语反馈。话语回应贯穿整个动员过程中，一方面，在动员之初对动员的意义和内容进行解释性回应，通过信息传达和宣传消解群众心中顾虑。另一方面，在动员中针对农民的参与行为进行激

---

① Baumgartner F R, Jones B D, Wilkerson J, "Comparative Studies of Policy Dynamics," *Comparative Political Studies* 44, No.8 (2011): 947–972.

励性话语回应，以增强农民持续参与的动力，同时关注国家政策以及农民需求变化，并及时感知与了解群众诉求，以作出相应的话语调整。

（二）宣传与解释：动员信息释义与思想强化

动员的直接目的是引导群众参与，而群众参与行为首先在于其对动员内容的认可，这便需要动员主体对动员内容进行宣传和释义，以获得群众的支持与认可。徐勇在研究中指出，中国共产党在革命和建设时期，通过"宣传下乡"形式，从根本上改造了乡土意识形态，将乡土社会中家族意识转化成为政党和国家意识，进而将分散的农民整合到国家体系中。政党对乡村的宣传动员塑造了农民的价值观念，强化了动员主体的价值理念，可见宣传也是动员中的重要手段。宣传从根本上说是一种信息传输的过程，社会动员活动往往需要面对新事物和新思想，而人们对于不能预期的未知事物缺乏自主行动的自觉，这便需要在动员之初对动员活动进行宣传和解释。妇女组织在社会动员中将动员目标融入宣传活动中，并结合国家政策与组织需求构建动员话语体系，同时以简单直观的方式对其进行意义阐释，以化解社会疑虑，凝聚社会力量，形成社会共识。

妇女组织在社会动员中特别注重村庄文化建设，强调将志愿服务的精神传递给群众，组织群众通过互助服务满足公共需求。为了塑造群众的服务意识，妇女组织从日常生活的小事入手，由义工组织带头开展志愿服务，在村庄中形成示范引领的作用，同时利用妇女自身优势对群众进行解释与沟通，化解村民的思想疑虑，让志愿服务意识从心理上被广大群众所接受。在具体动员中，妇女组织主要从以下几个方面展开。

首先，运用生活化话语，对村民的文明行为进行广泛宣传，扩大其社会影响力。妇女组织从与群众日常生活紧密相关的各类文明小事入手，将孝敬老人、垃圾入桶、拾金不昧、家庭卫生等这些日常文明行为进行公开表扬。妇女组织在日常生活中通过拍照、走访、闲聊等多种形式收集群众中产生的文明行为，并通过线上和线下方式进行广泛的宣传报道，通过文字或者图片等话语符号进行宣传。这种文明理念通过以点带面的形式在村民中得以广泛传播。比如，村庄一位贫困户在捡拾钱包时上交村委会，妇女组织将此事编写成案例在村庄公开栏中进行表扬。这实际上是妇女组织通过对村民日常行为习惯进行语言的"包装"，放大其社会影响，以此强化大家对文明行为习惯的认同。此外，妇女组织将文明行为习惯融入文化教育、休闲娱乐中，以宣传为手段渗入村民的日常生活中。在长期的乡土观念影响下，村民文明行为习惯的养成并非一朝一夕，以志愿服务为核心的现代文明意识的塑造，在乡村社会不可避免地面临种种困境。面对村民对于文明习惯的质疑，义工在动员中将村民个体需求置于首位，塑造出"也是为了自己好"的主体话语，从个体利益中给村民讲事实、摆道理，引导村民养成文明的习惯。村庄一位村民表示："以前我看大家在村里捡垃圾，感觉那就是为了迎接上面检查，搞搞形式、做做样子罢了，感觉做那事儿没啥意义，现在明白了，维护公共环境不仅是外在的面子，关键自己看着也舒服。"（20220827DXJ）

其次，发挥义工在文明行为传播中的引领作用，并借助村庄人情网络扩大影响力，以此形成对村民的巨大号召力。妇女组织以义工为依托，在村庄范围内开展各类志愿服务活动，通过满足农民急切而又微小的需求获得群众信任，并借此宣传文明行为。比如，妇女组织在重要节假日为敬老院老人打扫卫生、联系解决居民生活中遇到的水电难题、组织村庄中小学生参与读书活动、为孩子提供基本照料等。在各类活动中突出义工的服务行为，借助视频、照片等宣传方式生动展现义工服务状态，并通过老人小孩的现实反馈展现群众真实的生活场景，塑造互助友善的和谐氛围。义工的服务行为首先将文明互助的理念从思想落到行动，在群众中发挥示范引领作用。在此基础上，义工在志愿活动中构建了复杂的乡土人情网络，并巧妙地将村民个体置于人情网络中，进而实现对村民的有效动员。乡土社会关系和人情是农民行为的重要参照，费孝通所言的"差序格局"在当前村庄中依然发挥影响。就动员而言，在体制象征资源乏力时，可征用乡土文化资源，通过"打人情牌"发展出一套柔性动员方式。义工的服务行为积累了村庄社会资本，编织了村庄人情网络，村民在享受各类服务中，也不自觉进入各种交互关系网中，鉴于这是一种"人情交换"，村民逐渐降低对志愿服务与文明行为的抵触情绪，强化了群众对妇女组织的信任。村民表示："看着她们大热天的在给我们搞服务，个个汗流浃背，有时忙得来不及吃饭，我们都看在眼里。说来说去她们也是为我们大家好，还是觉得她们付出是有意义的。现在我们村搞成了文明村，肯定有她们的功劳，我不敢说多支持，但至少在心里还是认可她们的。"（20220808SDS）

最后，妇女组织借助国家话语形塑行为的合法性。从动员的路径来看，妇女组织的动员是通过自下而上的形式动员群众，通过提升群众思想认识来树立文明行为习惯，树立公共精神，进而营造良好的社会氛围。而国家动员是通过自上而下的方式，借助政府权威和行政强制动员群众。在国家全面推进乡村振兴的背景下，乡村文明成为村民和国家共同追求的目标，如果二者能有机结合起来，形成动员合力，便会让动员工作取得事半功倍的效果。妇女组织在宣传动员工作中，寻找国家发展与个人需求的契合点，将国家对于乡村建设的美好愿景与群众实际利益相结合，获得群众的普遍认同，并将国家对于基层的发展要求转化为村民的自觉行动，构建新的发展格局。在此过程中，妇女组织嵌入国家治理体系中，并借助国家权威性力量进行宣传，在动员中使用国家语言，淡化自身利益，增强动员的合法性。同时整合村庄资源组织群众，如在各类宣传活动中，妇女组织联合村两委共同举办。

妇女组织的社会动员将宣传作为动员工作的重要环节，注重通过宣传对农民参与进行思想"破冰"，激发群众的内驱力。妇女组织的动员之所以能契合群众需求，关键在于妇女组织内生的群众性。妇女组织深植于群众之中，在长期的乡土生活中能较为充分地把握村民的心理和行为，了解群众的需求，因此在宣传中更能以贴近群众的方式有针对性地进行动员。正如义工队的负责人介绍："其实大部分农民的心都是向上向善，关键还是得引导好，用他们熟悉的方式激发大家善行善念，并营造良好的氛围，这样才能将村民团结到一起。"（20220818QX）除此之外，妇女组织在长期耐心而细致的服务工作中获得群众的信任和支持，进而使动员工作更为顺畅。

（三）激励与认同：农民利益满足与情感回应

如果说动员的意义建构是回应的初始环节，那么激励与认同便是回应的中间环节。激励是群众参与的根本动力，动员的持续运行需要动员主体在动员中回应群众的诉求。在参与理论下，"个体参加集体行动或者公共事务的动力来源于'利益驱动'或'认同驱动'"。自西方理论提出"理性经济人"以来，利益便成为个体行为的重要变量，"利益激励是调动群众自主性的关键"，利益的大小直接影响人们的参与程度和意愿。同时生活在基层社会中的个体基于情感上认同也会影响个体参与。从马斯洛的需求层次理论来看，由低至高的需求层次表明，个人不仅有生理上的需求，也有自我价值实现的需求，个体行为就是不断满足不同层次的需求。从这个角度来看，动员活动不仅应回应群众利益诉求，也应关注群众的情感需求。妇女组织在动员过程中一方面关注群众需求，并借助村庄力量建立起以激励为导向的行为积分制，将与村民利益相关的内容纳入积分管理中，通过量化形式对村民行为进行激励；另一方面在村民参与过程中给予村民情感回应，即通过正向的话语肯定村民的参与行为，让村民在参与中提升效能感。

为了更好地回应群众诉求，妇女组织为群众提供了沟通交流的平台，通过各种正式或非正式渠道了解群众诉求，让群众的多样化的需求得以畅通表达。在沟通交流过程中，一方面，了解群众的诉求；另一方面，通过这种平等的对话形式增进组织与群众之间的信任关系，其中包含妇女组织在动员过程中的情感性回应。所谓情感性回应，即关注和体会微观个体心理感受并与之共情的过程。情感反映了人与人之间的内在社会关系，兼具主观性与客观性特征，并反映在社会行动中。不少学者指出中国"人情"社会的底色，而人情正是反映了人们心中的"情感"要素。情感性回应是立足村庄社会情景，适应村庄动员环境的必要条件。动员回应性对象是群众需求，人们的需求具有多样性，既包含满足人身体需求的物质产品，又包括满足人心理需求的精神产品，同时还包括基于共同体而生的对家国和世界认知与认同的文化情怀。长期以来，社会动员将动员对象的利益放在核心地位，忽视了情感等非现实利益在动员群众中的独特作用。区别于利益视角下的回应机制，义工队在动员中注重乡村社会中的情感互动，集中体现在对农民参与的正面话语激励上，让群众在参与中体会到参与价值感，进而激发参与动力。如在家风家训诵读过程中，当家庭成员完成诵读后，负责人会与各位读者互动，对其进行客观公正的评价，激励其更加积极向上。负责人表示："我会结合他们诵读的闪光点鼓励他们，在群里跟他们互动，经常赞美他们读得好，结合生活中的实践和观察，用知行合一的方式鼓励他们，对每个人的点评都不一样，都是私人订制的，这样通过公开的表扬也能让大家有获得感。其最终是一种习惯的养成。"（20220826QX）通过公开的方式进行表扬和认可，话语和情感机制将在民间话语体系和社会关系中持续发挥作用，并逐渐由个体扩大至群体，不仅激励了参与者，而且对参与者的行为形成一种公共监督。正是通过这种回应性议程的设置，增强了群众参与的获得感。

组织回应实质上是通过沟通对话的方式，了解群众的需求，并在对话中相互协调，同时建构共同话语共识。随着沟通交流平台的拓展，群众有更多渠道进行交流，人们之间的互动也是一种话语的互动。因此，妇女组织在动员中关注群众的情感需求，建立多样化平台倾听群众需求，与群众开展各种形式的对话。在对话中，针对群众表达的不同话语和态度，妇女组织通过礼貌且热情的回应，形成良好的话语互动氛围，为共同意识形成奠定基础。因此这一过程本质上反映了话语生产与再生产。

三　情感共识与动员话语的运用策略

话语是动员的重要媒介。"话语天然地是政治的"，话语通过建构一种意义系统赋予其行动效力，一定程度上，话语是一种微观权力的体现。妇女组织在社会动员中，通过对参与行为进行意义建构和文本诠释以获得情感共识，进而影响人们行为。具体而言，妇女组织通过沟通与说服对不同群体进行差别化价值激励以形成一种情感共识，同时利用话语符号塑造一种身份认同。此外，妇女组织通过引导大众情感，并对这种情感进行释义，以此建构一种共识，带动群众的参与。

（一）沟通与说服：价值激励与情感认同生成

妇女群体具有耐心、细致的特性，她们深植于群众之中，熟悉群众的心理和情感需求。在社会动员中，她们擅长以情感沟通说服群众，其核心是利用一种价值激励方式来达成一致性的行为。价值激励既包含物质性激励，也包含精神性激励，其反映了人们对自身感知的利益权衡后的行为的总体评价，价值激励形成人们对于事物的态度和情感。而村庄动员需要面对不同群众，他们具有不同情感需求和价值认知，因此妇女组织在动员中首先对不同的群体进行识别，针对不同群体实施差别化的激励话语，以此实现有效的社会动员。

1.关键群体的识别与差别动员体系形成

在传统社会动员理论视域下，精英群体的中介功能被视为群众动员的关键机制。作为社会实践场域中的资源分配者，精英群体通过其占有的差异化资源禀赋，在权力关系网络中构建起独特的影响力结构。仝志辉从社会资源动员的维度将精英界定为"能够调动超额社会资源并获取权威性价值分配的个体或群体"，这一理论阐释揭示了精英在资源再分配体系中的结构性地位。不可否认乡村精英在乡土社会中的特殊地位，他们借助自身资源优势影响普通农民行为。但如果过度关注精英作用的发挥，便会忽视普通群众自主性。黄博指出村庄精英在治理中面临权威弱化、人才缺失、群体隔阂等治理困境，特别是当前农村社会日益分化，农民对于精英的认同感降低，加上农村精英作为理性个体，其本身的自利性也会因侵蚀农民利益而导致精英动员的困境。因此传统"精英-群众"的二元分类标准难以有效回应基层社会动员的实际，需要进一步对基层动员体系进行细分。

以义工队的动员为例，G村义工队在社会动员过程中，为了产生广泛的社会动员效益，按照"一二七法则"，即将动员群体分为三类人，核心骨干、普通群众和边缘群众，三者占比大致分别是10%、70%和20%。按照这一划分层次，本书将社会动员架构分为"骨干人物-普通群众-边缘人"，整个动员体系形成了以骨干人物为核心的动员圈子。骨干人物主要是村干部或者各个组织中的带头人，他们富有责任心，这类人的主动性强。普通群众对村庄义工队认同度一般，这些人长期居住在村庄中，具有一定社会关系网络，对于村庄各项活动，他们往往根据实际选择性参与，并以"中间人"的角色出现。需要指出的是，这类群体既可能成为积极参与者，也可能演变为村庄发展的阻碍者。所谓边缘群体，则是对村庄事务持漠视态度或排斥态度，他们几乎不参与村庄公共活动。G村中这类群体一部分是新迁入村庄的外来户，他们的社会关系网络不在本村，这些年轻人平时忙于工作，无暇参与村庄事务。另一部分是村庄利益受损者，他们对村庄事务充满敌意，对村庄认可度较低。村庄动员中，妇女组织主要动员对象是骨干人物和普通群众。骨干人物与普通群众因身份和资源差异，决定了他们参与具有不同的行为动机，也反映了其不同的利益诉求，因此对于不同群体应针对性地采用不同的动员策略。邓万春和黄璐璐在研究村庄社会动员中指出差别化动员不同人群的实践，其中用无差别的政治动员对党政身份的干部进行动员，而对一般农民则采用差别化的动员。村庄内部群体特征的差异性决定了妇女组织在动员话语建构中的差别化。

2.群体差异下差别化的价值激励

妇女组织价值激励本质上是一种"情"与"理"的应用。在村庄动员实践中，妇女组织擅长以"话家常""摆道理"等形式与群众进行面对面沟通，对于动员内容进行一定价值建构，并将个体情感需求与价值相结合，以达成认知和情感的共识。在村庄中，积极分子与普通群众的社会认知以及现实需求差异会影响妇女组织价值激励的差异。

对于普通群众的动员，妇女组织将个体需求和家庭需求置于首位，并在价值激励中突出物质性激励，让群众看到直观现实的利益。如在"出彩人家"创建中，妇女组织动员普通群众主要话语是"打扫干净自己看着舒心""评上'出彩人家'不仅有奖品还可以积分"等。村民基于物质层面的价值感知，即通过参与活动可以改善家庭状况，获取现实的物质性利益，以此形成价值共识。除物质激励外，妇女组织引入竞争性价值激励机制，即将群众对于面子的重视转化成一种激励手段，建构一种竞争性的话语体系，如"亲戚来家里看，家里收拾整齐自己也有面子""你看左右邻居门口都挂着'出彩示范户'，你不去争取脸上也没光呀"等，将村民之间对于面子竞争的普遍认知转化成价值激励，促使村民积极行动。

而对于骨干群体的动员，妇女组织的价值激励更加注重公共需求和集体责任，强调精神层面的激励。骨干群体普遍是具有公共身份的人，他们经济地位和社会地位较高，在群众中具有一定的威望，他们在村庄中更加注重自身声望。妇女组织在组织家风家训诵读的活动中，挑选家族负责人参与管理，其在与家族负责人沟通时肯定他们在村庄中的重要地位和价值。其中，一名妇女骨干在动员过程中表示："家族负责人就相当于过去的族长，只是现在换了一个名称，族长代表一个家族，他们具有传承家族历史文化的责任和义务。我就跟这些家庭负责人说，你们是各个家族的顶梁柱，也是各个家族中的功臣，多少年以后，你们的名字也会记入史册，记录你们为家族做的贡献。"（20220826QX）通过构建集体性的动员话语，将个体责任上升到家族的高度，激发其对家族的责任感和使命感。同时将本家族人整合成为利益共同体，在与其他家族竞争中激发参与活力。"你看到其他家族都在做，将家族中老祖先传下来的优良文化传承延续时，你别看现在没啥变化，这种文化的传承是润物细无声的，多少年之后变化是很大的，那时你再想追赶也就赶不上了，别的家族慢慢地形成一种良好的风气和习惯，到时当子孙问其他家族为何优秀的时候，你就会感到羞愧了，这关键是领导人没带好头呀。"（20220826QX）妇女组织价值激励将骨干人物的个体声望与整个家族发展相关联，建立起公共责任共识，将家族的集体荣誉与个人荣誉挂钩，倒逼骨干群体在村庄管理中积极参与。

无论是对普通群众还是对骨干群体的动员，都在强化情感共识在话语架构中的重要意义，而妇女组织的动员策略选择正是通过对不同群体的情感需求进行差别化的话语建构的，并赋予其不同层面和维度的价值意义形成情感共鸣。

（二）"一家人"：话语符号建构与组织身份认同

价值观念的形成是在特定的社会环境中形成，是基于人们对社会关系的认知。按照布尔迪厄的观念，人们生活在特定的社会网络空间中，并在长期生活中养成一致性行为习惯，形成地方感。地方性影响认知与行为，正所谓"一方水土养育一方人"，不同地域产生不同的文化特质，个体行为也在特定空间中被塑造，这一塑造过程的本质是对地方的归属感和依赖感，更准确地说是基于一种身份认同。身份认同是个人在特定情景下对个体角色的认知，建立在认知基础上的身份归属感会影响人们一致的行为。身份认同是个体对空间中所处地位的主观映射，而这一映射又通过实践来改造空间。身份认同具有较强的内聚力，其是文化动员的重要内容，因此其本身具有一定动员效益。妇女组织在社会动员中以"家人"身份为标识，构建村民的身份归属，形成集体性情感，进而促进一致性行为的达成。妇女组织构建身份认同主要有两种渠道：一种是内部建构，即在组织内部或村庄范围内通过宣传教育、实践活动等方式增强情感互动，形成集体归属感；另一种是外部建构，强调外部期待和评价作为集体意识和集体身份塑造，实现从个人身份向集体身份转化。

1.内部身份建构

社会身份的确认需要立足一定的文化背景、社会结构与社会情景，就村庄内部环境而言，村庄内部人际网络关系以及情感联系会影响村民对社会身份的认知。章淼榕和杨君认为社会转型引发的制度安排和社会流动引起身份系统的变化，可能导致人们陷入认同困境。随着城镇化的发展，G村村民脱离农业生产，逐渐从传统"农民"向城镇"市民"转变，人们的生产生活方式、居住环境、组织方式以及价值观念发生重大转型。随着原有农民身份消失，而新市民身份体系尚未形成，加上村庄结构日益松散化，村庄基于认同身份困境产生集体的归属感，这加剧了村庄治理碎片化程度，同时增加了治理成本。在基层社会中，徘徊在"农民"与"市民"之间的村民亟待一种新的身份标识来形成村民集体情感，这为妇女组织身份建构提供了契机。

妇女组织在社会动员中注重从组织内部塑造成员身份，并让成员形成对集体的归属感。具体而言，一是通过组织化方式组建各类功能性团体，扩展村民人际关系网络，在村庄内部构建新的文化网络。妇女组织从村民需求和兴趣点出发，组织建立起多样化文化活动团体，如锣鼓队、亲子学习营、义工队、老年文艺团、道德讲习团等团体，常态化地开展组织活动，将休闲娱乐、健康体验与家庭教育等与村民切身相关的需求整合起来，以生动的趣味性形式提升群众参与感，在参与体验中激发村民的情感共鸣。其中，老年文艺团的一名老人表示："以前有地种，空闲的时间可以种种地，前几年把地都承包出去了。住进楼房后，大家都在家里待着，没个说话的人，男的偶尔出来打打扑克，我们老娘子就闲着无聊。现在村里组织为我们老年人提供这么好的平台，让我们每天在这儿唱唱歌、跳跳舞，没想到老了还有这样的好生活。我现在每天吃完饭就到活动中心'报到'，在这里大家都比较和气，感觉越活越有劲。"（20220811ZCY）群体性的活动为农民提供新的休闲生活方式，增进彼此的情感交流。妇女组织正是将文化活动渗透到农民生活中，通过高度的参与和频繁的社会互动，维系和巩固村民之间的人际网络关系，形成新的情感归属和身份认同。二是借助村庄历史文化风俗，并将组织文化融入其中，增强集体情感。妇女组织在组织各种兴趣小组的基础上，特别注重组织文化建设，将"孝善"文化巧妙地融入村庄传统文化节日中，成为各类活动的精神引领。比如在清明祭祖仪式中，妇女组织将家风家训文化诵读融入活动中，让家族负责人代表本家族读家训，幼儿诵读《弟子规》，以此强化村民血缘认同，并在此基础上让村民找到集体归属感。除此之外，在每次大型集体活动中，义工团队都会进行现场志愿服务，在贴心的服务行动中传递"孝善"文化，营造互助互爱的村庄氛围。正如义工团队负责人所言："一个团队要不断有新的元素，不断刺激队员，他们才能保持激情。"（20220821QX）正是将传统的村民文化记忆与妇女组织文化理念相结合，在人们的互动中不断融入日常生活，才使"孝善"文化扎根于群众深层意识中。三是通过集体符号强化集体情感。"符号是人们共同约定用来指称一定对象的标志物",符号可以传递特定的含义,引发心理和情感上的共鸣,具有一定的象征意义。因此,文化符号一定程度上反映人们心理上和文化上的认同维度。妇女组织在村庄社会活动中通过创造集体性符号,构建集体性话语,增强集体情感。一方面,在组织内部形成统一的集体标识,如义工团队成员共同设计并购买义工服饰、会徽,在村庄举办大型活动时,所有义工开展服务工作时均需要统一服装,佩戴徽章。徽章和服饰是义工区别于其他群体的重要标识。用义工的话说:"穿上这身衣服就意味着要用心搞好服务工作。"(20220817SCH)另一方面,塑造集体性话语。符号表现形式具有语言性和非语言性,如果说统一服饰等被视为非语言性的符号,那么塑造集体性的话语是语言性符号的生动表达。具体而言,妇女组织在各种公开场合中均以"家人"相称呼,无论是在组织内部还是组织外部,"一家人"的集体话语成为一种常见称呼,如"义工家人""G村的家人们",这种称呼在村庄层面形成一种集体认同感。

2.外部身份建构

身份建构包括主观和客观的两重性,既需要群体自身对其身份的主观认同,同时也需要客观外在于群体之外的社会性建构。外部群体的认知和评价会影响内部群体的自我认同感。在G村外部身份建构主要分为两种:第一种是组织外部人对组织内部的集体身份建构,这主要是在村庄范围内;第二种是村庄外部人对村民身份的建构。外部身份建构源于外部群体对内部成员的认知、态度和交往方式,内部成员在与外部群体互动中强化对自我身份感知。

就妇女组织内部而言,村庄其他成员对于组织成员的评价成为塑造集体身份的一种渠道。以义工组织为例,其日常服务活动主要集中在村庄的内部,村民是各类服务的直接体验者,他们在日常生活中对义工的态度对义工自我身份认定具有重要关联。村庄中一名外来户表示:"这个村比我们之前的村好,村民特别和气,有啥需要帮忙的大家都很积极,搬过来之前我还担心这个村排外呢,没想到这里风气这么好。我装修房子的时候,不知道沙子、水泥在哪里买，到活动大厅问问，那里的义工都很热心地帮我联系好。有一次我没有交电费，也不会用手机，义工同志直接用手机帮我缴费了。最初我对义工身份有误解，认为义工肯定是拿了村里的'好处'才在村里搞服务的，后来我听了老师讲课，才知道义工没有工资，没钱也没利，（她们）要是想挣钱，早就外出打工挣钱去了。我觉得能帮助别人是好事，之后我便也加入了义工队伍。"（20220816WDS）村民对义工的正面评价激励了义工积极行动，同时在义工志愿服务的巨大感召力下，不少村民纷纷加入义工队伍，甚至以"义工"身份为荣。村里一名老义工讲述："开始当义工时，别人在背后指指点点的，有的人说你傻，有的人说你图公家的利，这些话传到耳朵里，心里也怪难受的，我们义工带头人经常给我们做思想工作。现在看到村庄氛围好了，人与人之间更加和气了，觉得当初的辛苦也挺值得。"（20220812LCM）

随着妇女组织队伍不断壮大，其服务功能日益多样化，服务范围和影响力逐渐扩大。在长期的志愿服务工作中，妇女组织逐渐专业化，其时常借助外部组织平台开展广泛的社会服务工作，提升社会影响力。村庄在开展大型活动时，会专门联系电视台记者对涉及妇女组织服务工作进行宣传报道。另外，在对外公益活动中，"我是G村义工"成为大家集体行动口号，在这类志愿活动中形成村民集体身份认同，并在社会范围树立了"厚德、友善"的村庄良好形象，强化了价值认同。G村妇女组织日益成为一种志愿服务招牌，妇女组织在各类志愿服务中获得诸多赞誉，外村人提及G村，普遍认为："他们村为人和气、厚道。"为此，村庄获得"诚信村""道德教育示范基地"等集体性荣誉。外部社会范围对村民的认可激发群众主人翁意识，促进了集体价值的再生产，村庄村民表示："现在在外面一提到我们村，大家都十分羡慕，我们在外面脸上也有光，现在大家都自觉做好人好事。"（20220825LYC）

G村村民集体身份认同的建构是内外共同作用的产物。一方面，组织内部通过话语符号教育和引导以及日常互动形成情感共鸣，增强村民的集体归属感。另一方面，利用媒体或村民宣传，形成一种"口碑"效益，这种正面评价激发成员的集体荣誉感和自豪感，促进集体价值的再生产；反过来增进村民的责任意识和主人翁意识，保障他们在集体行动中积极作为。集体身份强化了成员的认同感，村民从个体身份向集体身份转变，这种新型的集体身份认同成为整合村民个体的情感纽带，提升集体一致行动能力，从而降低社会动员成本。

（三）情感激发：话语动员中对大众情绪的引导与控制

情感动员与话语建构具有内在关联性。从微观话语来看，情感动员中的文本符号、价值释义等话语形式正是情感动员的重要手段和工具，而在大众情绪引导中，对集体利益的放大化、冲突扩大化以及道德价值强化等情感激发手段本身也是话语建构实践的一部分，二者相互融合共同推进情感动员目标的实现。妇女组织正是在激发大众情感中塑造动员话语，同时在话语建构中吸纳更多群众进行意义和符号再生产。

文化动员不仅关注价值和身份认同，而且关注群众情绪和感受，这也是资源动员理论所忽视的因素。区别于资源的理性主义视角，情感动员更注重从个体感性层面关注被动员者的行为选择。其重点关注人在群体活动中情感的传染和行为的选择。勒庞在《乌合之众》中提出，公众的集体行动是缺乏理性的，在情感共同渲染和传播下被动员起来。赵鼎新认为在威权社会中，社会运动的发展更有可能受情感的主导，当社会成员行动的基础是情感而不是理性时，作出的行动常常是遵循自己最为熟悉的方式。李里峰对土改过程中农民的诉苦行为进行具象的分析，指出通过集体诉苦激发农民对地主的愤怒、仇恨之情，在苦难情绪的渲染下使群众超越了内心的道德束缚进而积极参与革命行动。情感动员能通过"情感唤起—情感渲染—情感传播"在社会成员中形成共识。可见，个体情感或情绪是群众动员的重要手段。情感视角下社会动员研究关注的是情感激发、互动与感染，其从心理层面将相互分散的个体整合成一个集体，形成一种"群体心理"，以此支配人们的行为。因此深入了解动员行为需要关注情感的激发机制与作用过程，寻找情感与动员行为的内在联系。妇女组织的社会动员重视对村民的情感引导，通过共同情感凝聚共同意识，形成一致行动。

实际上情感动员是妇女组织社会动员的常用手段。此处的情感动员是妇女组织在村庄社会范围内，对个体观念或利益进行意义性阐述，通过文本话语展现，并通过话语传播不断增强和放大，进而抽象为一种集体态度，引导群众达成一致性行动。其主要包含以下几重含义：一是其反映了一种心理归属感和认同感。情感动员的基础是共同情感塑造，与其他成员群体相比，妇女组织内部能充分地吸纳和包容个体，使成员产生对组织的归属感；同时，个体行为和思想只有在符合组织总体要求时才能获得更多的社会性支持，这促使组织内部成员在重大问题和原则上与集体保持一致。二是情感动员的过程包含情绪的感染与传播。不少学者将大众情绪作为动员的重要资源，情绪可以通过文本话语等符号在群体中不断放大，个体情绪在群体的相互刺激和影响下通过模仿融入群体，在这种群体性情绪的蔓延下，异质性的个体将被集体所同化，进而自觉融入集体行动中。三是情感动员具有社会性。情感动员是处于一定社会情景中，情感不仅是个体内部心理状态，而且是社会结构关系的反映。妇女组织作为群团组织，其在党的领导下开展各类活动，贯彻和执行党的政策方针是妇女组织行动的重要原则，妇女组织成为联结党和群众的组织纽带，其塑造着家国一体的社会情结。区别于传统研究中利用群众的愤懑、怨恨、失望等负面性情绪进行对抗性、抗争性的社会动员，妇女组织的社会动员往往体现积极正面的情感引导，在整个过程中，妇女组织负责人通过对人们行为的情感阐述吸纳更多参与者加入，有节奏性地引导社会动员。

妇女组织情感动员的表现形式主要分为两种。一种是正面情绪的引导，通过制造社会情景激发成员的共同情感，达成一种价值上的共识。与绝望、屈从和羞愧这类情感相比，热爱、忠诚和尊敬显然更具有动员力，妇女组织将具有积极向上道德价值与共同建设美好家园的期待融入动员行动中，将个体的情感通过各种话语、情景等策略性的手段激发，并将动员目标与村民的情感相联结，保障动员的持久力。妇女组织在村庄范围内传播"孝善"的文化理念，宣扬"天下老人都是自家的老人，天下所有的小孩都是自家小孩""帮助别人就是受益自己""做好事不吃亏"等口号，用群众的话语表达群众关心的养老和育儿难题。孝善成为一种文化符号，做不做善事也成为区分"群我"与"自我"的重要标识。在此基础上，妇女组织开展活动并精心布置活动场景，营造感恩的文化氛围，引导群众进行交流和表达，激发群众内心的善念和孝心。敬老孝亲是传统文化伦理中的重要内容。妇女组织在教育引导活动中最初是播放教育宣传片，通过播放包含"孝善"文化的影片引发村民自身的联想。然后是组织子女与父母现场互动，让义工带头给敬老院老人洗脚，营造关爱老人的氛围，调动大家为自己的父母洗脚。活动期间同时播放感恩音乐，讲述感恩的话语。这种公开的仪式性活动，使大众的情感被充分调动起来，形成一种强大的教化力量。其中，一名大娘表示："我做梦也没想到我儿媳妇会给我洗脚，当时我就感动得说不出话来。以前我有很多不理解年轻人的地方，经常打架吵架，现在才知道子女在外面也不容易，我们当父母的也要多理解。现在我对儿媳妇比亲闺女还亲，毕竟一家人和和气气的比啥都重要。"（20220817LGL）妇女组织的精心组织与场景布置，营造浓厚的感恩氛围，在村庄层面达成一种广泛的价值共识。用村干部的话说："现在我们村但凡有不孝敬老人的，都会受到全村人的鄙视。"（20220811QRR）另一种是将个人利益抽象为集体性利益，借助群体情感压力进行社会动员，促使极少数个体为正义的集体行为妥协。大多数情况下，妇女组织的情感动员主要是从心理层面进行积极正向的引导，但针对村庄中极少数群体的偏激行为，也会利用组织力量调动群众的对抗情绪，形成一种群体性的压力。在村庄拆迁过程中，针对少数钉子户的阻拦行为，妇女组织通过集体利益受损的道义话语建构，在村庄范围内宣传这一行为，同时放大阻止拆迁工作的行为后果，将村庄中部分利益抽象成为集体性利益，引起公愤。在此基础上调动妇女组织中有影响力的人策划解决方案，将群众共同的情感诉求转化成集体行动的动力。面对钉子户的激烈反抗，妇女组织利用村庄老年妇女群体对其施压。需要明确的是，此类组织活动并非一种群体性的上访，而是村庄内部群众自我解决问题的方式，严格意义上属于自治范畴，这也凸显了妇女组织在群众动员中能把握动员合理合法的范围，当人情式的说服已经不起作用时，妇女组织为社会范围内对钉子户不满情绪找到一个适当的"排泄口"，并对钉子户形成一种群体性的压力。

当前农村社会处于巨大的转型中，但"人情社会"的村庄底色仍然存在，情感是人们行为的重要导向，包含人情、道德等文化伦理，内含村民共同的价值认同。情感作为一种不可忽视的动员资源，群众的情感虽然是无形的，但能转化成一种强大集体行动力。埃米尔·涂尔干指出情感的道德来自共同意识，正是这些信仰和情感维系着社会成员的生活体系。从以上分析中可以看出，妇女组织的情感动员正是借助村民内心的道德性情感，将个人与家庭、个人与集体紧密联合起来，形成一种文化价值网络，在网络体系中通过一系列策略化的动员手段将村民潜在的道德情感激发出来。妇女组织利用村民个体对于家族和集体利益和情感的维护，将个体情感转化成一种道义和责任，形成一种集体的号召力。需要注意的是，情感动员虽然是一种重要的手段，但情感的运用具有广泛群众性，其容易引起一些偏激性情绪，造成社会层面不稳定。同时，过度使用情感动员也会消散村民参与的热情，陷入一种情绪"疲软"状态。因此，社会动员应注重控制情感动员的频率，保障情感动员合理空间和效益。

妇女组织社会动员的实践成效与现实困境

第七章

社会动员能克服国家公共治理中硬治理的局限，提升国家的治理能力和水平。在基层场域中，面对村庄治理悬浮下的社会动员困境，妇女组织动员可能成为一种有效的补充。动员作为治理的重要手段，其核心要义是维护基层治理秩序。妇女组织作为一种新型动员主体，其社会动员对村庄治理有何影响，又面临哪些现实难题？研究发现，妇女组织动员在激发村庄活力、维护社会秩序以及提高公共服务效率中发挥着积极作用，但同时也面临共识差异、动员领域狭隘以及村庄内部组织关系冲突等结构性困境。

一 妇女组织社会动员的实践成效

社会动员是国家治理的重要方式，集中体现了国家治理能力，有效的社会动员是实现社会善治的重要路径。西方社会将社会动员与社会变迁相联系，认为社会动员是由国家或社会组织通过转变人们的思想观念和行为方式实现既定组织目标的过程。从这个角度来看，社会动员具有双重属性，即价值属性和工具属性。从基层治理视角来看，社会动员的目标最终服务于基层治理，凸显基层治理的绩效，因此社会动员的有效性是学者关注的重点。政治学家利普塞特认为有效性是指实际产生的政绩，即制度满足基本功能的程度。社会动员的有效性是动员结果与社会动员主体需求相符合的一种价值判断，无论哪一种界定都指向动员结果，表现在其实现目标的程度。本书从社会动员的内在属性出发，将有效性分为三个维度。一是群众参与性。社会动员的直接目标是引导公众参与，即提高被动员主体主动响应社会动员主体的程度。对于个人而言，参与者能明确自身角色定位，自觉承担自身职责；对于整个动员活动而言，动员主体能广泛吸纳各类群体的参与，汇集和整合各类资源和力量，为实现动员目标共同行动。二是价值认可度。社会动员的价值属性决定了动员是通过改变人们思想观念，进而影响群众的参与行为，人们是否从心理上接受和认可动员理念是考察有效动员的另一个关键因素。三是治理效率性。作为治理工具的社会动员，其动员效益的发挥需要关注治理投入和产出的比例，即关注治理绩效。治理效率具体指向治理主体公共资源投入和配置所带来的公共治理效果，此处治理效果反映了社会公共管理和公共服务的能力和水平。下面将以此为标准，考量妇女组织的实际动员效果。

（一）妇女组织动员与公众参与活力

公众参与是社会动员的直接目标，社会动员是面向公众参与的治理行为。在现代化治理中，社会动员下的农民参与不仅仅局限在"有没有参与"，其更加强调农民"能否有效地参与"，即强调从参与广度到参与深度的拓展，从形式参与到实质参与、从被动参与到主动参与的转变。因此，本节进一步阐明在妇女组织动员下如何引导农民参与，以及这一动员模式能否真正激活农民参与，保障农民有效参与。

1. 以需求为导向提升群众参与意愿

"有参与愿望，才会产生参与的需求"，农民的参与最终要回应民众需求，满足群众一定的期待。个体参与公共事务主要是基于共同利益、情感满足与价值认同，"利益"和"认同"构成民众参与的基本要件。妇女组织社会动员，从村民内在需求出发，避免了传统行政化动员中自上而下资源输入导致的需求供给偏差，其将村民十分关切的社会问题，如养老、娱乐、育儿等转变成组织动员的现实目标，以此激发农民参与意愿。另外，农民的参与发生在特定的社会环境中，而村庄整体氛围、参与方式和渠道的便捷性等影响农民的参与体验。妇女组织在关注农民需求的同时，运用日常生活的方式引导农民参与，如集体包饺子、打扫卫生等，将这些日常的生活方式和生活习惯转化到公共参与中。区别于传统会议式的正式参与，生活化的参与创新了农民参与方式，这种生活化的非正式参与既适应了农民生活节奏和习惯，也降低了农民对参与的"心理"排斥，使参与真正"落地"。在妇女组织动员下，村庄成立各类功能性组织，村庄平均每个月都会组织一次到两次大型的公共性活动，村民在公共活动中从被动参与变成主动参与。村民介绍："以前村里举办活动总感觉不好意思参与，参加了发现还挺有趣，关键对自己有好处，现在我们都盼着村里搞活动，一有活动我们都提前安排手头的事，抽时间来参加。"（20220820QDY）妇女组织动员始终将农民需求和利益实现作为重要组织目标，通过各类贴近生活的文化活动，让村民在互动中增进感情，回应了村民对于美好生活的现实期待，提升了村民的参与兴趣，从而增强了村民参与的积极性和主动性。

2.妇女精英的带动引领增强村民参与能力

群众参与能力决定了参与的广度和深度。在G村的社会动员中，村民的参与能力提升不能忽视"人"的因素。贺雪峰曾指出，提升农民组织参与能力需要把握村庄中的"中坚农民"，他们是村庄治理的关键群体。他在分析村庄社会结构时认为，那些将生产关系、生活关系以及利益关系主要集中在村庄的村民称为"中坚农民"，这些人在村庄拥有稳定的收入来源，其有相对较强的动力参与村庄各种社会事务。贺雪峰虽然关注到"中坚农民"这一特殊关键的治理主体，但未能从性别视角对其进行细分，忽视了具有大量闲散时间的农村妇女精英在村庄中的治理功能。G村妇女骨干绝大部分源于家中男性在附近或者村庄内部从事经营活动，家庭经济负担不重、社会关系在村的群体。在传统文化教育影响下，这些妇女具有较高的集体意识和志愿精神，她们热衷于各类服务型工作且具有创造性思维，在群众中发挥引领带动作用，成为提升农民参与能力的关键群体。

按照阿尔蒙德对公民参与能力的界定，其包含主观能力和客观能力。其中，主观能力涉及居民对自我的认知、对政治参与的情感与态度，而客观能力是影响和参与行政的实际能力。前者是后者的基础，二者相辅相成，共同影响参与能力。阿尔蒙德对于参与能力的界定主要强调公民的政治或行政参与能力。本书所关注的参与能力内涵更为广泛，主要集中在社会参与能力上。G村妇女组织发挥妇女精英的引领作用，构建起村民参与的社会支撑网络，促进社会治理主体之间协商和合作，提升村民参与能力。一方面，妇女精英的带动提升了村民的沟通和表达能力。在乡村治理中，妇女精英在村庄与群众中发挥着"中介"作用，她们负责宣传和解读各类政策方针，并在日常交流中收集群众意见，及时向组织或村庄反馈群众诉求，妇女组织的引导提升了群众的自我参与感。另一方面，妇女精英的带动提升了村民的责任意识和主体意识。妇女精英将闲散在村的妇女力量整合起来，形成各类组织团体，同时发掘和培养一批有潜力的带头人，在各类文化活动中推荐这类群体成为负责人，让其独立负责公共活动，增强群众的责任意识和主体意识，将妇女权力从家庭带向村庄，在村庄范围内营造共建共治共享的文化氛围。在精英带动下，村民积极参与制作村庄发展"心愿卡"，描绘个人对家庭和村庄的美好期待，并张贴在党建窗口公示栏中，鼓励群众为大家的心愿积极行动。实践证明，作为妇女组织的核心引导力，妇女精英能将分散个体组织起来，增强个体与村庄的社会联结，同时在此过程中注重培育村民个体能力，为村民与村庄的合作共治提供良好的社会环境。妇女精英的带动，一定程度上化解了村民参与无力的困境。

3.多元化的组织形式拓展了村民参与渠道

传统小农经济的生产方式形塑了分散化、个体化的农村社会结构，但也正是分散的社会结构限制了农民参与。黄宗智曾指出："在某种程度上，农民家庭现在离群孤立，一个个单独地站在国家权力机构面前。"分散的个体农民缺乏集体行动的能力，尤其在面对强势集团时，始终处于谈判的劣势地位，难以有效维护自身权益。当自身权利受到损害时，他们要么是"沉默者"，处于参与边缘地位，要么通过非制度性参与成为激进的"反抗者"。显然，这两种极端的参与形式与现代民主相背离，这不仅削弱了农民的参与意愿，而且限制了农民的参与能力。当前面对乡村社会转型以及治理现代化，需要整合分散的农民，以群体的联合力量和集体行动来弥补个体能力的不足。可见，组织化参与是农民参与的重要渠道。

在村庄治理过程中，农民是治理的重要主体，农民的参与是村庄治理的内在需求。妇女组织正是通过组织化方式将分散的农民整合起来，以组织形式带动村民的整体性参与，发挥农民在文化治理中的主体地位。首先，妇女组织通过组建各类组织团体，建立起多元社会网络。妇女结合村民需求和特长，成立文化兴趣团体，并借助村集体资源为其提供场所、平台以及资金等方面的支持。兴趣团体丰富了村民之间的联结形式，也适应了现代化农民的生活方式，各类文化组织以不同形式广泛吸纳群众，如广场舞、老年大学、锣鼓队、志愿服务队等，多元化的团体将分散化的个体以团体形式组织起来，共同参与村庄文化建设。其次，发挥组织联动作用。各个组织团体并不是完全孤立的存在，在农村社会场域中，各个团体以组织形式植入基层治理网格中，在村级治理中，各团体相互配合形成组织合力。以"出彩人家"创建为例，妇女组织通过动员各个组织的负责人，优先带动一部分人参与创建，再借助各个团体扩展创建范围，将各个组织团体成员吸纳到创建的网格中。最后，妇女组织以组织化方式整合资源，将村民对于公共服务的普遍需求以组织的名义表达，通过集体谈判争取各类社会资源，各个团体成为代表个体利益的组织。从根本上而言，妇女组织是以内生式的组织团体聚焦村民的需求，并通过集体组织力量维护村民的个体权益。

（二）凝聚文化共识与村庄社会秩序重建

妇女组织社会动员核心要义是对村民思想观念和价值理念的影响，以引导村民参与集体行动。韦伯认为："价值理性是根据个人信念和要求而采取的行动。"妇女组织在文化治理中的社会动员突出表现在其对人们价值和信念的重塑，在村庄范围内形成共同的价值认同。这一集体共识构成了农民行为选择的基础，促进了村庄公共精神的生长，同时丰富了德治的社会内涵，维系了乡村治理秩序。

1.价值认同构成集体行动的思想基础

张康之和张乾友曾指出在后工业社会来临之前人类的共同行动实践包含两种形式，分别是基于认同和基于共识的共同行动，而随着工业时代到来，社会异质性增强，共识取代认同成为共同行动的基础。认同是基于自然状态下的一种归属，村庄认同正是基于对村庄的归属感。随着传统权威的解体，国家通过资源下乡提供公共服务，以此建构人们对国家的权威认同，并逐步建立起民众的共识。因此，共识是后工业时代国家在资源输入基础上建构出来。而在基层社会中，随着社会结构的松散化，农民难以形成一致的社会认同，缺乏认同的村民对于公共事务的参与度低，因此难以形成一致的集体行动，故村庄的行为呈现碎片化的特征。为促成一致性行动，村民需要在广泛的互动和沟通中建立起集体认同，促使大家为共同的目标而行动。集体认同的核心实质上是一种"共意"的体现，其是集体成员共同行动的基础。集体认同建立在共识基础上，而正是对于传统道德文化中的价值认同，才促进村民积极参与各类公共活动，有效推进文明和谐的乡风建设。

妇女组织在动员中以"孝德"文化为依托，将传统齐鲁地区的儒家文化以新的文化形式展现出来，在各类活动中塑造人们的价值认同。具体而言，妇女组织通过组织各类集体性文化活动增进农民之间互动频率，文化的精神内涵在于文化所承载的价值体系和道德观念。文化活动不仅成为各成员互动和交往的重要平台，而且文化活动蕴含着"孝德"理念，不断塑造人们的集体共识。妇女组织的文化活动的重要特征是其生活化的属性，将人们日常生活所熟悉的活动适当地加以改造，结合村民内生性的需求，调动农民参与文化建设的自觉性和积极性。妇女组织动员下的文化建设既有效地回应了村民的文化需求，又让传统的"孝善"文化得以弘扬。文化具有教化功能，"孝善"文化蕴含着传统优良道德。村民在参与文化建设中将"孝德"文化内化成为日常行为的规范，在此文化影响下，孝敬老人，团结邻里成为共识，村民自觉抵制各种不良的社会风气，维持着乡村内部的社会秩序。在此种共识的指引下，G村先后获得"中华优秀传统文化示范村""省级文明村""山东省文化之乡"等荣誉称号，并创办起全国首个"孝爱文化养生养老示范基地"。"孝德"逐渐成为村庄的文化名片，强化村民对村庄的认同和文化自信。

2.集体活动培育村民的公共精神

集体认同只是集体成员思想的一次改造，在村庄范围内，思想的认同最终要转化为集体的行动，即从思想共识到行动共识的转化。公共精神是"公众积极参与公共事务和培育公共组织与公共空间来追求公共利益的一种价值追求"。村庄公共精神反映了村民对于参与公共事务、维护村庄团结的一种价值诉求。具有丰富公共精神的村民，其行为不再受外力的驱使，而是发自内心的本意，他们的行为具有明显的公共性和持久性。因此，培育公共精神可以促使人们从思想共识到行为共识的转化。

公共精神建立在公共生活的基础上，公共生活承载着公共精神，同时促进公共精神的发育。妇女组织的社会动员活动在村庄层面促进价值的再生产，借助村庄的组织网络重建人际关系，增强村民内部联系，进而利用道德教化和公共精神的塑造降低社会治理成本。首先，妇女组织利用民间组织网络将分散的个体联结起来，在组织内部构建农民的集体认同。在G村，妇女组织带动成立各类社团性组织，这些组织不仅建立了村民之间新的联结网络，而且满足了农民多样化的社会需求。这些组织团体本身具有公共属性，其具有整合和凝聚功能，在组织内部可以依据组织规范和制度建设规范成员社会行为，增强农民集体行动的能力。其次，妇女组织动员改善了村级治理结构。妇女组织团体作为农村社会的重要治理主体，他们在参与公共活动中进行自我管理和协商，在此过程中培育农民自主意识和合作精神。妇女组织在各类互动中增进社会资本，重建社会规范，丰富了村庄公共精神的内涵。最后，妇女组织开展的文化活动营造了公共生活氛围，在文化建设中，农民更加关注自身生活体验。这类公共性的文化活动催生了农民公共意识和集体责任感，扩展了农民公共交往空间。

3.文化建设提升村庄德治水平

健全"自治、法治、德治"相结合的乡村治理体系是实现乡村治理现代化的必然要求，其中德治是重要内容。德治是以道德性的非正式规范约束人们的行为，其可以用较低的社会治理成本保障自治和法治的实施。文化建设为村庄德治提供治理资源，文化治理中将传统优秀的文化资源与现代社会治理需求相结合，在社会主义建设新时期传承"邻里互助、孝老敬亲"的优秀文化。所谓德治，并非传统乡绅文化治理的延续，而是在新时期赋予了其新的治理内涵。随着国家对于基层社会从管理到治理的转变，其治理理念和治理方式发生大的变迁，从"对村民进行治理"到"由村民治理"，更加突出村民在乡村治理中的主体地位。

梁漱溟指出中国农村治理问题关键是需要农民自我解决，农民是乡村建设的主体，乡村的问题一定要依靠乡村人解决，乡村问题的解决，天然要靠乡村人为主力。德治是传统乡村治理的底色。正如费孝通所言，中国是一个礼俗性社会，礼俗社会为德治提供了社会基础，特别是作为儒文化发源地的山东地区，具有更加丰厚的德治资源。在村庄文化建设中，G村将"孝善"文化融入公共活动中，并成为村民一种普遍的共识，为自治运用提供价值性支撑，丰富了新时期"三治"融合的乡村治理内涵。

妇女组织在社会动员中，以文化建设为契机，通过志愿服务性活动提升基层服务水平，其实质是将自上而下的国家投入与自下而上的农民生活需求相结合，将行政动员与社会动员相衔接，通过贴近农民生活的公共服务改善干群关系，以低成本的自我服务满足基层"善治"的需求。文化治理是乡村德治的重要"抓手"，通过文化治理，激活了乡村各类社会组织的参与活力，激发了乡村社会的公共性，为基层社会的有效治理奠定了良好的群众基础。

（三）村民自主参与和村庄公共服务效率提升

效率是公共治理的内在价值追求。林尚立将投入和产出作为公共治理体系有效性的评价指标。基层治理离不开有效的公共服务的供给，而公共服务供给效率是村庄有效治理的内在要求。公共服务作为一种特殊公共物品，其供给质量和效益直接影响社会治理效益。

G村妇女组织在社会动员中引导群众通过自主参与的形式满足公众的需求，弥补了政府公共服务供给错位或不足。首先，妇女组织动员激活村庄的社会资本，增强村民集体行动的能力。村社的内聚力和合作力的建设是村社共同体重塑的内在基础，亦是村社范围内公共品自主供给的执行基础。随着男性外出务工并日益脱离村庄，村庄中妇女特别是妇女精英在其中扮演着重要角色，这些妇女在养老、育儿、娱乐以及村庄环境卫生等方面有着共同的利益需求，这些公共性需求将个体利益与村庄集体利益相联系，增加了村民与村庄的互动。妇女组织引导群众进行自我服务，针对当前农村文化公共产品供给短缺和错位情况，通过农民自主治理弥补公共服务的缺位，提升了公共服务水平。例如，G村家长十分重视孩子的教育，虽然村庄中建有文化书屋，但由于没人组织而长期处于闲置状态。妇女组织积极整合村庄中的公共资源，以书屋为阵地组织村庄中幼儿诵读国学经典，不仅将闲置资源盘活，为孩子提供了良好的学习环境，而且通过自主供给瞄准村民需求，保障服务供给的有效性。

其次，妇女组织通过组织力量获取社会资源，为公共服务提供支撑。妇女组织在村庄范围内依托各类组织团体，形成以组织力量为中心的立体性社会联结网络。妇女组织内生于村庄社会，其属于村庄自组织。村民以平等的身份加入各类妇女组织团体，在村庄中形成横向社会联结网络。同时，妇女组织属于群团组织，其在纵向关系上接受上级党委组织的领导，并从上级妇联组织中获取政策资源。除此之外，妇女组织还与村委会保持密切的关系。妇女组织一方面能吸纳分散的村民，另一方面能以组织名义与村委会和上级妇联联系，在政策制定和执行中，妇女组织能充分地调动各类力量，在村级治理中发挥重要的纽带作用。例如，妇女组织为更好地推广家庭教育，在组织家庭教育夏令营活动中，以村级妇联的名义向区妇联争取相关资源支持，让村民享受更优质的公共服务。在开展文化交流会过程中，为提升农民参与热情，妇女组织每次活动都会邀请村党支部书记或村委会主任参加，村干部的加入增加了活动权威性，提升了村民的参与热情。用妇女骨干的话说："村干部参与活动，体现了其对我们妇女活动的

重视，让这个活动显得更加正式。"（20220824TYL）

最后，妇女组织所组建的各类组织形态具有功能性特征，其能促进社会资本的再生产。G村妇女组织是基于村民公共需求而形成的各类组织团体，加入组织的个体既是公共服务的享受者和受益者，也是生产者和责任人。妇女组织在引导村民自主开展公共服务中增强了村民个体的主人翁意识，而村民在各类活动中增强了互动频率，也在参与中相互监督和合作，强化彼此之间的信任关系，进而在集体行动中激发中华民族共同体意识。从公共服务的效率来看，村庄内部信任关系降低了农村公共服务农民自主供给动员阶段的组织成本，村民以"主体身份"融入村庄公共服务供给中，激发群众参与公共服务供给的能动性和创造性，而村庄内部互惠互信的潜在规范减少了农民"搭便车"的风险，在保障公共服务供给效率的同时激活了村庄共同体意识，促进了村庄社会资本再生产。

二　妇女组织乡村动员的现实困境

妇女组织的动员是手段，农民的参与和农村的持续发展是目标。妇女组织的动员在一定程度上有效激发村民参与的自主性和能动性，为村民参与提供平台和载体，锻炼了村民参与能力，同时通过内生性的文化治理激发了村庄治理活力。尽管如此，需要进一步思考，这种新型的组织动员形态能否带动广大农民持续性参与，其能否成为一支独立治理主体为乡村振兴提供源源不断的善治力量。为解决这一问题，笔者认为还需要对妇女组织发展存在的潜在风险和局限进行深入探讨。本节将结合G村的调研分析妇女组织社会动员的限制性条件，从整体视角来揭示妇女组织在面对基层复杂的社会环境时，其社会动员面临的现实困境。

（一）村域开放性与文化认同中的个体差异

价值认同是社会动员的基础，社会认同的广度和深度决定了社会动员的效益。在村庄范围内，村庄认同的强度影响农民参与的动力，认同是基于自愿基础上的社会服从力度，区别于强制性的动员，认同基础上的动员集中反映了村民的参与意愿。社会认同作为一种思想意识形态的价值并非一成不变，不同的个体在不同的时期对于社会认同的强度和内容均存在一定的差异。社会认同的时代性、变动性与社会认同内在的稳定性存在明显的张力，同时社会认同的个体差异性与社会认同整体性和统一性存在内在矛盾。而在村庄社会动员中，村民价值认同不仅受个体行为的影响，也受村庄外部环境的制约，二者共同影响村民的参与行动。就G村而言，妇女组织在社会动员中面临个体文化认同差异所导致的参与人员受限问题，同时面对日益开放的社会环境，村民社会流动加剧，进一步加大了村庄内部个体性差异，导致村庄内部难以形成一致的认同和行动，这无疑成为当前妇女组织动员面临的重要挑战。

从村庄内部个体成员的差异来看，在村庄场域中，村民对于村庄的认同促进了其参与行动，将村民从私人领域引向了公共领域。这一过程反过来使村民在参与中不断产生和强化对村庄的认同，然而个体对于村庄的认同存在一定差别。在G村调研发现，妇女组织动员群体范围有限，其文化价值理念只能影响一部分村民参与，其中大部分是中老年妇女，而对于村庄中的年轻人群体以及男性群体，其动员往往力有不逮，表现出明显代际差异和性别差异。具体表现是，男性对于公共文化活动的参与兴趣不足，在他们的观念中认为文化活动主要是女性参与。村中一名妇女义工的丈夫表示："她出去参加村里的活动我都挺支持，特别是搞这种志愿服务也是为大家做好事，有时她在外面参加活动我也会帮她分担下家务，但我平时有自己的工作，偶尔去看看她们搞活动还可以，很少参与其中。"（20211223ZY）可见，男性在内心虽然认可村庄文化活动，对家庭中妇女参与提供支持，但其不愿主动参与其中。究其原因，主要是男性作为家庭经济支柱，其主要责任是为家庭创造更多经济利益，日常繁忙的工作压缩了其关注和参与村庄公共活动的时间和精力。除男性群体参与不足外，村庄中的年轻群体也存在参与弱化的现象。G村年轻人往往对村庄事务参与热情较低，他们因工作不断拓展社会关系网络，生产和生活日益脱离村集体，表现出明显个体化和边缘化的特征。一名妇女组织负责人表示："现在的年轻人思想更加多元，他们更愿意跟手机电脑打交道，我家的孩子每天一回家就足不出户，更别说参加村里活动了。"（20211222SCH）有学者在研究社会变迁过程中代际的观念差别时指出，处于不同年龄和时代中的个体，因社会经济环境不同而产生不同价值观、认同感和政治态度。李春玲和刘森林在对于国家认同感的研究中提到老年一代的认同感更容易受到结构性因素的影响，其对于国家认同感明显强于青年一代。随着村庄大量年轻人流出，青年一代对于村庄归属感不如老年一代那样强烈，其生活目标和价值追求不仅仅局限在村庄内部，因此难以像老年一代一样积极为村庄发展作贡献。此外，对于村庄的年轻人，他们更关注自我利益实现，而非村集体利益，因此他们对于集体性的文化价值认同度不高，参与集体行动的意愿不强。青年一代将村庄公共事务参与理所当然地认为是父母一辈的事情，虽然他们在家庭中对于父母一辈的参与表示支持，但青年群体参与的缺失会影响村民整体性参与热情。从村庄长远发展来看，文化治理具有代际传递性，妇女组织在文化治理中的社会动员具有持久性意义，乡土文化的传承需要一代代人不断延续，而青年一代与村庄传统文化主流的脱节势必会影响到乡村文化的延续和发展。

除了村庄内部个体差异性，村庄开放性的社会环境还增加了村庄内部异质化程度，相应地也增加了妇女组织社会动员难度。在封闭的村庄中，村民个体利益与村庄整体利益紧密相连，这种封闭性在人们的心理层面表现便是村庄的归属性。村民个体对于村庄界限清晰，在心理上明确区分本村人与外村人。村庄内部的人具有相对较强的信任感和凝聚力，村民之间容易形成一致的文化认同和价值标准，这些非正式的文化规范成为人们行为选择的规范。G村地处城乡接合部，成为人口流动的重要窗口，随着城镇化不断推进，村庄封闭格局被打破。特别是近年来，G村依靠独特的地理优势开始实施旧村改造工程，利用村庄原有建设用地建设商品房，一部分用于安置村庄拆迁户，另一部分对外销售。因村庄整体文化氛围好，房价合理，不少外村人到村庄购买房屋。同时部分村民搬离村庄，并将所分配房屋转让出售，房屋销售加剧了村庄人口的流动。随着外来购房人数的增加，村庄异质性增强，异质性的群体具有差异性的文化价值理念。就社会动员而言，动员对象的差异性和多样化需求将成为集体行动的一大阻碍，而这一现象随着城镇人口流动加剧而日益突出。整体而言，随着城镇化进程的加剧，传统村庄的封闭性被打破，村域范围的开放性为人口流动创造便利条件，在此情景下，G村村民对于村庄的认同感和归属感降低，村庄内部的团结网络被打破，村民之间越来越难以形成一致性集体行动。妇女组织在进行社会动员中需要不断适应农民的多元化需求，这无疑增加了动员的难度。一名妇女负责人介绍："现在村里搞活动不容易，每个人都有自己的利益关注点，要让所有人都自觉参与那是不可能的，我们在组织动员中也只是尽可能地满足大部分村民的利益，尽量让参与的村民享受更多村庄福利。"（20220821QX）可见妇女组织在实际动员过程中，所辐射的人群范围是有限的，而有限村民的参与对应着部分村民在参与中处于边缘化的状态，进而影响村庄整体的动员效益。

（二）社会性别偏见与妇女组织动员的边界

前文提到组织动员和文化认同是村民参与的重要变量，村庄社会动员需要一定的动员主体。当前在创新社会治理的大背景下，多元主体的参与成为必然趋势，不可否认，妇女组织作为新型的动员主体具有重要功能。一是在"空心化"的背景下，男性外出谋生为妇女的参与提供制度性空间。随着农民从农业生产中解脱出来，妇女拥有更多闲暇时间参与村庄事务。二是妇女能借助自身的性别优势，通过柔性化的情感参与治理。她们细心耐心且富有奉献精神，往往能识别村民实际需求并给予一定的帮助，同时能利用自身亲和力和沟通力处理村庄各类复杂的社会纠纷，成为一种新的治理动力。即便如此，妇女组织在实际村庄参与中依然存在局限性，这一局限性不仅包含社会层面对女性群体的认知偏差，也体现在妇女组织动员内容和方式的狭隘上。

就妇女组织自身而言，在传统"男主外、女主内"的性别分工的影响下，以"男强女弱"为核心的"男权"主义价值文化理念仍在农村社会中蔓延。妇女的活动依然是以私人领域为主，而在公共领域参与范围较为狭窄，公共话语权较弱。在村庄层面村民形成了性别的刻板印象，认为妇女的责任主要集中在家庭层面，处理好家庭事务是妇女的首要责任，甚至在男性眼中，女性对家庭层面的贡献凌驾于公共领域之上。有学者从新制度经济学的视角指出，女性在参与公共事务管理过程中面临着非正式制度、正式制度约束以及实施机制不到位的现实困境。人们对于妇女参与社会公共领域治理的能力存在质疑，这一社会普遍性认知导致妇女在参与公共领域治理活动时缺乏强有力的社会支持网络。由此可见，传统的性别秩序影响了妇女参与公共事务的积极性。在G村，妇女组织在公共参与中能力不足具体表现在如下几个方面。首先，妇女在公共治理中主体意识不强。社会层面性别偏差影响妇女参与自信心，她们在心理上难以真正挑战"男主外"的传统性别观念。妇女在社会与家庭中始终处于从属地位，因而习惯将个体活动局限在私人领域。其在参与村庄公共事务中无法准确把握自身角色和地位，个体缺乏独立的主体意识，因此在参与公共事务中缺乏主动性和积极性。其次，妇女参与的范围十分狭隘。G村妇女的社会动员主要集中在以"文明家庭"建设为核心的文化领域，而在村庄民主建设的政治领域和村级经济建设领域的参与十分有限，因此妇女组织难以从政治权力和经济利益上触动农民的利益，其社会动员缺乏一定的广度和深度。最后，妇女组织的成长依赖于妇女精英的引领。在村庄范围内，妇女精英决定了妇女组织化程度和动员能力。妇女精英引领着社会动员，而其他绝大部分妇女处于从属地位。另外需要指出的是，妇女精英动员建立在较高的社会信任基础上，这无疑提升了基层治理成本。从这一角度来看，G村妇女组织社会动员的适用范围有待提升。

从妇女组织社会动员的内容来看，妇女组织的社会动员领域集中在文化领域。其通过强化村庄社会中道德建设改善基层治理，强化村民"家国"意识。道德文化建设可以在一定程度上缓解制度上的张力，符合基层治理"合情又合理"的现实语境。但单一的文化建设也存在明显的局限性，即妇女参与和动员的范围受限。文化治理中社会动员的实质是在乡村社会中建立一致性的文化认同，在此基础上引导村民参与。从村庄层面来看，文化是重要的治理资源，但文化建设周期长，社会变动性大，短期效益低，村庄治理主体从理性角度不愿投入更多精力。正如村党支部书记所言："文化听起来就是很虚的东西，一个村形成一种文明文化需要很长时间，一旦形成这种文化规范，将会让村庄长久受益。"（20211226ZK）文化建设周期长，见效慢，G村的传统文化建设从2013年正式开始，目前已经持续了十余年，正是长时期不间断的文化建设为村庄文化认同奠定良好社会基础。这种长周期的投入往往难以得到村庄层面的支持和配合，导致文化建设的动员缺乏社会支持力量。另外，文化作为一种特殊的治理资源，其不同于经济利益这些看得见的物质性刺激，因此难以直接调动农民参与积极性。从妇女组织类型来看，G村妇女组织大部分是娱乐性和志愿型文化组织，缺乏经济类组织和政治性组织，因此难以调动经济资源和政治性资源。在实际社会动员中，妇女组织主要依靠村庄人际关系网络获得村庄信任，进而引导村民参与。不少村民表示参与村庄活动是基于村庄中人情与面子，而其中一部分村民直言："我们都知道道德的重要性，也希望子女成为一个有德行的人，但老百姓还是要生活，首先还得解决生存问题，天天去参加这个活动或那个活动也没那么多时间和精力。"（20220823DXT）实际上，经常参与村庄活动的妇女主要是闲暇时间多且经济较为富裕的中老年群体，她们不再为生计发愁，而专注于提升自身生活质量，实现自我价值。从根本上而言，妇女组织社会动员内容较为狭隘，其未能从长远解决农民生存需求和权力需求问题，其在村庄经济参与和政治参与上的动员能力十分有限，且妇女组织本身缺乏这方面主动性和能动性，因而制约了社会动员影响范围。

妇女组织动员局限性除了表现在动员内容上，还反映在动员方式上。妇女组织作为联结村民与村庄的枢纽型组织，其在组织内部通过正式或非正式的规范增进成员之间的联结，进而在各种互动中形成共同的价值认同和社会规范。妇女组织在日常活动中，往往借助组织内部动员带动村庄整体性的参与。动员作为妇女组织参与基层治理的重要手段，其能在较短的时间内调集各类社会资源，但过度的社会动员也会影响基层社会秩序。首先，对于村庄而言，良好的社会秩序是村庄发展的基础和前提。卢梭曾指出："社会秩序乃是为其他一切权利提供了基础的一项神圣权利。"社会动员需要坚持适度原则，将社会治理限定在合理范围内。其次，动员的合理界限需要尊重村民的意愿，有效平衡个体利益与集体利益的关系。妇女组织代表村庄整体利益进行社会动员，占有集体利益的妇女组织具有相对强势的公权力，容易以集体利益对其他村民进行道德绑架，对村民形成一种潜在的参与压力，这种动员模式下容易引起集体利益对个体利益的侵蚀。最后，频繁的社会动员占用了村民生活时间和空间，消耗了村民的精力，加之一些动员内容缺乏新意，组织动员方式较为单一，无法满足群众的普遍需求。自G村成为文化名村以来，各类文化活动层出不穷，每年接待外来参观学习团队就达到上百余场，每次参观活动妇女组织都会动员村庄中各类志愿者参与其中，仅仅依靠情感维系的频繁的动员活动让成员缺乏新鲜感，而让一些参与活动流于形式，难以产生应有的社会效果。社会动员需要在"有效性"和"有限性"之间寻求平衡点，将社会动员力度控制在一定范围内。

（三）妇女组织与其他组织之间的协调障碍

在基层治理场域中，各类治理主体相互联系，共同维持着基层治理秩序。多元治理主体的形成是村庄治理的需求，也是推进基层治理体系和治理能力现代化的必由之路。在社会动员中，各治理主体的相互关系和协调状况直接影响社会动员的效益。妇女组织作为社会动员主体的一种，其在与基层政府组织互动中存在自主性以及体制性障碍，限制了妇女组织动员效益的发挥。

1.妇女组织的自主性不足

妇女组织内生于村庄社会，其在村庄中的动员活动需要与基层政府互动，并获得村两委的支持。社会组织与基层政府组织的关系问题一直是基层研究关注的重点。从国家治理角度来看，自改革开放以来，社会组织成为基层治理的重要力量，有效填补了政府失灵和市场失灵的弊端。但在"工具主义"的视角下，支配、服从和秩序成为社会组织的行动价值导向，社会组织与政府组织处于一种不对等的状态，实际运行中社会组织依附于政府组织，其自身自主性相对较弱。在 G 村，妇女组织在党组织的领导下开展工作，贯彻执行党的方针政策，同时妇女组织属于群团组织的范畴，受上级妇联的管辖。整体而言，妇女组织被视为工具性组织，其在上级政府和妇联的指导下开展动员工作，妇女组织对于国家资源的依赖性容易陷入依附关系中。这种不对等的关系一定程度上将社会动员控制在一定范围内，把握基层社会动员正确的政治方向，保障基层正常治理秩序，但同时限制了妇女组织自主性的发挥。更确切地说，这种关系模式未能真正摆脱"强国家"下全能型政府的治理思路。虽然基层政府支持妇女组织的发展，但未能将其视为独立主体，容易陷入"单一主体"的思维模式。

结合 G 村妇女组织与基层政府之间的关系，妇女组织本身社会资源较为匮乏，需要依托国家力量的资源供给。无论在开展公共活动还是进行公共服务中，妇女组织都需要经过村两委同意和授权，以获得权威性支持，同时基层政府通过资源转移支付的形式为妇女组织提供相应的资源支撑。政府组织在资源供给中占据绝对优势地位，其通过资源激励方式引导妇女组织参与到村庄公共服务中，即通过选择性激励有重点地分配社会资源，以实现既定的政府目标，使妇女组织在运行中产生对政府的资源依赖。比如在举办公益性夏令营活动中，妇女组织借助区妇联项目，争取"为民服务办实事"的项目资金，并以妇联名义邀请大牌家庭教育专家全程组织、指导活动开展，在村庄层面成功举办了一次高质量的公益性惠民活动。区妇联借助妇女组织的平台宣传了"家庭教育"的内涵，提高其社会影响力。需要指出的是，政府这种有偏向的资源投入目的是引导妇女组织发挥服务功能，而非提升妇女组织自身能力。

公共性是社会组织的本质属性，独立社会组织具有公共性的生产功能。按照日本学者佐佐木毅等对于公共性的理解，公共性可分为言论系谱的公共性和实践系谱的公共性两种基本类型，二者的平衡发展是公共性发展的关键。就言论系谱的公共性而言，其重点是社会组织公共言论的生产功能，而实践系谱的公共性表现为社会组织的公共服务功能。很明显妇女组织在发展过程中，政府组织仅注重其实践系谱的公共性发展，而忽视其言论性公共性的生产，妇女组织缺乏自身话语体系，其公共性发展面临不平衡、不充分的矛盾。综合而言，政府组织通过选择性激励有重点地对妇女组织进行有偏向性的资源支持，以此扩大政府对社会组织的管控范围和力度，但妇女组织依然难以摆脱工具性的属性，不可避免被纳入行政体系中。妇女组织与政府的关系逐渐演化成指导与被指导、监督与被监督的不对等关系，进而限制其自主发展能力，制约组织公共价值的生产能力。

2.妇女组织动员中的体制性障碍

妇女组织作为基层场域中的新型力量，其在组织管理和运作过程中尚存在诸多制度和管理上的障碍。这些障碍不仅是组织自身发展阶段和能力的问题，而且也是基层改革中面临的体制机制性障碍。妇女组织动员过程中的体制性障碍主要体现在组织财务的监督和管理中。资金是组织运行的基础保障，所谓"巧妇难为无米之炊"，妇女组织在成立之初便十分重视组织资金的管理和分配。妇女组织负责利用自身社会资源筹集资金，举办各类文化活动。妇女组织活动资金主要源于以下几个部分：一是个体"微慈善"。妇女组织借助"孝德"文化的理念，在村庄内外号召有共同信念的人加入"每日善捐群"，鼓励大家每天捐赠"一元钱"，通过微慈善激发人们的善心和善念。二是爱心企业和人士的捐赠。妇女组织中部分精英利用个人人际网络关系联系有经济实力且富有爱心的成功人士参与文化活动，并争取一定赞助。爱心企业与妇女组织实质上是一种互惠互利的关系，妇女组织利用企业资源和资金优势举办各类活动，不断壮大活动规模，提升村庄的社会影响力，而企业借助妇女组织的宣传平台获取良好的社会声望，为企业积累丰富的社会信誉资本。三是政府的转移支付，也包含上级妇联组织的支持。这一来源在上文中已经提及，在此不做赘述。妇女组织的日常资金管理主要集中在社会捐赠的资金，为方便财务管理，其在组织内部成立了财务管理小组，负责管理财务收纳、使用以及财务公示。在实际使用中，财务的分配决策权主要集中在妇女组织负责人手中。最初捐赠资金主要是用于村庄公益性的活动，如为老年人购买生活用品，慰问困难群体等。随着妇女组织服务范围的扩大，其资金分配也更加多元化。如为适应村庄积分制管理的要求，激励村民参与村庄活动，妇女组织利用捐赠资金购买积分物品，通过间接奖励的形式回馈给村民。而这一资金使用方式违背了捐赠资金"专款专用"的要求，在基层政府的严格监管下，妇女组织被迫停止用捐赠资金购买积分物品，积分超市一度陷入"停滞"状态，积分管理的激励效益弱化，一定程度上影响了村民的积极性。可见，妇女组织在管理中仍缺乏一定规范性，其在资金管理上与体制性相冲突，限制了其发挥作用的空间。基层治理具有复杂性，妇女组织作为新生自组织在发展中不可避免地面临各种障碍，这需要政府、村委以及社会等各方力量的相互协调和配合，共同助推新生治理力量健康有序地成长。

3.妇女组织动员中的内卷化

妇女组织的社会动员功能集中体现在动员主体与对象的互动与沟通，研究中往往关注动员主体如何获取动员对象对动员目标的认可与支持，但这一研究视角容易忽视动员系统的结构性要素。按照帕森斯的"结构功能主义"的分析法，组织中的结构要素构成影响其功能的发挥，因此从宏观上把握社会现象需要引入结构分析视角。村庄结构特征以及动员主客体之间互动关系影响社会动员功能发挥。调研发现，G村面临社会结构不稳定、资源分配障碍以及精英悬浮化的困境，这些结构性的障碍易将村庄动员引入"内卷化"的趋势。

从整体而言，妇女组织的日常活动集中在村庄场域中，妇女组织成员以及动员对象主要是村庄内部的村民，村庄内部成员的结构构成妇女组织结构性的基础。在G村，随着社会流动加剧，村庄村民的构成日益复杂化，其既包含本地村民，又包含外购房的常住户以及临时租房户，此外还有不少原住地村民因工作或婚姻关系迁出村庄，脱离村庄社会。而不同类型村民的参与动机和意愿有很大差异。总体而言，常驻村村民是村庄活动参与的主体。根据村民参与程度和频率大致可分为积极村民和普通村民。相较而言，积极村民往往是村庄精英，他们具有更强的参与意愿和参与能力。G村具有开放性特征，这为人员流动提供机会，与此相应的，其社会结构更加松散化，即在村庄内部难以形成稳定团结的组织共同体。在妇女组织的实际运行中也存在此类问题，锣鼓队队长介绍，团队中重点培养的年轻锣鼓手大部分因婚姻关系外迁，导致大量人才的流失，不仅消耗了团队资源，而且影响了锣鼓队的延续和发展。队长坦言："我们这一代人基本是可以退休了，现在外出参加打鼓不仅要技术高，还要形象好，主要是年轻姑娘多团队才有活力，但现在我们也不愿培养年轻的姑娘，刚培养出来就嫁到外地，之后就基本上与村庄脱离关系了。"（20220824SXC）队长的言语中透露着对锣鼓队未来发展的担忧。为延续锣鼓队发展，队长开始转化思路，挑选和吸纳村庄中男性青年，保持团队活力，而男性作为家庭主要经济支柱，其参与锣鼓队的持续性依然令人担忧。从以上分析可以看出，人口的流动增加了社会结构中的不稳定性，影响妇女组织自身的持续发展。

结构性障碍另一个突出表现为资源分配中的不均衡性。妇女组织作为公共性组织在村庄治理中具有一定资源配置权。一方面，妇女组织中部分精英是村委会班子成员或村民代表，她们拥有一定的权力性资源，同时她们在村庄中具有相对较高的社会影响力，能代表村民在村庄中发声。另一方面，妇女组织具有自我筹资的能力和社会公共服务能力，她们拥有一定的资金使用和公共服务资源分配的权利，特别是在村庄社会福利分配中，这在一定程度上建立起村民与妇女组织的社会关联。而在实际分配中，妇女组织并不是无差别地进行资源和服务的供给，而是偏向经常参与村庄活动和支持村庄工作的村民。这种有选择性资源分配实质上将福利更多地集中在村庄的积极分子身上，经常参与村庄公共活动的人将获得更多福利。对于村民而言，参与和支持程度越深，享受的福利越多，资源的分配成为一种选择式的激励，这种方式容易形成资源分配中的马太效应，导致资源分配的不公平性。妇女组织作为公共性的主体，其分配上的不均衡性容易滋生群众的不满情绪，影响妇女组织的社会威信，进一步拉大了动员目标与现实困境的鸿沟。

结构性障碍将社会动员引入"内卷化"趋势。在动员过程中，为提高社会动员参与率，妇女组织往往将动员重心放在妇女骨干中，以骨干分子的参与代替村民的参与，而这些积极分子在频繁的活动参与中缺乏对村民的带动作用，难以影响普通村民的参与。另外，有的妇女精英身兼数职，不仅是村民代表，也是楼栋长还是妇女组织负责人。妇女精英身份和职位的"超载"而产生的"过度参与"与普通群众"动力不足"形成鲜明对比，村庄参与表面上繁荣，实质上是一种以妇女精英为主体的有限参与。妇女精英的参与一定程度上让绝大部分村民参与处于边缘地位，在实践中形成了"精英替代"现象，而积极分子未能在村庄动员中发挥实质的影响力，便会导致精英悬浮于群众之上，村庄精英作为村庄与村民联结的中介作用被消解，进而使动员活动陷入内卷化的困局。

妇女组织社会动员的主要特征、内在机制及延伸思考

08

第八章

在全面推进乡村振兴的大背景下，本书从鲁中地区一个城郊村出发，以妇女组织动员为研究对象，从"资源－组织－话语"三个维度，解释了内生性群众组织开展村庄社会动员的运作机制。通过上述章节分析，我们把握了妇女组织动员过程的"社会事实"。本书试图通过微观个案研究提炼一般性的规律，以期在理论和实践层面回应当前基层动员的难点和热点。因此，本章首先阐释妇女组织动员的特征；其次揭示妇女组织有效动员的内在机制；最后结合基层治理实际，从国家与社会关系中反思群众组织社会动员，解释妇女组织动员对基层治理的影响，并提出乡村振兴中社会动员的优化路径。

一 妇女组织社会动员的主要特征

在传统的动员模式下，乡村社会始终处于"被动员"的客体地位，在村庄内部，村两委依靠体制性力量，以国家代理人的角色对村民进行社会动员，其未能脱离自上而下的动员模式。传统的动员模式忽视了村庄内部群众的自主性和能动性，特别是传统被视为落后和保守的妇女群体，她们因长期处于公共生活的边缘地位而难以被重视。而本书的个案研究表明，妇女组织的社会动员具有以情感认同为基础的柔性化动员、以家庭建设为核心的生活化动员模式及国家资源配置与妇女组织动员的耦合等特征，这打破了传统自上而下的体制内动员的研究模式，为研究群众性组织村民动

员提供了新思路。

（一）以情感认同为基础的柔性化动员

区别于其他社会主体，妇女组织因缺乏经济上和政治上的相对优势地位，难以依靠财富、权力、威信等强势资源动员群众。但妇女组织中的妇女情感细腻且耐心细致，具有较强的沟通能力和共情能力，在村庄活动中表现出较强的亲和力。不同于以权力或权威为主导国家动员或精英动员等强势动员，妇女组织动员往往呈现柔性化的色彩。

妇女组织内生于群众，在长期的社会交往与互动中，关注群众的利益与需求，妇女组织与群众之间建立起较强的信任关系，在村庄动员中更容易形成以情感为纽带的动员策略。一方面，妇女组织中的妇女属于村庄中的常人而非占据优势资源的精英，基于相似的身份和地位，妇女往往能与村民进行平等沟通交流，进而在动员过程中减少隔阂和摩擦；另一方面，妇女组织擅长利用软性的服务而非硬性的行政控制动员村民。党的十九大报告提出，我国社会主要矛盾已经转化为人民日益增长的美好生活需要和不平衡不充分的发展之间的矛盾，妇女组织可以在与群众的日常互动中精准地把握群众的真实需求，通过开展互助性公共服务满足村民多样化的需求，组织和带动群众共同创造美好生活。特别是她们在村庄中开展各类公益性活动，进而形成互助互惠的村庄社会氛围，妇女组织借助服务活动从心理和情感上获得群众的信任和支持，即以服务换动员。

如果说行政体制内动员是建立在科层制度基础上的权威动员，那么妇女组织的动员则是建立在情感认同基础之上的柔性动员。妇女组织在动员中善于运用情感策略而非制度权威对群众进行感化引导。具体而言，妇女组织善于把握人们的心理特征，并通过情感沟通达成行动共识。妇女组织能够将沟通与说服工作融入日常生活中，以日常化、轻松化的方式进行情感交流和信息传递，如以拉家常这种群众熟悉的方式与群众建立情感联系，降低群众的抵触心理。同时，妇女组织利用村庄文化建立起情感认同，基于乡土文化的价值认同提升村民对于妇女组织动员活动的理念认同，妇女组织将村庄传统的"孝德"文化理念内涵融入动员活动中，建立起群众之间的情感共识，进而引导群众参与。针对不同群体对于文化认知以及文化情感的差异，采用差异化情感说服策略，以此凝聚人心，实现有效动员。

妇女组织柔性的情感动员适应了乡土治理的需求。村庄动员对象是有感情和思想的"人"，乡村社会的复杂性、差异性以及多元性的特征决定了其难以用单一化、标准化或刚性化的治理手段实现有效动员。情感化动员以柔性治理的方式"润物细无声"地化解群众顾虑，实现情感融通，适应了基层"简约治理"的内在要求。这种动员方式的核心是以话语为媒介，运用策略性的文本框架达成一种思想共识，进而实现对群众的有效动员。

（二）以家庭建设为核心的生活化动员模式

家庭是社会结构的基础，中国人是以家庭为本位的。妇女组织动员正是通过突出家庭建设这一动员核心内容，将个体对于家庭利益的关注作为诱导性的因素，以生活化的方式引导村民积极参与。妇女组织以家庭建设为动员内容之所以能有效动员，一方面在于妇女与家庭的关联性，其能精准把握家庭需求并在动员中发挥能动作用；另一方面在于妇女组织与国家的紧密联结性，其能将家庭利益与国家利益有机协调，在回应家庭需求的同时实现国家对于村庄的治理需求，促进村庄与国家的良性互动。

在传统的社会大分工中，妇女在家庭中扮演重要角色。虽然农村社会经历了大变迁，但妇女与家庭依然具有紧密的联系。杨华曾指出，乡村中的妇女是嵌入家庭、家族和村庄熟人社会中的，因此需要用集体思考方式而非西方的个人主体去思考。妇女组织与家庭的紧密联系使得其在动员中具有更强的主动性和积极性。面对城镇化对于村庄社会结构与家庭生活方式的冲击，传统的以血缘和亲缘为基础的组织关系网络逐渐式微，以血缘关系网为核心的动员缺乏现实的动力，妇女群体主动寻求新的社会联结，组建各类小团体在村庄内建立起横向的组织网络关系，回应村民对于现代生活方式的需求。同时，妇女组织积极开展家庭文化教育，塑造文明乡风。通过开展各类贴近生活的活动，用群众熟悉的方式将个体引入公共生活，并在动员活动中传播互助互惠、尊老爱幼、诚实友善等文化价值理念，将个体"小家"与集体"大家"相联结，带动群众共创共建，激发群众责任意识和主体意识，塑造农民的公共精神，进而增强群众参与村庄事务的动力。

妇女组织具有群众性和政治性，其双重联结决定了其能灵活地穿梭在村民与国家之间。与其他社会组织动员相比，妇女组织不仅能在家庭建设中灵活组织村民，扩展村民的横向联结关系，而且能自如地与国家建立联系，构建起纵向联结关系，将村民有机地整合进国家系统中。妇女组织借助其在家庭治理方面的优势，以妇联组织为纽带，将家庭需求与国家需求相衔接，进而将分散的家庭纳入国家体系中，建立起村与户的组织联结，打通了国家整合乡村的"最后一公里"。如妇女组织将国家对于乡村环境卫生建设要求与家庭卫生治理需求相结合，从"家庭"这一小单元入手，引导群众从维护"小家"卫生扩展到维护村庄集体这一"大家"的环境。

G村妇女组织以家庭建设为核心的动员模式既适应了国家对于基层治理的要求，发挥了国家行政动员的效益，又回应了农民对于家庭利益普遍的需求，克服了国家自上而下单向度的动员可能导致悬浮化的困境，成为动员农民的有效方式。在家庭建设的动员实践中，妇女组织灵活的组织形式丰富了村庄的组织关系，使村庄在妇女组织动员下构建纵横联结的组织形态，形成多元化的组织利益网络，为有效动员的推行奠定坚实的组织基础。

（三）国家资源配置与妇女组织动员的耦合

不同于国家正式组织的动员，妇女组织缺乏权威性资源，也难以发挥资源动员的优势。因自身能力以及资源占有的局限性决定了其需要依靠外部资源进行动员。而妇女组织的双重属性使其能成为国家与村民之间重要连接桥梁，在此过程中，妇女组织可以借助国家资源推进社会动员。G村妇女组织动员的突出特点还在于国家针对性资源输入与妇女组织社会动员的耦合。

　　耦合强调各主体之间相互影响并联合起来产生增力的现象。在乡村振兴背景下，妇女组织社会动员与国家对于基层的社会动员之间存在相互促进、相互耦合的关系。在村庄社会动员中，国家资源配置与妇女组织动员的耦合主要是指国家资源输入与妇女组织动员的要素、功能以及结构的紧密联系。首先，国家资源要素投入与妇女组织动员要素具有耦合性。在乡村振兴中，国家通过外部资源输入促进乡村建设，激发乡村活力，这一资源要素包含基础设施投入、制度建设、治理理念输入等，这与妇女组织的人员、情感技术以及村庄关系网络等要素有机结合，国家配套的资源投入正好补齐了妇女组织动员的资源短板，同时使国家资源得以有效利用及政策或制度得以有效落地，要素耦合是资源配置与妇女组织动员耦合的前提和基础。其次，国家资源配置与妇女组织动员目标的耦合。国家对基层资源投入的基本功能是促进乡村建设，激发村庄活力。而妇女组织的动员目标是组织和引导群众在公共参与中实现自我管理和自我服务。二者在功能上具有内在契合性，形成了国家资源配置与妇女组织动员耦合机制的运行，使国家与妇女的组织相互沟通，共同推进村庄社会动员。一方面，国家的政策资源为妇女组织公共参与提供制度性空间，国家对于乡村文化建设的目标与妇女组织治理优势相契合，不仅指明了妇女组织动员方向，也为其动员提供基础动力；另一方面，妇女组织动员激发村庄治理活力，营造良好的村庄文化氛围。同时，妇女组织成为村委会的重要补充，村委会将村庄动员任务交给具有广泛群众基础的妇女组织，能让其从繁重的群众工作中抽出身谋划村庄发展，提升村庄整体治理效益。最后，国家资源配置与妇女组织动员结构具有耦合性。孙立平在研究宏观社会结构变迁中指出，中国改革开放后的三十年是从总体性社会向多元性社会转变的过程，随着政社分离，国家赋予基层社会更多的自主性空间。为激活社会治理活力，国家通过体制吸纳的方式将更多主体吸纳到治理系统中，妇女组织以主体身份被纳入基层治理系统中，成为国家治理系统的重要组成部分，这不仅锻炼了妇女组织的公共治理能力，而且丰富了基层社会动员体系。动员结构耦合能将各要素和功能通过结构有机衔接起来，进而保障基层社会动员的有序进行。

国家自上而下的资源输入与妇女组织自下而上的动员之间相互依存、相互促进，形成一种耦合效益，既增强国家在基层的合法性权威，又密切了国家与村庄的联系，有力地推进乡村建设，这也是妇女组织区别于其他社会组织能有效进行动员的关键。因此，在村庄场域中，妇女组织的动员并不是独立存在，而是需要借助国家外部资源的支撑，通过整合不同资源共同促成妇女组织有效动员的实现。

二　妇女组织社会动员的内在机制

妇女组织虽然难以构成乡村社会的传统权威，也缺乏国家组织的正式权威，但在面对日益分散和异质化的村民时，能自主形成各类功能性组织，团结和引导村民开展各类公共活动，并有机嵌入国家动员体系中，将国家对于基层治理需求与妇女组织自身发展相结合，对群众进行广泛而深入的动员。妇女组织有效动员的背后是资源支撑、组织联结与话语建构三重因素共同作用的结果。

（一）国家资源支撑是妇女组织进行有效社会动员的政治前提

传统的对于中国妇女的研究中，妇女群体特别是农村妇女经常被视为"落后""被动""弱势"的一类群体。虽然因社会分工以及生理特性的影响，妇女群体在缺乏社会支持的情况下处于一种相对弱势的群体而被边缘化，但这一刻板印象难以概括全体农村妇女。本书的研究可以证明，妇女组织可以同其他社会群体一样，发挥自身能动性，成为有影响力的政治行为者，在基层社会动员中发挥重要作用。需要指出的是，妇女组织在村庄公共生活中的"先天性"不足决定了其需要借助外部力量实现自身动员目标。妇女组织的动员活动需要获得一定的资源支撑，而本书的研究主要将资源支撑限定在国家资源范畴，即强调国家运用强大的权力在社会范围内对各类资源进行配置，为妇女组织动员提供资源支撑。国家权力通过政策输入、合法性供给以及制度建设为妇女组织动员明确了方向，提供动员的资源，保障妇女组织动员持续稳定地运行，这成为妇女组织开展社会动员的政治前提。

国家是基层治理的权威主体。在基层社会中，国家权力在资源占有上的绝对优势决定了其在村庄社会中发挥不可替代的作用。村庄妇女组织的动员虽然是村庄内部自组织发起的，但其成功动员需要依托国家组织权威资源，以此获得动员的合法性和权威性。实质上，妇女组织动员是在与国家的互动中实现的，妇女组织在动员实践中借助国家资源、组织以及话语力量，将组织动员目标与国家建设目标相契合，为自身动员赋能。首先，妇女组织动员依托国家资源投入，其中包括国家基础设施修建、公共空间建设等，这些资源型投入为妇女组织与村民互动提供互动平台。构成动员的基础性条件。其次，妇女组织借助国家组织性力量增强自身权威，提升动员的合法性。妇女组织作为群众组织在村庄社会活动中产生了非正式的社会性权威，在此基础上，妇女组织有机地嵌入基层正式组织体系中，并获得合法性的动员身份。妇女组织实质上是将非正式的社会权威与正式的国家权威相结合，增强妇女组织社会行动影响力。最后，妇女组织依托国家权威来完善动员制度性建设。通过引入"积分制"，让农民对参与行为形成一种稳定性预期，克服了动员的临时性和不稳定性的困境。通过制度激励为社会动员注入持久动力，确保社会动员规范而持久地运行。因此，国家资源的投入和配置为妇女组织动员提供强有力政治保障，强化了动员的基础性力量，成为妇女组织动员的政治前提。

（二）多元组织联结拓宽了妇女组织进行有效社会动员的网络渠道

妇女组织根植于村庄社会，作为一种群众性组织，其根本的目标是建立起广泛的群众联系，争取更大程度和范围的群众支持。妇女组织的群众性决定了其内在的联结性，形成以妇女组织为载体或中介的各类组织网络关系与组织形式。通过这种组织联结来增强村民之间的互动和交流，进而将分散的个体整合到各个组织网络体系中，增强集体行动的能力。

基于组织的视角，笔者考察了妇女组织的形成以及内外部组织关系，明确了妇女组织动员农民的途径。具体而言：一是妇女组织以组织为载体，通过组建多类型的妇女组织，将个体吸纳到组织网络中，建立起个体与组织的关联。二是妇女组织通过举办贴近群众生活的公共活动，调动村民参与积极性，将个体以活动参与方式组织起来，在公共参与中建立个体与村庄的情感联结。三是妇女组织以"家庭"为基本动员单元，将个体家庭利益与国家利益相连接，从纵向维度上建立起家庭与国家的联系，进而将分散的家庭整合到国家组织体制中。

组织联结回答的核心问题是妇女组织以何种形式将农民组织起来，并有机整合到各网络体系中，借助组织力量引导农民参与到动员活动中。从横向维度来看，妇女组织不仅通过组织体系吸纳村民，而且以活动吸纳群众。这是因为各类妇女组织虽然能将村民个体吸纳到组织网络中，但这种组织联结仅限于村庄中有限的妇女群体，实际上村庄中的其他群体被隔离在组织之外。而活动化动员以贴近生活的方式吸纳群众，并结合不同群众需求特征有针对性地开展动员活动，如针对幼儿的诵读活动，针对老年群体的休闲健身活动等，这些公共活动迎合各主体的兴趣和需求，能更大范围动员群众参与公共活动，扩展动员利益网络。如果说多元化妇女组织是妇女组织动员的载体，其将分散的个体整合进组织网络中，实现个体与个体之间利益联结网络，那么多样化的公共活动则是妇女组织动员的具体形式，其在村庄范围内促进不同类型的村民之间的交往，将个体纳入公共生活中，因而在公共参与中增强村民个体与村集体的情感联结。从纵向结构来看，妇女组织虽然是群众组织，但其活动是在妇联的支持下进行，因此具有一定的政治属性，这决定了妇女组织在动员活动中不仅回应村民需求，而且还需兼顾国家需求。在村庄动员中，妇女组织作为一种"枢纽型组织"成为连接国家与村民的重要桥梁。妇女组织在动员中通过延伸治理单元，将"家庭"作为动员的基本单元，并将国家需求与家庭需求相衔接，寻找二者的融合方式与路径，以此建立起"家庭—国家"的纵向联结关系。

纵横连接的网络关系构成了组织联结的基本结构形态，这一组织联结形式改变了村庄社会结构，增强了村民之间的网络联结关系。首先，组织联结打破了分散化、离散化的村庄社会结构。村民以组织化的形式加入各类网络组织中，建构新的社会联结形式，这种形式突破了传统的以血缘为单位的社会联结关系，村民因信仰或趣缘等形成各类组织，丰富了社会联结形态。其次，组织联结为村民提供组织化的参与平台。村民可以组织与其他主体的互动和对话，避免单个群体表达碎片化。各主体在互动中相互沟通和协商，塑造合理利益结构，避免精英群体或者强势群体对村民利益的侵蚀。最后，组织联结建立起"家庭—村庄—国家"纵向结构性关联，将家庭这一微小单元整合到国家治理体系中，弥合了国家与村庄社会的制度性空隙，建立需求回应与利益表达机制。这一方面使党和国家意志在村庄社会得以有效贯彻，另一方面村庄公共需求通过妇女组织得以有效传递。总之，网络联结塑造新的社会结构，其增强个体与个体之间、个体与村庄之间以及个体与国家之间的联结关系，促进村庄社会共同体的形成，进而提高村民一致行动的能力。

不同于科层体制内的组织联结，妇女组织搭建的组织网络并非建立在合法权威基础之上，组织网络中个体基于平等的身份和地位在长期互动中形成相互依赖的关系，这一组织联结的本质是信任机制。信任作为一种微观力量促进了社会资本的生产，引导村民克服集体行动的困境而实现合作。

（三）策略性话语建构是妇女组织进行有效社会动员的思想文化基础

资源和组织为妇女组织动员提供基础支持和动力，但二者并非直接作用于村民，而是通过宣传、沟通、说服等话语体系建构凝聚一种思想共识，进而影响村民的参与行为。从根本上而言，动员是"人心"的动员，村庄社会动员应关注村民个体的情感。不同于城市社区，乡村社会充斥着人情以及关系的要素，正如翟学伟所言，中国人的人情交换和施报关系是以情感相依而非理性计算为基础。村民行动是建立在个体情感关系基础之上的。换言之，妇女组织的动员不仅需要依靠组织联结从实体层面将村民整合起来，还需要借助话语框架建立一种共识，从思想层面达成行动共识。妇女组织是以女性群体为主体的组织，女性群体能耐心细致地与群众沟通，于微小之处把握群众的心理，并与之共情。妇女组织的独特优势体现在动员话语建构中，妇女组织通过话语建构激发村民共同情感，塑造一种思想共识，进而将村民情感认同转化成自觉的行动，成为推进村庄社会动员的思想文化基础。

动员本身包含影响和改变具有能动性的行为主体的行为动机的含义。动员活动需要通过塑造集体意识形成一致性行动，可以说凝聚共识既是动员的途径，又是动员的重要目标。而在动员中，共识与话语塑造密不可分，话语本质上内含一种价值和思想，不同的话语塑造不同的价值观念。研究发现，妇女组织话语建构建立在特定的文化背景中。比如，G村妇女组织在村庄动员中以"孝德"文化为基础，从传统道德文化中挖掘现代化文化内涵，并结合村民日常生活，将"孝善"文化理念与村民个体朴素的家国情感相结合，不断强化村民的集体意识和"家国"观念的共识，这种共识成为话语建构的文化基础。

妇女组织话语建构在回应中产生，即通过回应群众不断变化的情感和利益需求进行话语生产。这一过程并非静态的过程，而是在"输出—回应—再输出—再回应"的动态循环中产生。实际上，话语建构需要关注群众的心理和情感变化，结合不同的情景适时地进行调整。妇女组织在具体话语建构中遵循以下原则：一是在沟通与说服过程中，针对不同群体要运用不同话语方式，通过差别化价值激励凝聚情感共识。二是通过塑造一种话语符号，建构一种身份认同。将"一家人"的集体理念植入群众心中，在思想层面形成一种共同体。三是通过对大众情绪或情感进行意义性阐释，以话语符号的形式将群众的情绪呈现出来，并在传播中相互感染，达成一种情绪或情感上共意，进而带动群众参与。

妇女组织的话语建构是以文化建设为主导，通过情感符号、共同体话语等文化性的力量引导、感化群众，对群众实施一种"软动员"。这种柔性动员塑造的共识在动员中发挥着积极作用。一方面，降低了社会动员成本。共识的达成建立在整合异质化观念的基础上，这可以降低村民之间冲突的可能性。一定程度上，共识以"契约"的形式在村民心中形成一种潜在约定，个体愿意将私人情感让位于公共情感，在共同观念基础上开展合作，形成一致性行动。这种内在的价值认同在思想上对人们形成一种软约束，促使个体在公共生活中积极行动。另一方面，维持了村庄社会秩序，重塑了村庄社会共同体。村庄共同体是乡村振兴的载体和坚实基础，共同体中所包含的文化和精神为农民提供稳定的主体价值，维持着村庄社会秩序。G村妇女组织将传统的"孝德"文化赋予新时代内涵，并在村庄中通过各种形式践行，而"孝德"文化内含家庭美德与国家孝义，将个体对于家庭情感的共识延伸至集体甚至国家层面，在培育村民公共精神的同时也实现对村民的价值整合，强化了村民对于集体和国家的认同。这一价值塑造逐渐成为一种主流的文化价值，营造文明和谐的村庄氛围。

三 妇女组织动员实践的延伸思考

G村妇女组织的社会动员对于重新认识内生性群众组织在乡村社会中的功能提供了新视角，也在实践层面为其他地区的社会动员提供有益的经验。在动员中，妇女组织是联结村民与国家的重要纽带，其可以带动村民广泛参与，对当前推进"治理有效"的乡村振兴目标具有重要理论意义。基于此，本书在总结群众组织动员基本要素的基础上，深入理解妇女组织动员对于基层治理现代化的现实逻辑，并分析妇女组织动员对于基层社会动员的启示。

（一）从妇女组织动员中理解基层韧性治理的基本逻辑

米格代尔在"社会中的国家"的论述中阐述了国家与社会关系的二重性：一方面，社会影响国家建构；另一方面，国家通过文化建设、政策输入等对社会进行"渗透"。它们共同在相互作用的过程中改变各自的结构、目标、规则以及社会控制，它们是持续相互影响的。其研究避免了"国家中心论"和"社会中心论"的弊端，从国家与社会互动关系中把握复杂社会现象。在社会领域中，社会组织和团体成为主要群体，社会组织的发展和壮大影响治理结构和国家政策的方向。因此，基层治理实践中地方政府主动培育和发展社会组织，通过与社会力量构建合作，增强自身渗透能力。就G村的社会治理而言，妇女组织的发展和社会动员拓展了村民参与范围，增强了基层治理韧性，政府组织正是借助妇女组织的治理优势来扩大影响力。需要指出的是，妇女组织日常运作离不开国家的支撑，国家认可和支持为妇女组织社会动员提供权威性和合法性支撑。从国家与社会互动关系视角来看，妇女组织的社会动员并不是削弱国家治理能力，二者在互动中相互合作，强化彼此能力，共同塑造村民文化价值，提升村庄社会动员能力。

1. 社会视角中妇女组织动员增强了乡村治理韧性

基层治理是国家治理的基石，也是推进国家治理体系和治理能力现代化的关键，其中农村社会治理成为基层治理的"最后一公里"。随着国家治理重心的下移，基层治理面临更加复杂和严峻的治理环境。在此情景下，如何适应不断变化的基层实际，提升社会治理能力成为新时期基层治理的重要课题。适应性指向村庄治理的韧性，韧性原本是物理学中的概念，其指物体在受到外力作用时的自我修复能力。"社区韧性包含稳定能力、恢复能力以及适应能力"[①]，"社区韧性能力的核心在于社区整体在面对外部环境时的适应性与灵活性"[②]，村庄韧性强调治理主体对于复杂治理情景的反应力和适应力。在社会治理现代化背景下，本书认为村庄韧性是建立在基层治理共同体的价值理念基础上，在面对日益变化的社会环境和挑战，以及村庄社会与国家力量的互动中，始终呈现适应性和持续性的社会治理状态。

---

① Bruneau M, Chang S E, Eguchi R T, et al, "A Framework to Quantitatively Assess and Enhance the Seismic Resilience of Communities," *Earthquake Spectra* 19, No.4 (2003): 733–752.

② Zhang L, Zhao J, Liu J, et al, "Community Disaster Resilience in the COVID-19 Outbreak: Insights from Shanghai's Experience in China," *Risk Management and Healthcare Policy* 13 (2020):3259–3270.

在 G 村的社会治理中，面对村庄社会结构松散化、人口异质化以及治理行政化等现状，农民通过组织化的形式成立各类妇女组织，构建起村庄内部横向连接网络，并通过妇女组织动员增进村庄社会的凝聚力，提升农民的福祉。其一，妇女组织成为多元治理的重要一环。从社会治理主体角度来看，任何单一社会主体难以独立实现基层的善治，正如唐皇凤所言，基层社会具有复杂性，即使是强有力的国家权力的组织网络都无法填补基层社会所有缝隙，而此时社会性力量的存在便成为重要补充。在基层，妇女组织作为群团性组织，其本身在党的领导下推进群众工作，并能在不削弱国家权力基础上，借助自身群众优势调动村庄力量参与社会治理。实质上，妇女组织在国家与村民之间发挥中介性作用。妇女组织在文化治理、社会纠纷和公共服务等方面，有效化解了村庄或国家与村民之间直接利益冲突，维护了社会的稳定，同时弥合了村民与政府之间的心理鸿沟，成为国家治理的重要补充。其二，妇女组织的社会动员增进了社会资本，促进村庄共同体的建立。帕特南指出社会资本包含社会信任、规范和参与网络，其能通过促进合作提高社会效率。社会资本是村庄社会的"润滑剂"，在实际治理过程中，社会资本丰富的村庄具有更强的社会信任关系，其可以依靠一些人情、信任等非正式规范实现村庄低成本治理，提升治理效能，尤其是在面对外部文化冲击以及突发性事件时，其能借助信任网络迅速整合村庄社会力量，共同应对社会治理风险。妇女组织在社会动员过程中通过各类文化活动和组织团体建构，增进群众之间的互动频率，同时借助公益性文化服务提升村民的认同感，在村庄范围内营造互惠互信的社会氛围，形成紧密的村庄共同体，这一共同体成为村庄治理韧性的关键。其三，妇女组织的柔性动员方式增强治理弹性，契合基层特殊性治理需求。妇女组织在社会动员中诉诸日常生活逻辑，构建与村庄治理相适应的动员模式，在此过程中通过情感交流等柔性化的说服策略进行动员。这种柔性化动员可以避免直接行政命令式的刚性动员，有利于引导群众自觉自愿参与村庄治理。综上所述，妇女组织能根据基层治理实际，适应性开展社会动员，引导村民通过自我参与的形式主动应对各类治理难题，维持社会正常秩序，构建起有弹性和可持续性的社会治理系统，增强基层治理韧性。

2.国家视角下资源支持与群众组织动员的保障

妇女依托村庄内部组织机制，通过满足群众的公共需求，实现对村民的广泛动员。其社会动员背后依托国家权力和制度等资源的支撑。妇女组织有效动员的关键是有效地嵌入国家组织体系中，并借助国家力量构建行动权威，完善制度建设，赋予妇女组织合法性地位。首先，国家通过组织化吸纳为妇女组织提供合法性基础。国家权力具有正式合法性基础。一方面，国家通过吸纳妇女骨干，并纳入国家正式治理体系中，将村庄内部社会关系与村庄权力关系作为动员的权威基础，实质上是将非正式的社会权威与正式的国家权威相结合，为妇女社会行动提供合法性基础。另一方面，国家通过培育妇女组织，并通过国家授权给予其合法性的社会身份，妇女组织接受党的领导，国家为妇女组织的社会动员提供行动方向，妇女组织得以借助国家话语对社会进行动员。总之，国家赋予了妇女组织社会动员合法性权利，使妇女组织获得社会认可，这是妇女组织有效动员的社会基础。其次，国家资源性支撑是组织内部运行的物质保障。妇女组织社会动员依赖一定物质基础，国家通过对基层资源整合，为妇女组织提供活动场所、资金和社会性服务。妇女组织作为村庄新型的自组织，其不像老年组织一样具有广泛的社会威望，也不如经济性组织所拥有经济资源和紧密的利益关联，更不如社会工作的专业性和技能性，扎根于村庄的妇女组织其本质上仍是一个文化型团体，其虽然具有公共性和服务性，但其本身力量尚且弱小，仅仅依靠自身尚难以保障组织的有效运行。国家的资源型支持为妇女组织活动提供运行载体，如国家通过政策和项目的投入扩大妇女组织动员范围，锻炼妇女组织能力，提升其在村庄层面的社会影响力。最后，国家通过制度化能力规范妇女组织动员行为和方式。制度化是个体行动者得以产生以及重复，逐渐在自我与他人中唤起稳定的、具有共同意义的社会过程；制度化是妇女组织参与社会动员实践、建构动员意义、形成动员模式的过程，其为妇女组织动员提供行动机制。制度化能力反映了组织发展能力和活力，也是一个组织持续稳定发展的重要基础。妇女组织在社会动员中借助国家制度建设提升组织制度化能力，比如国家在基层推进和完善积分制管理，这一社会治理创新方式被引入妇女组织的社会动员体系中，成为社会动员的重要激励机制。国家层面的制度供给和制度创新，调整了妇女组织与群众的社会关系，构建了社会动员的新机制，妇女组织的社会动员制度化能力在国家制度建设中得以规范化，国家制度供给为妇女组织动员提供稳定而持续的支撑力。

3.相互增权：国家与社会有效互动下的基层治理

在西方研究中，国家与社会被视为一种对抗和零和博弈的状态。马基雅维利和霍布斯关于国家建设问题的论述中都强调国家建设是为了征服或驯服一个不愿将权力拱手让给外部权威的外围国家。从国家以外来源获得合法性的组织在某种程度上阻碍或者妨碍了建立协调一致的国家和地方正式治理机构。米格代尔也强调非政府组织的存在制约了国家正式制度的产生。综合而言，西方国家所界定的国家与社会的关系是建立在二元对立的分析框架中。

而对于中国社会研究需要结合本土实际，在中国的语境下分析国家与社会关系。郁建兴和吴宇指出，改革开放催生了社会领域的自治，随着民间组织的兴起，民间组织从国家分离并在双方共同承认其合法性基础上进行互动，国家与社会从对立关系走向合作关系。丁惠平将国家与社会的关系研究从结构性研究转向关系性研究，认为两者关系并不是此消彼长，而是处于不断互动与型构的动态过程。不少学者结合中国实际指出社会组织发展并不一定会削弱国家的权力，相反，其将国家与社会视为一个相对独立的个体，他们在解决国家与社会关系的问题上，能在国家支持下增强自身能力，国家也能在不削弱其权力的情况下继续调动地方社区的社会能量。

在G村妇女组织的社会动员实践中，国家与妇女组织的互动和合作中相互增权，即妇女组织在社会动员中的作用是增强而非削弱国家权力。一方面，在基层治理中，国家支持和培育的妇女组织，一定程度上作为国家和社会之间"中介人"，妇女组织在日常生活中通过组织和动员群众回应地方政府传递给她们的各项权利和义务，动员群众服务于国家建设。具体而言，妇女组织在弥补农村公共服务和文化建设、维护基层社会的稳定和谐方面发挥重要功能，国家正是借助内生性妇女组织扩展其在基层的影响力，有效避免由国家动员能力不足带来的政治危险。另一方面，妇女组织尽管是国家支持和培育的社会组织，但其在与国家合作过程中并不是全盘接受的，而是考虑到地方利益。妇女组织在基层动员实践中利用内生性的组织优势带动群众参与。在动员过程中，妇女组织从村民的公共需求和利益出发，积极向国家争取相应的资源，增强自身动员力，同时将村民的需求通过组织的渠道传递给国家，一定程度上通过基层政府的谈判和协商，即寻求问责来获得组织目标。然而，妇女组织与基层政府或村庄的协商和谈判并不一定会导致国家权力的丧失，反而是在与国家的互动中使国家能积极探索社会治理的方式，以符合广泛利益的方式执行国家政策，同时为社会行动者提供自主活动空间，激发社会治理活力。此外，妇女组织在社会动员中锻炼了妇女的参与能力，扩大了妇女组织在基层的社会影响力。

（二）乡村社会动员实践的政策启示

现代国家的建构是国家一体化的过程，具体表现为国家对分散乡村社会的整合。乡村社会的整合离不开社会动员，村庄动员是国家动员的重要组成部分，二者作用范围和治理目标有所差异。而在现代化治理体制下，如何推进二者有效衔接，促进一体化的国家建设是值得研究的话题。妇女组织动员将国家对村庄建设目标通过村庄集体行动得以实现，让国家权力通过妇女组织传递到基层，进而将国家动员与乡村动员相衔接，促进国家对乡村的整合，这对推进基层治理体系和治理能力现代化具有一定的政策启示。

一方面，构建新型的家国联系机制。在中国语境下，村庄动员不能单独强调国家力量或者一味地强调村庄力量，还需要在把握两者平衡关系的基础上注重二者的衔接，推进一体化的现代国家建设。在家国一体的文化背景下，国家深入村庄并实现对村庄的整合，关键还要将权力触角延伸到家户，实现对村庄基础单元的整合。因此在国家治理中，关键要找到"家"与"国"的联结关系，回应家户的需求和期待，形成以家户为单元的组织形态，特别是注重家庭文化建设，将传统文化中家国文化与现代家庭文化相结合，通过文化凝聚共识，建立起家国的文化情感，进而从根本上实现国家动员与村庄动员的衔接。

另一方面，挖掘和培育内生性群众力量，探索适合本土善治的方法和路径。村民是村庄治理的主体，也是乡村振兴内生发展的关键力量，乡村治理需要充分激发村民的能动性。以村庄动员为突破口，广泛吸纳村民重新回到村庄集体生活中，能为乡村振兴提供源源不断的动力。因此，需要坚持党的群众路线，让群众自主动员群众。组织和动员群众是党的政治优势，也是中国共产党区别于西方代议制民主制度政党和政治团体的根本特征。长期以来，村庄社会动员主要是以国家为主体的行政动员或政治动员，这种动员模式遵循着自上而下的动员路径，而村庄动员主要由地方性精英所掌控。妇女组织的社会动员实践证明了由村庄普通村民组成的群众性团体也能成为重要的动员力量，他们通过运用生活化动员方式，回应村民的公共需求，实现对村民的有效动员。这一研究从村庄内部非正式组织关注村庄动员，通过自下而上的社会动员了解基层运作，同时从普通群众视角揭示社会动员的运作过程，突破了传统以精英群体为导向的社会动员研究。因此，村庄社会动员中应践行"群众路线"，以群众利益为导向，用群众的观念和方式组织和影响群众，同时注意挖掘和培育村庄社会组织，发挥其动员群众的天然优势。

参考文献

一、国内外学者著作

[1] 费孝通. 费孝通全集：第十七卷 [M]. 呼和浩特：内蒙古人民出版社，2009.

[2] 费孝通. 江村经济：中国农民的生活 [M]. 北京：商务印书馆，2001.

[3] 费孝通. 乡土中国 [M]. 北京：北京出版社，2005.

[4] 关海庭. 中国近现代政治发展史 [M]. 北京：北京大学出版社，2005.

[5] 金一虹. 中国新农村性别结构变迁研究：流动的父权 [M]. 南京：南京师范大学出版社，2015.

[6] 兰林友. 庙无寻处：华北满铁调查村落的人类学再研究 [M]. 哈尔滨：黑龙江人民出版社，2007.

[7] 李霞. 娘家与婆家：华北农村妇女的生活空间与后台权力 [M]. 北京：社会科学文献出版社，2010.

[8] 李泽厚. 历史本体论·己卯五说 [M]. 北京：生活·读书·新知三联书店，2003.

[9] 李智超. 乡村社区认同与公共事务治理：基于社会网络的视角 [M]. 北京：中国社会科学出版社，2015.

[10] 梁漱溟. 梁漱溟全集：第2卷 [M]. 济南：山东人民出版社，2005.

[11] 林尚立. 当代中国政治形态研究 [M]. 天津：天津人民出版社，2000.

[12] 林耀华. 义序的宗族研究 [M]. 北京：生活·读书·新知三联书店，2000.

[13] 麻国庆. 永远的家：传统惯性与社会结合 [M]. 北京：北京大学出

版社，2009.

[14] 秦晖. 传统十论 [M]. 北京：东方出版社，2014.

[15] 孙立平. 转型与断裂：改革以来中国社会结构的变迁 [M]. 北京：清华大学出版社，2004.

[16] 孙希旦. 礼记集解 [M]. 沈啸寰，王星贤，点校. 北京：中华书局，1989.

[17] 王向贤. 知识、主体性与根据地妇女运动 [M]. 天津：天津人民出版社，2004.

[18] 徐勇. 国家化、农民性和乡村整合 [M]. 南京：江苏人民出版社，2019.

[19] 杨伯峻. 孟子译注 [M]. 北京：中华书局，1960.

[20] 杨华. 陌生的熟人：理解21世纪乡土中国 [M]. 桂林：广西师范大学出版社，2021.

[21] 袁小平. 农村社区建设中的社会动员机制研究 [M]. 北京：中国社会科学出版社，2020.

[22] 张宏卿. 农民性格与中共乡村动员模式：以中央苏区为中心的考察 [M]. 中国社会科学出版社，2012.

[23] 张静. 基层政权：乡村制度诸问题 [M]. 上海：上海人民出版社，2006.

[24] 张康之，张乾友. 共同体的进化 [M]. 北京：社会科学文献出版社，2012.

[25] 张孝芳. 革命与动员：建构"共意"的视角 [M]. 北京：社会科学文献出版社，2011.

[26] 张雪英. 中央苏区妇女运动史 [M]. 北京：中国社会科学出版社，2009.

[27] 赵鼎新. 社会与政治运动讲义 [M]. 北京：社会科学文献出版社，2012.

[28] 郑杭生. 社会学概论新修 [M]. 北京：中国人民大学出版社，2002.

[29] 庄孔韶. 银翅：中共的地方社会与文化变迁（1920—1990）[M]. 北京：生活·读书·新知三联书店，2000.

[30] 布莱克·C.E.. 现代化的动力 [M]. 段小光，译. 成都：四川人民出版社，1988.

[31] 埃米尔·涂尔干. 社会分工论 [M]. 渠东，译. 上海：上海三联书店，2000.

[32] 安东尼·吉登斯. 社会的构成：结构化理论纲要 [M]. 李康，李猛，译. 北京：中国人民大学出版社，2016.

[33] 安东尼·吉登斯. 现代性与自我认同：现代晚期的自我与社会 [M]. 赵旭东，方放，译. 北京：生活·读书·新知三联书店，1998.

[34] 布尔迪厄. 国家精英：名牌大学与群体精神 [M]. 杨亚平，译. 北京：商务印书馆，2018.

[35] 戴维·H. 罗森布鲁姆，罗伯特·S. 克拉夫丘克，德博拉·戈德曼·罗森布鲁姆. 公共行政学：管理、政治和法律的途径（第五版）[M]. 张成福，等译. 北京：中国人民大学出版社，2002.

[36] 戴维·伊斯顿. 政治生活的系统分析 [M]. 王浦劬，译. 北京：华夏出版社，1999.

[37] 道格纳斯·C.诺思. 经济史中的结构与变迁 [M]. 陈郁，罗华平，等译. 上海：上海人民出版社，1994.

[38] 理查德·蒂特马斯. 蒂特马斯社会政策十讲 [M]. 江绍康，译. 长春：吉林出版集团，2011.

[39] 杜赞奇. 文化、权力与国家：1900—1942年的华北农村 [M]. 王福明，译. 南京：江苏人民出版社，1994.

[40] 尤尔根·哈贝马斯. 公共领域的结构转型 [M]. 曹卫东，王晓珏，刘北城，等译. 上海：学林出版社，1999.

[41] 哈布瓦赫. 论集体记忆 [M]. 毕然，郭金华，译. 上海：上海人民出版社，2002.

[42] 哈耶克. 法律立法与自由：第一卷 [M]. 邓正来，张守东，李静冰，

译.北京：中国大百科全书出版社，2000.

[43] 黄宗智.长江三角洲小农家庭与乡村发展[M].北京：中华书局，2000.

[44] 凯特·米利特.性政治[M].宋文伟，译.南京：江苏人民出版社，2000.

[45] 拉塞尔·M.林登.无缝隙政府：公共部门再造指南[M].汪大海，译.北京：中国人民大学出版社，2002.

[46] 古斯塔夫·勒庞.乌合之众：大众心理研究[M].冯克利，译.北京：中央编译出版社，2019.

[47] 理查德·皮特.现代地理学思想[M].周尚意，等译.北京：商务印书馆，2007.

[48] 卢梭.社会契约论[M].何兆武，译.北京：商务印书馆，2003.

[49] 罗伯特·D.帕特南.使民主运转起来：现代意大利的公民传统[M].王列，赖海榕，译.南昌：江西人民出版社，2001.

[50] 罗杰·科特威尔.法律社会学导论[M].潘大松，刘丽君，林燕萍，等译.北京：华夏出版社，1989.

[51] 马克斯·韦伯.经济与社会：上卷[M].林荣远，译.北京：商务印书馆，1997.

[52] 马克斯·韦伯.经济与社会：第一卷[M].阎克文，译.上海：上海人民出版社，2010.

[53] 曼纽尔.卡斯特.认同的力量[M].曹荣湘，译.北京：社会科学文献出版社，2006.

[54] 曼瑟尔·奥尔森.集体行动的逻辑[M].陈郁，郭宇峰，李崇新，译.上海：上海人民出版社，1995.

[55] 罗伯特·D.本福特.社会运动理论的前沿领域[M].刘能，译.北京：北京大学出版社，2002.

[56] 维尔弗雷多·帕累托.精英的兴衰[M].刘北成，译.上海：上海人民出版社，2003.

[57] 帕森斯.社会行动的结构[M].张明德，夏翼南，等译.南京：译林出版社，2011.

[58] 乔尔·S.米格代尔.社会中的国家：国家与社会如何相互改变与相互构成[M].李杨，郭一聪，译.南京：江苏人民出版社，2013.

[59] 乔纳森·波特，玛格丽特·韦斯雷尔.话语和社会心理学：超越态度与行为[M].肖文明，吴新利，张擎，译.北京：中国人民大学出版社，2006.

[60] 塞缪尔·P.亨廷顿.变动社会中的政治秩序[M].张岱云，等译.上海：上海译文出版社，1989.

[61] 山田贤.移民的秩序：清代四川地域社会史研究[M].曲建文，译.北京：中央编译出版社，2011.

[62] 滕尼斯.共同体与社会[M].林荣远，译.北京：商务印书馆，1999.

[63] 托克维尔.论美国的民主[M].董果良，译.北京：商务印书馆，1988.

[64] 西德尼·塔罗.运动中的力量：社会运动与斗争政治[M].吴庆宏，译.上海：译林出版社，2005.

[65] 马丁·利普塞特.政治人：政治的社会基础[M].刘钢敏，聂蓉，译.北京：商务印书馆，1993.

[66] 亚当·斯密.国富论[M].杨敬年，译.西安：陕西人民出版社，2001.

[67] 殷海光.中国文化的展望[M].上海：上海三联书店，2002.

[68] 詹姆斯·R.汤森，布兰特利·沃马克.中国政治[M].顾速，董方，译.南京：江苏人民出版社，2003.

[69] 詹姆斯·库泽斯，巴里·波斯纳.领导力[M].李丽林，张震，杨振东，译.北京：电子工业出版社，2009.

[70] 詹姆斯·C.斯科特.国家的视角：那些试图改善人类状况的项目是如何失败的[M].王晓毅，译.北京：社会科学文献出版社，2011.

[71] 朱爱岚.中国北方村落的社会、性别与权利[M].胡玉坤,译.南京:江苏人民出版社,2021.

[72] 佐佐木毅,金泰昌.社会科学中的公私问题[M].刘荣,钱昕怡,译.北京:人民出版社,2009.

[73] 郁建兴.从行政推动到内源发展:中国农业农村的再出发[M].北京:北京师范大学出版社,2013.

二、报刊、论文、报告类

[1] 布伦盖特夫妇,孙忠雄.生命过程与代政治学[J].现代外国哲学社会科学文摘,1990(12).

[2] 陈锋.悬浮的社会组织[J].文化纵横,2020(6).

[3] 陈锋.血缘联结与经济分化:理解乡村治理的社会结构视角[J].云南行政学院学报,2016(4).

[4] 陈家建.项目制与基层政府动员:对社会管理项目化运作的社会学考察[J].中国社会科学,2013(2).

[5] 陈军亚,张鑫.内生责任:从脱贫攻坚到乡村振兴的现代国家建构逻辑[J].中国农业大学学报(社会科学版),2022(4).

[6] 陈荣卓,车一顿.利益聚合与行动协同:新时代乡村治理共同体何以建构?:来自武汉市星光村的经验观察[J].中国行政管理,2022(10).

[7] 陈勋.乡村社会力量何以可能:温州老人协会研究[C]//浙江省社会学学会.浙江省社会学学会第六届会员代表大会暨2010年学术年会论文集,2010.

[8] 陈义媛.国家资源输入的内卷化现象分析:基于成都市村公资金的"行政吸纳自治"[J].北京工业大学学报(社会科学版),2020(1).

[9] 陈义媛.资本下乡的社会困境与化解策略:资本对村庄社会资源的动员[J].中国农村经济,2019(8).

[10] 陈玉生.新农村建设中的社会动员[J].甘肃理论学刊,2006(3).

[11] 程同顺,邢西敬.合法性、认同和权力强制:制度权威建构的逻

辑[J].上海行政学院学报,2016(5).

[12] 党日红,李明舜.构建基层社会治理新格局须纳入家庭视角[J].妇女研究论丛,2019(6).

[13] 邓大才.利益、制度与有效自治:一种尝试的解释框架:以农村集体资产股份权能改革为研究对象[J].东南学术,2018(6).

[14] 邓万春,黄璐璐.乡村振兴的动员机制与模式:整体党委动员与差别化动员[J].北京工业大学学报(社会科学版),2021(3).

[15] 邓燕华,阮横俯.农村银色力量何以可能?:以浙江老年协会为例[J].社会学研究,2008(6).

[16] 翟学伟.人情、面子与权力的再生产:情理社会中的社会交换方式[J].社会学研究,2004(5).

[17] 丁惠平."国家与社会"分析框架的应用与限度:以社会学论域中的研究为分析中心[J].社会学评论,2015(5).

[18] 董磊明.村庄公共空间的萎缩与拓展[J].江苏行政学院学报,2010(5).

[19] 杜春林,程莉祺.乡村治理中的女性参与研究:基于皖北S县村嫂理事会的运作实践[J].东北农业大学学报(社会科学版),2023(2).

[20] 杜鹏.农村社会动员的组织逻辑与治理效能[J].天津社会科学,2022(4).

[21] 杜鹏.生活治理:农民日常生活视域下的乡村治理逻辑[J].学习与实践,2021(5).

[22] 冯川.嵌入村庄公共性:农村人居环境治理的实践逻辑:基于广西H县L镇清洁乡村的实证分析[J].中国农业大学学报(社会科学版),2021(6).

[23] 冯务中.制度有效性理论论纲[J].理论与改革,2005(5).

[24] 冯小双.阅读和理解转型期中国乡村社会[J].社会学研究,2002(1).

[25] 付诚,冯文静.税费改革背景下的农村公共物品供给问题研究[J].

社会科学战线，2007（6）.

[26] 甘泉，骆郁廷.社会动员的本质探析[J].学术探索，2011（6）.

[27] 高丙中.社会团体的合法性问题[J].中国社会科学，2000（2）.

[28] 高恩新.互联网公共事件的议题建构与共意动员：以几起网络公共事件为例[J].公共管理学报，2009（4）.

[29] 高飞.梯度情感动员的双重过程：社会治理共同体构建中的递进逻辑[J].中国行政管理，2022（4）.

[30] 桂华.面对社会重组的乡村治理现代化[J].政治学研究，2018（5）.

[31] 海莉娟.从经济精英到治理精英：农村妇女参与村庄治理的路径[J].西北农林科技大学学报（社会科学版），2019（5）.

[32] 韩鹏云，刘祖云.农村社区公共品自主供给的逻辑嬗变及实践指向：基于村社共同体到村社空心化的分析路径[J].求实，2012（7）.

[33] 何慧丽，许珍珍.嵌入式动员：党建引领农村基层社会治理：以农村人居环境整治为例[J].西北农林科技大学学报（社会科学版），2023（3）.

[34] 何雪松.情感治理：新媒体时代的重要治理维度[J].探索与争鸣，2016（11）.

[35] 何艳玲."嵌入式自治"：国家—地方互嵌关系下的地方治理[J].武汉大学学报（哲学社会科学版），2009（4）.

[36] 贺雪峰.村民参与与社区资源动员能力[J].社会科学，1998（9）.

[37] 贺雪峰.村庄类型及其区域分布[J].中国乡村发现，2018（5）.

[38] 贺雪峰.论中国农村的区域差异：村庄社会结构的视角[J].开放时代，2012（10）.

[39] 贺雪峰.论中坚农民[J].南京农业大学学报（社会科学版），2015（4）.

[40] 贺雪峰.南北中国：村庄社会结构视角的中国区域差异[J].华中科技大学学报（社会科学版），2013（3）.

[41] 贺雪峰. 乡村治理中的公共性与基层治理有效[J]. 武汉大学学报（哲学社会科学版），2023（1）.

[42] 贺雪峰. 行政还是自治：村级治理向何处去[J]. 华中农业大学学报（社会科学版），2019（6）.

[43] 贺治方. 社会动员在国家治理中的功能及其合理边界[J]. 学术界，2019（7）.

[44] 鹤见和子，胡天民. "内发型发展"的理论与实践[J]. 江苏社联通讯，1989（3）.

[45] 胡业方. 家庭及村庄核心功能变迁与妇女权力的建构[J]. 华南农业大学学报（社会科学版），2017（4）.

[46] 胡业方. 性别、权力与空间：农村妇女家庭与村庄权力类型研究[J]. 北京社会科学，2017（11）.

[47] 黄李辉，阮永平. 文献分析法在我国管理会计研究中的应用：基于33篇样本文献的分析[J]. 财会通讯，2017（4）.

[48] 黄增付. 脱嵌与重嵌：村落秩序中的农业经营及治理[J]. 中国农村观察，2018（3）.

[49] 黄振华. 家户制与家户国家：中国国家形态的一个解释框架[J]. 东南学术，2021（5）.

[50] 贾贵荣. 儒家文化与山东妇女的发展[J]. 妇女学苑，1997（2）.

[51] 贾玉娇. 基层社会动员的机理与结构：一个透视国家与社会关系的分析框架[J]. 社会科学辑刊，2021（1）.

[52] 姜佳将. 流动的主体性：乡村振兴中的妇女意识与实践[J]. 浙江学刊，2018（6）.

[53] 蒋培. "熟人社会"视域下生活垃圾分类的社会逻辑阐释：基于浙江六池村的经验研究[J]. 兰州学刊，2020（12）.

[54] 蒋旭峰，曹甜甜. 从"送来文化"到"自办文化"：传播学视野下的新农村文化建设研究[J]. 中国地质大学学报（社会科学版），2012（4）.

[55] 金一虹. 城市化：妇女发展的又一机遇与挑战[J]. 妇女研究论丛，

2001（6）．

[56] 隽娴．"面子观"与乡村治理[J]．人民论坛，2019（6）．

[57] 康晓光，韩恒．行政吸纳社会：当前中国大陆国家与社会关系再研究[J]．中国社会科学，2007（2）．

[58] 康晓强．群众团体与人民团体、社会团体[J]．社会主义研究，2016（1）．

[59] 黎瑛，张琪．历史观照下乡村家风建设路径探析：以赣鄱家风家训文化为例[J]．农林经济管理学报，2019（1）．

[60] 李春玲，刘森林．国家认同的影响因素及其代际特征差异：基于2013年中国社会状况调查数据[J]．中国社会科学，2018（4）．

[61] 李华胤．回应性参与：农村改革中乡镇政府与农民的行为互动机制：基于三个乡镇改革试验的调查与比较[J]．中国行政管理，2020（9）．

[62] 李珂．乡村精英：乡村振兴战略实施中国家与民众的有机勾连[J]．贵州大学学报（社会科学版），2018（5）．

[63] 李里峰．土改中的诉苦：一种民众动员技术的微观分析[J]．南京大学学报（社会科学版），2007（5）．

[64] 李里峰．运动式治理：一项关于土改的政治学分析[J]．福建论坛（人文社会科学版），2010（4）．

[65] 李松玉．制度权威和个人权威[J]．山东师范大学学报（人文社会科学版），2004（3）．

[66] 李霞．女性主义与后现代主义的对立与融合[J]．国外社会科学，1998（1）．

[67] 李小云，孙丽．公共空间对农民社会资本的影响：以江西省黄溪村为例[J]．中国农业大学学报（社会科学版），2007（1）．

[68] 李晓壮．城市社区治理体制改革创新研究：基于北京市中关村街道东升园社区的调查[J]．城市发展研究，2015（1）．

[69] 李永萍．基层小微治理的运行基础与实践机制：以湖北省秭归县"幸福村落建设"为例[J]．南京农业大学学报（社会科学版），2016（5）．

[70] 李增元.农村基层治理单元的历史变迁及当代选择[J].华中师范大学学报(人文社会科学版),2018(2).

[71] 李志国.论社会组织动员能力之构建[J].人民论坛,2012(2).

[72] 李紫瑶,班涛.动员型双轨结构:村庄价值生产异化与乡村文化治理路径[J].社会科学动态,2022(4).

[73] 李祖佩.村级治理视域中的农民参与:兼议农村社会治理共同体的实现[J].求索,2022(6).

[74] 廖彩荣,陈美球.乡村振兴战略的理论逻辑、科学内涵与实现路径[J].农林经济管理学报,2017(6).

[75] 林尚立.在有效性中累积合法性:中国政治发展的路径选择[J].复旦学报(社会科学版),2009(2).

[76] 刘成良.行政动员与社会动员:基层社会治理的双层动员结构:基于南京市社区治理创新的实证研究[J].南京农业大学学报(社会科学版),2016(3).

[77] 刘国强,粟晖钦.共意动员:农村抗疫"硬核标语"的话语框架与建构逻辑[J].现代传播(中国传媒大学学报),2020(8).

[78] 刘佳."国家—社会"共同在场:突发公共卫生事件中的全民动员和治理成长[J].武汉大学学报(哲学社会科学版),2020(3).

[79] 刘莉.在场:海南疍家女性的空间、身体与权力[J].开放时代,2019(1).

[80] 刘守英,熊雪峰.我国乡村振兴战略的实施与制度供给[J].政治经济学评论,2018(4).

[81] 刘文婧,左停.公众参与和福利激励:乡村治理积分制的运行逻辑与优化路径:基于和平村的个案调查[J].地方治理研究,2022(2).

[82] 刘筱红.农村村级妇代会组织与妇女在村委会选举中的地位[J].华中师范大学学报(人文社会科学版),2002(6).

[83] 刘雪姣.从制度安排到实际运行:积分制的两难困境及其生成逻辑:基于鄂中T村的调研分析[J].甘肃行政学院学报,2020(6).

[84] 刘亚秋."家"何以成为基层社区治理的社会性基础[J]. 江苏社会科学, 2022（1）.

[85] 刘燕舞. 生活治理：分析农村人居环境整治的一个视角[J]. 求索, 2022（3）.

[86] 刘银喜, 马瑞聪. 积分制推动乡村治理有效的实践探索与优化路径：基于4个典型案例的分析研究[J]. 现代化研究, 2022（5）.

[87] 刘余莉, 聂菲璘. 家国情怀的精神境界与历史文化内涵[J]. 甘肃社会科学, 2021（5）.

[88] 刘中起. 基层社区动员的框架整合：凌云"绿主妇"个案研究[J]. 华东理工大学学报（社会科学版）, 2015（6）.

[89] 龙太江. 从"对社会动员"到"由社会动员"：危机管理中的动员问题[J]. 政治与法律, 2005（2）.

[90] 卢晖临, 李雪. 如何走出个案：从个案研究到扩展个案研究[J]. 中国社会科学, 2007（1）.

[91] 卢青青. 行政激活自治：乡村治理的转型与实践[J]. 内蒙古社会科学, 2021（3）.

[92] 罗小锋. 社会资本与公共物品供给中的精英动员：基于对闽西M村的实地研究[J]. 福州大学学报（哲学社会科学版）, 2014（5）.

[93] 吕方. 再造乡土团结：农村社会组织发展与"新公共性"[J]. 南开学报（哲学社会科学版）, 2013（3）.

[94] 马荟, 庞欣, 奚之霄, 等. 熟人社会、村庄动员与内源式发展：以陕西省袁家村为例[J]. 中国农村观察, 2020（3）.

[95] 马明洁. 权力经营与经营式动员：一个"逼民致富"的案例分析[G]//清华大学社会学系. 清华社会学评论：特辑. 厦门：鹭江出版社, 2000.

[96] 毛一敬, 刘建平. 乡村文化建设与村落共同体振兴[J]. 云南民族大学学报（哲学社会科学版）, 2021（3）.

[97] 梅敏君, 潘于旭. 论文化对生活方式的建构作用[J]. 浙江社会科学, 2012（5）.

[98] 欧阳静.从"驻村"到"坐班":农村基层治理方式变迁[J].中国社会科学报,2011(12).

[99] 欧阳静.简约治理:超越科层化的乡村治理现代化[J].中国社会科学,2022(3).

[100] 裴亚岚,刘筱红.女性参与公共事务管理困境探析:以20位县级女干部为例[J].南京人口管理干部学院学报,2010(3).

[101] 彭勃,杜力."超行政治理":党建引领的基层治理逻辑与工作路径[J].理论与改革,2022(1).

[102] 彭善民,张易为.情理之间:社区治理中的女性参与:以基层妇女议事会为例[J].妇女研究论丛,2022(4).

[103] 普永贵,岳早念.论农村民间妇女组织在社会管理中的功能及发挥:以德宏州景颇族女子护村队为例[J].云南行政学院学报,2009(4).

[104] 戚晓明.乡村振兴背景下农村社区环境治理中的女性参与[J].河海大学学报(哲学社会科学版),2019(3).

[105] 渠敬东,周飞舟,应星.从总体支配到技术治理:基于中国30年改革经验的社会学分析[J].中国社会科学,2009(6).

[106] 任孟山.政治机会结构、动员结构和框架过程:当代互联网与社会运动的一个分析框架及案例考察[J].中国青年政治学院学报,2011(6).

[107] 施芸卿.以共同育儿为业:跨越儿童抚育的家庭边界:以一个城市社区的"抱团养娃"实践为例[J].妇女研究论丛,2022(1).

[108] 石鑫.公益性民间妇女组织政策环境及行动策略研究[J].妇女研究论丛,2016(3).

[109] 舒开智.传统节日、集体记忆与文化认同[J].天府新论,2008(2).

[110] 司学敏,葛道顺."赋权—增能":群团组织的社会治理路径研究[J].学习论坛,2021(5).

[111] 宋煜萍,施瑶瑶.基层社会治理中的赋权式动员[J].东南大学学报(哲学社会科学版),2022(6).

[112] 孙立平，王汉生，王思斌，等.改革以来中国社会结构的变迁 [J].中国社会科学，1994（2）.

[113] 孙璐.利益、认同、制度安排：论城市居民社区参与的影响因素 [J].云南社会科学，2006（5）.

[114] 汤景泰.情感动员与话语协同：新媒体事件中的行动逻辑 [J].探索与争鸣，2016（11）.

[115] 唐皇凤，王豪.可控的韧性治理：新时代基层治理现代化的模式选择 [J].探索与争鸣，2019（12）.

[116] 唐皇凤.中国政治的回应性与调适性：兼评闫帅新著《回应性政治发展》[J].华中科技大学学报（社会科学版），2016（4）.

[117] 唐文玉.从"工具主义"到"合作治理"：政府支持社会组织发展的模式转型 [J].学习与实践，2016（9）.

[118] 唐文玉.行政吸纳服务：中国大陆国家与社会关系的一种新诠释 [J].公共管理学报，2010（1）.

[119] 唐贤兴.政策工具的选择与政府的社会动员能力：对"运动式治理"的一个解释 [J].学习与探索，2009（3）.

[120] 唐亚林.人心政治论 [J].理论与改革，2020（5）.

[121] 田梅英，王域霞，窦艳秋.《山东省志·妇女团体志》编写视域下山东妇女发展研究 [J].山东女子学院学报，2017（5）.

[122] 仝志辉，贺雪峰.村庄权力结构的三层分析：兼论选举后村级权力的合法性 [J].中国社会科学，2002（1）.

[123] 仝志辉.农民选举参与中的精英动员 [J].社会学研究，2002（1）.

[124] 同雪莉，成天娥.基层女村官抗逆过程机制研究 [J].妇女研究论丛，2016（3）.

[125] 涂圣伟.脱贫攻坚与乡村振兴有机衔接：目标导向、重点领域与关键举措 [J].中国农村经济，2020（8）.

[126] 汪卫华.群众动员与动员式治理：理解中国国家治理风格的新视角 [J].上海交通大学学报（哲学社会科学版），2014（5）.

[127] 王德福, 张雪霖. 社区动员中的精英替代及其弊端分析[J]. 城市问题, 2017(1).

[128] 王富伟. 个案研究的意义和限度: 基于知识的增长[J]. 社会学研究, 2012(5).

[129] 王海霞, 董慧娜. 宗族权威、社会动员与乡村治理的有效性[J]. 东南学术, 2023(3).

[130] 王辉. 赋权与削权: 乡村治理的逻辑集及组合研究: 以浙江H村老年协会的治理为例[J]. 公共管理学报, 2022(3).

[131] 王清. 通过项目进行动员: 基层治理的策略与影响[J]. 四川大学学报(哲学社会科学版), 2020(5).

[132] 王微. 传统、革命与性别视域下的华北妇救会[J]. 中共党史研究, 2015(2).

[133] 王锡锌. 参与式治理与根本政治制度的生活化: "一体多元"与国家微观民主的建设[J]. 法学杂志, 2012(6).

[134] 王雅林. 从"生产型社会"到"生活型社会"[J]. 社会观察, 2006(10).

[135] 王亚星, 杨安华, 杜焱强. 空间再造能促进农村环境善治吗? : 基于苏北W村的个案研究[J]. 中国行政管理, 2021(1).

[136] 王印红, 李莉. 女性何以增进社区治理效能? : 基于Q市三个社区的案例研究[J]. 公共行政评论, 2021(6).

[137] 吴惠芳, 饶静. 农村留守妇女的社会网络重构行动分析[J]. 中国农村观察, 2010(4).

[138] 吴结兵, 沈台凤. 社会组织促进居民主动参与社会治理研究[J]. 管理世界, 2015(8).

[139] 吴开松. 当代中国动员机制转化形态研究[J]. 内蒙古社会科学(汉文版), 2007(3).

[140] 吴理财, 吴侗. 乡村振兴社会建设应先行[J]. 江汉论坛, 2018(4).

[141] 吴毅.公共空间[J].浙江学刊，2002（2）.

[142] 吴玉军.符号、话语与国家认同[J].学术论坛，2010（12）.

[143] 吴忠民.社会动员与发展[J].浙江学刊，1992（2）.

[144] 吴忠民.重新发现社会动员[J].理论前沿，2003（21）.

[145] 吴重庆.从熟人社会到"无主体熟人社会"[J].读书，2011（1）.

[146] 夏国锋.农民的生活伦理与公共精神及其对新农村文化建设的政策启示：基于5省20村的调查[J].农业经济问题，2011（12）.

[147] 项继权.论我国乡村治理中的志愿服务：兼论大学生下农村基层的政策创新[J].社会主义研究，2009（4）.

[148] 萧子扬."优势治理"：制度优势何以服务我国乡村文化振兴[J].图书馆，2020（4）.

[149] 肖金明，杨伟伟.从"嵌入"走向"嵌合"：社会组织党建模式创新探析[J].中州学刊，2021（4）.

[150] 肖雪梅，陈为智.社会资本视域下社会工作参与社区动员的行动逻辑：基于Q市老旧社区治理实践的考察[J].城市学刊，2022（3）.

[151] 熊万胜.社会治理，还是生活治理？：审思当代中国的基层治理[J].文化纵横，2018（1）.

[152] 徐旭初.农民合作社发展中政府行为逻辑：基于赋权理论视角的讨论[J].农业经济问题，2014（1）.

[153] 徐勇，吕楠.热话题与冷思考：关于国家治理体系和治理能力现代化的对话[J].当代世界与社会主义，2014（1）.

[154] 徐勇."回归国家"与现代国家的建构[J].东南学术，2006（4）.

[155] 徐勇."行政下乡"：动员、任务与命令：现代国家向乡土社会渗透的行政机制[J].华中师范大学学报（人文社会科学版），2007（5）.

[156] 徐勇."宣传下乡"：中国共产党对乡土社会的动员与整合[J].中共党史研究，2010（10）.

[157] 徐勇.村民自治的成长：行政放权与社会发育：1990年代后期以来中国村民自治发展进程的反思[J].华中师范大学学报（人文社会科学版），

2005（2）．

[158] 徐勇．权力重组：能人权威的崛起与转换：广东省万丰村先行一步的放权改革及启示[J]．政治学研究，1999（1）．

[159] 徐勇．政权下乡：现代国家对乡土社会的整合[J]．贵州社会科学，2007（11）．

[160] 徐勇．中国家户制传统与农村发展道路：以俄国、印度的村社传统为参照[J]．中国社会科学，2013（8）．

[161] 杨锦秀，刘敏，尚凭，等．如何破解乡村振兴的内外联动而内不动：基于成都市蒲江县箭塔村的实践考察[J]．农业经济问题，2023（3）．

[162] 杨柯，唐文玉．"群社协同"：群团组织参与社会治理的重要路径：以 H 市妇联协同女性社会组织为例[J]．思想战线，2022（2）．

[163] 杨兴梅．政权与妇女组织配合下的中共根据地反缠足运动（1928—1949）[J]．社会科学研究，2012（5）．

[164] 叶传星．在私权利、公权力和社会权力的错落处："黄碟案"的一个解读[J]．法学家，2003（3）．

[165] 叶青，黄秋霜．论抗美援朝运动中妇女组织的社会动员：以福建为例[J]．中共福建省委党校学报，2015（11）．

[166] 易前良．人情、说服与认同：转型期农村宣传动员的话语分析[J]．南京社会科学，2018（8）．

[167] 余富强，徐敏．宗教慈善组织的组织动员何以可能？：基于社会记忆的视角[J]．北方民族大学学报（哲学社会科学版），2018（2）．

[168] 俞可平．中国公民社会：概念、分类与制度环境[J]．中国社会科学，2006（1）．

[169] 郁建兴，吴宇．中国民间组织的兴起与国家—社会关系理论的转型[J]．人文杂志，2003（4）．

[170] 袁小平，汪冰逸．农村社区建设中的社会动员：动员话语与研究进展[J]．农林经济管理学报，2018（5）．

[171] 岳谦厚，王斐．妇救会与中共婚姻变革的实践：以华北革命根据

地为中心的考察[J].中北大学学报（社会科学版），2015（2）.

[172] 张波.断裂、联结与重构：群团组织参与城市社区民主协商的治理空间与竞合嵌入[J].重庆理工大学学报（社会科学），2019（6）.

[173] 张翠娥，刘瑞清，狄金华.妇女非政府组织在农村发展中的地位与作用[J].四川行政学院学报，2008（4）.

[174] 张芳山，熊节春，涂宪华.乡村精英与乡村治理：基于政治文化的视角[J].社会科学论坛，2012（9）.

[175] 张洪英.妇女组织的社会资本和个人社会资本及其资源动员：以"热心大嫂"服务中心为例[J].妇女研究论丛，2003（1）.

[176] 张欢欢，陶传进."赋权理论"视角下农村妇女参与乡村振兴的路径研究：以S公益项目为例[J].贵州社会科学，2020（3）.

[177] 张嘉凌，董江爱.乡村振兴视角下农村妇女参与乡村治理路径研究：以运城雷家坡村德孝文化建设为例[J].中共福建省委党校学报，2019（2）.

[178] 张力伟，高子涵.人心与治理：如何通过提升社区温度塑造社区韧性？：基于D社区的个案研究[J].社会政策研究，2022（3）.

[179] 张良."资本下乡"背景下的乡村治理公共性建构[J].中国农村观察，2016（3）.

[180] 张良.乡村公共空间的衰败与重建：兼论乡村社会整合[J].学习与实践，2013（10）.

[181] 张圣.探究基层妇联妇女工作之道：机制、矛盾与多向度网络调适[J].山东行政学院学报，2022（4）.

[182] 张晓岚，沈豪杰.内部控制、内部控制信息披露及公司治理：嵌合治理框架的建构及理论诠释[J].当代经济科学，2011，33（6）.

[183] 张新文，高琦.乡村治理中的顶层设计与地方实践：如何从试点到推广[J].武汉科技大学学报（社会科学版），2020（2）.

[184] 张一平.新区土改中的村庄动员与社会分层：以建国初期的苏南为中心[J].清华大学学报（哲学社会科学版），2010（2）.

[185] 张玉论.中西人性预设与社会治理模式中激励制度的建构[J].学术论坛，2004（4）.

[186] 张玉强，张雷.乡村振兴内源式发展的动力机制研究：基于上海市Y村的案例考察[J].东北大学学报（社会科学版），2019（5）.

[187] 张振洋.自治项目嵌入、共同生产形成与公共服务"最后一公里"难题破解：基于上海市"乐妈园"项目的个案分析[J].天津行政学院学报，2022（5）.

[188] 章淼榕，杨君.从群体心理到认同建构：多学科视角下的身份认同研究述评[J].广东社会科学，2022（2）.

[189] 赵聚军.农村公共服务体系演进中的基层政府定位[J].人文杂志，2009（1）.

[190] 赵晓峰."行政消解自治"：理解税改前后乡村治理性危机的一个视角[J].长白学刊，2011（1）.

[191] 赵欣.社区动员何以可能：结构—行动视角下社区动员理论谱系和影响因素研究[J].华东理工大学学报（社会科学版），2019（2）.

[192] 赵欣.授权式动员：社区自组织的公共性彰显与国家权力的隐形在场[J].华东理工大学学报（社会科学版），2012（6）.

[193] 赵晔琴.农民工日常生活中的身份建构与空间型构[J].社会，2007（6）.

[194] 郑永君.农村传统组织的公共性生长与村庄治理[J].南京农业大学学报（社会科学版），2017（2）.

[195] 郑永廷.论现代社会的社会动员[J].中山大学学报（社会科学版），2000（2）.

[196] 周飞舟.从脱贫攻坚到乡村振兴：迈向"家国一体"的国家与农民关系[J].社会学研究，2021（6）.

[197] 周飞舟.一本与一体：中国社会理论的基础[J].社会，2021（4）.

[198] 周凯.社会动员与国家治理：基于国家能力的视角[J].湖北社会科学，2016（2）.

[199] 周全德,齐建英.论农村"留守妇女"在新农村建设中的角色和作用[J].中华女子学院学报,2006(5).

[200] 周邵年.社会动员"嵌入"国家治理的实践逻辑[J].江淮论坛,2021(4).

[201] 周延东.社区治理的"关系式动员"研究[J].中国特色社会主义研究,2020(1).

[202] 朱娅,李明.乡村振兴的新内源性发展模式探析[J].中共福建省委党校学报,2019(6).

[203] 竺乾威.公共服务的流程再造:从"无缝隙政府"到"网格化管理"[J].公共行政评论,2012(2).

[204] 祝丽生.培育公共精神:化解乡村社会治理困境的内生路径[J].河南社会科学,2022(6).

[205] 左停,金菁,刘文婧.组织动员、治理体系与社会导引:中国贫困公共治理中的话语效应[J].西北大学学报(哲学社会科学版),2021(2).

[206] 中华全国妇女联合会章程[N].人民日报,2018-11-09.

[207] 陈锡文.工商资本下乡后农民从业主蜕变成雇工[N].东方早报,2010-08-08.

[208] 陈艺华,萧子扬.留守妇女参与乡村柔性治理有独特优势[N].中国人口报,2020-01-10.

[209] 姜亦炜.家庭建设助推基层社会治理[N].中国社会科学报,2020-06-10.

[210] 习近平.高举中国特色社会主义伟大旗帜为全面建设社会主义现代化国家而团结奋斗[N].人民日报,2022-10-26.

[211] 陈佳俊.群团组织改革研究[D].杭州:浙江大学,2018.

[212] 陈剑梅.互联网语境下的微公益动员实践逻辑[D].南京:南京大学,2016.

[213] 陈晶环.农村公共空间的转型研究:以华北山区宋村为例[D].北京:中国农业大学,2014.

[214] 郝苏君. 文化语境下的新时代马克思主义话语体系构建研究 [D]. 西安：陕西师范大学，2022.

[215] 何平. 妇联对乡村妇女的动员与组织 [D]. 武汉：华中师范大学，2009.

[216] 霍帅妹. 全面抗战时期陕甘宁边区妇联的社会动员研究 [D]. 西安：西安理工大学，2022.

[217] 金江峰. 基层党组织"统合型治理"研究 [D]. 上海：华东师范大学，2021.

[218] 康雯嘉. 城市基层社会"嵌合式治理"研究 [D]. 长春：吉林大学，2021.

[219] 李娟. 我国农村留守妇女参与村级治理研究 [D]. 武汉：华中师范大学，2015.

[220] 李乾坤. 妇联参与社会治理的历史进程及经验研究 [D]. 长春：东北师范大学，2019.

[221] 李燕. 民间公益组织项目资源动员模式研究 [D]. 南宁：广西大学，2014.

[222] 吕静娴. 新中国成立初期浙江妇女解放运动研究（1949—1956）[D]. 金华：浙江师范大学，2022.

[223] 万磊. 理与义：乡村振兴中的资本与精英 [D]. 武汉：华中师范大学，2020.

[224] 王洪娜. 山东省人口迁移流动与区域经济发展研究 [D]. 长春：吉林大学，2015.

[225] 王永道. 农村老年人协会的功能分析：老年福利与乡村治理 [D]. 上海：复旦大学，2010.

[226] 袁博. 国家、性别与生活 [D]. 济南：山东大学，2020.

[227] 张舒恺. 枢纽型社会组织资源动员模式比较研究 [D]. 上海：华东师范大学，2018.

[228] 赵晓峰. 公私定律：村庄视域中的国家政权建设 [D]. 武汉：华中

科技大学，2011.

[229] 郑时雨. 改革开放以来中国共产党的社会动员有效性分析 [D]. 北京：中共中央党校，2015.

后 记

岁月如梭，转眼间我已经度过了二十多年的读书时光，不知不觉地走到而立之年。都言"十年寒窗苦读之不易"，而二十多年艰辛求学史已远非"不易"所能概括的。特别是对于像我一样生于普通家庭的孩子，我深知自身在学习研究中既缺乏天资，也没有优越的背景和机会，靠着内心仅有的一份执着和倔强坚定地走完这一漫长的求学之路。从我选择读博士开始，便在内心告诉自己"自己选的路，跪着都要走完"，这一信念似乎预示着博士生涯坎坷与悲壮，也彰显出自己当初犹如"壮士断腕"般的坚决与勇敢。不可否认，博士生涯是我一生最难忘的经历，其间经历着内心的迷茫与焦灼，享受着静心阅读的自在与美好，既有过身兼使命的责任与志气，也有过对自我无限的质疑与否定。随着成长中的阵痛，一路跌跌撞撞走到求学生涯的"终点站"，以这篇博士论文的出版为新的起点，我也即将走出"象牙塔"，开启人生的新阶段。

博士论文的写作凝聚了我整个博士生涯的知识积累，是一个深度学习和提升的环节。从最初的实证调研，到选题确定一直到最后的写作，这些看似程序化的推进过程于我而言充满层层的挑战，我曾把这一过程比喻成"过五关斩六将"，而实际上这一过程在不断建立，推翻，再建立，再推翻的过程中向前推进。虽然艰辛，但幸运的是有众多师友的指点迷津，让我有足够的勇气拨开重重迷雾，不断向前。最初选择妇女这一主体进行研究，一方面源于自身兴趣，自求学阶段对性别问题有所关注，并开始尝试阅读相关书籍；另一方面是硕士导师刘筱红教授的引导。刘老师是妇女研究的专家，从硕士阶段起，我便有意识地将导师关注的领域与自身兴趣相结合，关注农村妇女这一群体，并从性别视角进行解读，而刘老师独特的视角和渊博的学识恰好成为我研究农村妇女这一群体的引路人。虽然由于各种原因我最终写作并非从单纯的性别视角关注妇女的公共活动,但在农村研究中,关注到妇女这一特殊群体在乡村建设中的独特功能,也勉强算是对之前学习研究的延续与回归。作为实证性论文,社会调研是写作的基础环节,有幸在邓老师的支持下,我开始与山东济南市妇联联系并顺利选择村庄开展调研。初到调研村的时候,被村庄的活力所震撼,老有所乐、幼有所教、妇有所为,在男性普遍外出谋生的大背景下,村庄中这一生机勃勃的村庄景象离不开村庄中具有公德精神的妇女义工群体。这不禁让我关注这一地区本身的社会文化根基。山东是儒文化的发源地,其受儒文化的影响相比其他地区更加深刻,而儒文化中的"仁义""孝道"观念更容易影响地方发展。虽然当今市场经济推动乡村社会的变革,但乡村振兴中也可能依靠特殊群体进行新历史性回归,这也是本书研究的最初价值之所在。在中农院的学习生涯中,我曾关注到众多地方乡村发展,也将各地的发展与我所居住地方的乡村发展相对比,发现妇女在乡村中的功能未能被充分挖掘和重视,而妇女的参与或许可以成为中西部"空心化"的农村发展的一个重要突破口,基于现实问题的研究更加激发我对于妇女这一群体的研究兴趣。在调研中,导师不断提醒我要带着问题去调研,提炼研究对象的特点与运行过程,并不断调整调研内容,及时纠正调研方向。博士论文选题几经修改与完善,这得益于院里各位老师的点拨。

博士论文是一项耗时较长的大工程,远非我一己之力能完成的,一路走来虽历经坎坷,但在各类师友、亲人的帮助和支持下得以顺利完成,实属幸运。首先,要特别感谢调研村村干部和村民的热情接待并耐心接受我调研,他们对一个远道而来的陌生学生给予足够的关心和爱护,在此特别感谢一路支持我调研的张书记、亓老师、小谭姐姐、孙老师以及吕老师等,他们对于村外人的真诚、大爱以及融入骨子里的善良令我感动,而这次宝贵的调研也是对自己心灵洗涤的过程。其次,感谢在论文选题、写作以及修改过程中给予我悉心指导的老师们,感谢邓大才老师、刘筱红老师、张大维老师、肖盼晴老师、胡平江老师、张利明老师等。特别是我的博士导师姚锐敏老师,在整个博士论文写作过程中,姚老师给予我足够的信任,从不催促或逼迫我，而是让我按照自己的节奏完成论文。在写作遇到瓶颈时，我也曾担心老师因此放弃我，但即使处于半退休状态的老师也会敏锐地觉察到我的情绪变化，并给我足够的信心和勇气，而我因自身才疏学浅给老师添了不少"麻烦"，对此我深表惭愧也心怀感激。再次，感谢一路相伴的各位同学和好友。都说读博是一条孤独的路，而正是有这些朋友的相伴才让我在体验孤独中获得更多的心理慰藉。感谢同窗好友欧阳倩、曾庆华、杨坤、常飞、王莽莽、韩帅、范洪福、彭茜、彭晓旭等的帮助，也感谢冯晨晨师妹、赵益晨师弟的信任和支持，同时感谢走出华师后依然给予我无限精神动力的好友陈俊阳、焦方杨、赵文杰、巴切古铁、杨振亮等，以及在我面对博士生活经济窘迫和对于生活迷茫时总给予我无私支持的昔日好友倪明铭、韦怡彤、谢夏云、万攀义、吴秋爽等。这些不断努力向上生长的好友也成为生活中正能量，无论我们相距多远都能为各自的目标共同向前。有幸在最美好的青春年华与你们相遇，让我真切感受到友情的珍贵与美好。最后，感谢一直在背后默默支持我的亲人们，让本该挣钱养家的年纪的我能安心地在学校读书。庆幸我生活在一个开明的家庭，家人和亲戚们从未对我坚持读书而不理解，反而在更多方面给予我支持和帮助。但于我而言，每次回家看到年迈的奶奶和日益苍老的爸妈，就能料想是有多少亲人默默托起手掌才换来我在外安心求学，特别是今年来家族中几位亲人相继生病，让我感觉自己的努力似乎赶不上他们老去的步伐，那句"等到……就好了"似乎成了一张我难以兑现的"空头支票"。每每想到此，心中总有一股难受的滋味涌现。另外，在博士生涯的最后阶段遇到与我志同道合的张博士，他在学术上的严谨与踏实让我欣赏不已。在博士论文写作中他曾用他严谨的逻辑给予我诸多指导，而在生活中张博士的关心和爱护给予我莫大的情感慰藉。同在学术中苦熬的我们成为亲密的"战友"，在此感谢张博士的支持与付出，愿以此为起点，共同行走在学术和生活的道路中。

"路漫漫其修远兮，吾将上下而求索。"站在新的起点上回望博士生涯，虽有心酸和遗憾，但人生的路从没有回头，未来长路漫漫，而经历博士生涯历练后，应更有勇气和毅力走向新征程，在新的领域顽强和自由地生长！